Visual Culture and Critical Theory I
Empire, Asia and the Question of the Subject
Edited by Joyce C. H. Liu

Ⅰ

文化的視覺系統

帝國—亞洲—主體性

劉紀蕙

主編

麥田講堂 2

文化的視覺系統 I：帝國—亞洲—主體性
Visual Culture and Critical Theory I: Empire, Asia and the Question of the Subject

編　　　者　劉紀蕙（Joyce C. H. Liu）
責 任 編 輯　胡金倫
總 經 理　陳蕙慧
發 行 人　涂玉雲
出　　　版　麥田出版
　　　　　　城邦文化事業股份有限公司
　　　　　　100台北市中正區信義路二段213號11樓
　　　　　　電話：(02)2356-0933　傳真：(02)2351-9179
發　　　行　英屬蓋曼群島商家庭傳媒股份有限公司城邦分公司
　　　　　　104台北市中山區民生東路二段141號2樓
　　　　　　網址：www.cite.com.tw
　　　　　　客服服務專線：(886)2-25007718；25007719
　　　　　　24小時傳真專線：(886)2-25001990；25001991
　　　　　　服務時間：週一至週五上午09:00~12:00；下午13:00~17:00
　　　　　　劃撥帳號：19863813　戶名：書虫股份有限公司
　　　　　　讀者服務信箱：service@readingclub.com.tw
香港發行所　城邦（香港）出版集團有限公司
　　　　　　地址：香港灣仔軒尼詩道235號3樓
　　　　　　電話：(852) 25086231　傳真：(852) 25789337
　　　　　　E-mail: hkcite@biznetvigator.com
馬新發行所　城邦（馬新）出版集團 Cite (M) Sdn. Bhd. (458372U)
　　　　　　11, Jalan 30D/146, Desa Tasik, Sungai Besi,
　　　　　　57000 Kuala Lumpur, Malaysia
　　　　　　電話：(603) 90563833　傳真：(603) 90562833
　　　　　　E-mail: citecite@streamyx.com
印　　　刷　中原造像股份有限公司
初 版 一 刷　2006年9月15日

售價／420元
ISBN-13：978-986-173-090-5
ISBN-10：986-173-090-7

總序
可見性問題與視覺政體

劉紀蕙

一、可見性的問題

我們要如何討論文化論述中被固著的「可見性」，以及其背後被消費與交換的象徵價值？我們是否可以討論意識形態所塑造的「主觀狀態」如何涉及自我厭惡、自我鄙視，或是恐懼他者，甚至將對他者之嫌惡加上道德的合理化？當我們討論文化再現時，無論是文化他者或是文化主體，其實重點已經不在於正面形象或是負面形象的問題，而在於如何理解此形象為何被預期？此「看到」的主觀位置如何被建構？如何自行重複生產？其中牽連了什麼樣的主體化過程？我們是否可以檢討不同文化與歷史過程中促成區辨美醜善惡之主觀狀態的問題？

洪席耶（Jacques Rancière）所討論的影像倫理政體（ethical regime of images）之問題，便涉及了此區辨美醜善惡的感覺體系。人們對於影像之規範，牽涉了社群與個人的存在樣態，屬於共同社會習慣（ethos）的問題（20-21），例如影像是否真實？影像有何功能？產生什麼效果？是否神聖？是否褻瀆？是否合宜？是否應該被

禁止？然而，這些社會習慣如何被產生，便是必須繼續問的問題。洪席耶指出，我們透過感官所認知而認為是不證自明之事實，其實是基於一套辨識相同事物也同時區分了事物之內相對位置與功能的感覺體系；也就是說，感覺體系之配置（partage）牽連了共享與排除的邏輯（12）。感性政體（regime of the sensible）決定了事物的可見與不可見，可說或是不可說，可以被聽到或是無法被聽到，為何是噪音，以及誰可以說話，可以出現，而誰又不可出現，不可參與。洪席耶所討論的感覺分配之美學政體，牽連了這些感覺的配置，以及區分疆界的體系（42）。

「可見性」之可欲求或是被厭憎，並不是人性本然之美感或是善感，而是被文化所強行內置的感覺體系。法農（Frantz Fanon）在《黑皮膚，白面具》（*Black Skin, White Masks*）中十分精采地點出意識形態如何囚禁觀看的模式，以及美醜的區辨，以至於被殖民者同時將自身囚禁於自己的膚色，以及永遠的自卑、恐懼、自我厭惡中。他所討論的「以皮膚的感受方式存在」的內化劣勢感，所謂「劣勢感的表皮化」（epidermization）（法農 68），正好說明了主體的自我意識如何被固著於身體形象的可感外部，而且透過自己看他人如何看自己的想像而定位。概念的空間化透過感覺的空間化而增強，或是說，概念與感覺都被此「可以被看見」的空間化過程封閉而固定，繼而以一種辯證模式反覆彼此增強。被固定化的差異，造成了分離、遺棄與匱乏的恐懼，使我對於不被此系統認可的部分，產生了身體性的排斥、厭惡與推離，甚至刺激了我對於他者的慾望，一種內化為靈魂深處的慾望：

> 從我靈魂最黑的部分，穿越暈影地帶，有種突然變成白人的慾望將我升起。
> 我不要被看成是黑人。我要被看成是白人。

……（白種女人）在愛我的同時，證明了我值得白人的愛。
眾人愛我如同愛一個白人。（法農 129）

此處，我們清楚看到法農指出了慾望結構的問題：我要成為我
自己應該出現的形象，我為了被認可而教化自己、改變自己，渴望
漂白膚色、轉換語言、校正口音，修正姿態、氣質、品味與個性，
甚至口齒與喉嚨嗓音之間的差異，也成為文雅與粗鄙的辨識標誌。
這種近乎無意識的慾望結構，並不依附於體質或是遺傳，而是由文
化內置所造成的（法農 80, 277）。

劣勢感或是優越感，透過被體制化與概念化的「可見性」所操
作；慾望的對象，也以「可見性」而尋找到了向我出現的客體。這
就是為什麼荷米・巴巴（Homi K. Bhabha）直接指出殖民論述以「可
見性」（visibility）作為權力的操作，而牽涉了「看與被看」的機制，
也就是窺看慾望、模擬慾望、監視機制，以及被監視的慾望（Bhabha
375-76）。阿圖塞（Louis Althusser）的國家機器隱喻，也清楚地說明
了意識形態的觀看／監視位置與主體的關係：國家的召喚如同神的
光照亮從屬主體，個體以主體的方式從屬於絕對主體，並執行絕對
主體的意志[1]。傅柯（Michel Foucault）的全景敞視（panopticon）理
論更以隱藏的「眼睛」作為權力核心，此空間具有「縱向可見性以
及橫向不可見性」的特性：權力擁有者應該是可見的，卻又是不可
確知也不可被清楚看見的，而被囚禁者則處於被隔絕與被觀察的孤
立狀態（傅柯，〈規訓〉200-201）。阿圖塞與傅柯所討論的觀看問
題其實都指向了主體如何進入一個被意識形態或是共識場域所架構
出的自居位置，如何自行約束自己的行為思想，使其符合此隱形觀
看眼睛的要求，而完成了主體的位置，也是主觀的位置。

---

[1] "Absolute Other Subject", "the Unique and Absolute Subject" ("Ideology" 320, 322).

　　然而，這種主體位置與認同工程，正是拉岡（Jacques Lacan）所討論的空間化與視覺化的虛構之「我」。拉岡鏡像理論之重點在於，鏡像階段的內在活動揭露一種投注在空間形式的欲力能量，此空間化的假想形象可以是神，或是理想的自我、理想的種族與階級形象等。拉岡指出，進入社會的辯證矛盾之前，幼兒的鏡像階段便已經呈現了捕捉固定空間形象的偏執，根據社會辯證關係而建構出的人類知識，更具有偏執妄想的性質（"Mirror" 4）。國家、權力、意識形態的優勢位置，透過主體與對象之間的觀看辯證關係而具體形象化，但其根本是有其誤識與偏執之性質的。

　　拉岡曾經詳細分析過有關觀看的複雜性。拉岡說，我看之前，我已經先被光所照射而被看到，來自外部的凝視決定了我是誰。透過此凝視，我進入了光亮；透過此凝視，我被照相，顯像為一幅圖案（"Gaze" 106）。這個外部的凝視先於觀看之前便已經存在了，觀者被一種「前置的凝視」回望（pre-existence of a gaze）——我只看一個定點，而我被全面觀看（"Gaze" 72）。拉岡認為主體不是如同笛卡兒（René Descartes）之理論所暗示的可以觀看、思考而超越之主體，這種主體已經被化約為點狀而沒有身體的觀看位置。拉岡指出，主體是慾望主體。我們渴望要看的，或是我們被制約而看得到的，已經是在此歷史文化場域中被架構出的對象，一個失去而渴望復得的對象：「凝視之向我們展現，是以一種我們過去的精神動力可以再次尋得的象徵形式出現，也就是說，我們在此形式中看到形成閹割焦慮的匱乏」（"Gaze" 77）。

　　我們所看到的，是我們因焦慮而渴望要看的，這個焦慮起因於匱乏感，或是劣勢感；我們所看到的，是文化要我們看的，那是慾望的對象，是那永遠無法捕獲的「小客體」。我們在圖像中看到的馴化、教養、文明、吸引的力量，也是拉岡要討論的被分離而不斷追尋的「小客體」，"objet petit a"。我們內在動力之分裂就在此視覺

場域中展現。我的再現之場所，我所穿戴的面具，是帶有誘惑之性質的。這個誘惑，使得我要成為我之所以被期待而我渴望成為的形象。這就是主體形象最為矛盾的問題。拉岡指出，精神分析的作用不在於提出解釋世界的哲學觀點，而正是在於讓主體可以從這個絕對凝視的虛幻連結中解除[2]。

因此，法農所說的「劣勢感的表皮化」、區辨美醜親疏的口音標誌、靈魂深處從內而外的慾望，巴巴所說的操縱權力而進行窺看、被看、模擬、監視，或是拉岡所說的「小客體」，都是建立於「可見性」的基礎。什麼是「本質」的存在？皮膚、口音與慾望的本質在何處？顯然，「本質」也是被空間化與概念化的可見性。

此可見性是如何被欲求？要被誰看？被誰認可？這個可以認可「我」而如同光源一般的「他者」，其實就是我們所賴以存在卻沒有意識到的象徵法則與知識體系。阿爾伯提（Leon Battista Alberti）所提出的藉以區分視域之內高低大小遠近層級的網狀格線（grid），如同知識分類與區隔，實際上是個「光學上的錯覺」（optical illusion）。這個讓我們看到與區隔的象徵法則與知識體系，也同時建立了讓我們看不到或是扭曲視像的界線。

本書文章中所提及具有壓迫性的概念化知識，包括西方、亞洲、主體、內地人、本島人、「種的邏輯」，都是建立於被固定下來的觀看位置與空間化形象，所謂的刻板印象便是一例。知識的抽象概念與封閉固定，正如黑格爾（G. W. F. Hegel）所討論的思想否定自身與朝向空間化的暴力：自我意識透過自身外在化的暴力，突破界線，朝向彼岸，而將自我意識對象化與實體化（黑格爾 21）。黑格爾指出，思維的辯證運動，就如同力的往復運動。「力」就是他物本身，力也是回返到自身的力（黑格爾 92）。整體運動是持續

---

2 "We shall cut him off from this point of ultimate gaze, which is illusory." ("Gaze" 77).

不斷的連續體，不可分割。任何思想或是存在的狀態若停止了持續辯證的運動，則會脫離了存有的整體狀態，而僵化為空間化與實體化的概念式命名。被固定下來的概念，是具有排他性與自我犧牲的主觀配置。

檢討「可見性」如何被重複製造或是被挪用，如何成為區隔我他的刻板印象，概念的封閉空間結構如何被完成，主客對立中如何含有觀看、控制、施虐，以及主客位置互換的曖昧關係[3]，則是視覺文化研究可以進行的工作。

二、視覺文化與視覺政體

視覺文化涉及甚廣，從藝術、電影、電視、攝影、紀錄片、廣告、漫畫等再現文本，到歷史的視覺紀錄，文學中的圖像性，論述中的觀看機制，甚至日常生活物件、服裝時尚、都市景觀等文化產物。然而，視覺圖像引發的問題相當複雜。正如巴特（Roland Barthes）曾經在〈圖像的修辭〉（"Rhetoric of the image"）一文中指出，影像之中含有語言、情感、行為、文化、象徵等多重符碼；這些交錯的符碼系統，使得圖像的表義活動牽涉甚廣。而且，閱讀任何影像，我們還需要注意的，是這些符號系統背後隱藏的論述位置。羅莎琳・克勞絲（Rosalind Krauss）已經指出，就以最接近寫實面向的攝影而言，「攝影作品其實是由一組與外界相互鉤連的條件所構成，此構成因而提出了一些新的陳述，此陳述亦可能經過該

---

3 觀看，主客對立時，必然會產生客體化的作用，以及此客體化所牽連的攻擊、否認或是壓抑。知識型本身也呈現了觀點的壓抑性。有關視覺慾望所含有的施虐／受虐，窺視暴露，愛／恨種種複雜情感狀態，以及主客位置互換的問題，可以參考佛洛依德（Sigmund Freud）之 "Instinct and its vicissitudes"，奧托・費尼切爾（Otto Fenichel）"The Scoptophilic Instinct and Identification"。

作品而被調整。我們要注意的問題便是此作品在何種場域中被發言，透過何種法則被執行，牽連哪　些關係而使得此操作得以進行」("Photography's discursive Spaces" 206)。因此，面對影像，我們除了要注意影像的符號系統之外，也需要注意此影像所呈現的某種預設的觀看框架與觀看位置，以及特定的論述位置。此論述位置的鑲嵌，使得影像可以被當作「檔案」或是博物館展示來閱讀。影像檔案與博物館陳列以繁複的細節與論述層次，反映了當時歷史文化脈絡之下的論述構成：無論是影像中人物的服飾、髮型、肢體語言，或是都市空間、電影廣告看板、商店招牌，或是通俗雜誌的封面圖像與插畫，都會說出當時文化環境的內在結構。其中所牽涉的論述構成，可能是當時的美學論述，也可能是當時的科學或是政治論述，當然也可能是特定文化內的宗教論述。因此，閱讀影像，就像是伴隨著正統歷史文獻而平行延伸的檔案系統，使我們得以一窺整體心態史與生活史的旁枝細節。

　　然而，此檔案與博物館所反映的，時常並不是清楚可見而可歸類的檔案範疇，繁複的論述構成與意識形態之中仍然牽涉了「可見性」的雙向配置。正如前文已經說明，影像牽連了好與壞，美與醜，悅目與刺眼等其實屬於價值系統的美感經驗。什麼樣的影像是不可接受、怵目驚心、引發鄙視嫌惡甚至嘔吐之感的卑賤影像？而什麼樣的影像則是賞心悅目、心嚮往之，甚至是膜拜仿效的崇高對象？這些視覺上的層級區分、安定或是排除，其實已經受制於較大的歷史文化脈絡之召喚和辨認過程，以及認同工程所執行的移置與固著。因此，這些視覺系統所牽扯的，必然涉及文化中有關意識形態，以及族群、階級、性別、國家之權力位置的問題。這些可見性的視覺系統以拓撲學的方式與文字論述並存，或隱或顯，時而以正向的方式補充史料檔案，時而則以負向的方式遮蔽卻又揭露更多的感性政體。

　　二十世紀末葉，思想界與學術界對於視覺理論與視覺文化的研究日益關注[4]。以艾玟絲（Jessica Evans）與霍爾（Stuart Hall）於1999年編的《視覺文化：讀本》（*Visual Culture: The Reader*）來看，書中收入的理論家相當廣泛，包括佛洛依德、法農、阿圖塞、班雅明（Walter Benjamin）、紀德堡（Guy Debord）、傅柯、羅蘭‧巴特、卡佳‧絲爾薇曼（Kaja Silverman）、蘇珊‧桑塔格（Susan Sontag）、羅莎琳‧克勞絲、羅拉‧莫薇（Laura Mulvey）、賈克琳‧蘿絲（Jacqueline Rose）、布萊森（Norman Bryson）、布赫迪厄（Pierre Bourdieu）、巴巴、普拉特（Mary Louise Pratt）等。這些大量思想家與文化研究者的理論架構中呈現的視覺取向，反映了不容忽視的知識體系發展與結構轉變。這些屬於批判傳統的視覺理論提醒我們：探究文化中的視覺系統，並不在處理視覺文本的構圖或是透視點的形式轉變的問題，也不是以自然寫實或是經驗實證的方式尋求文本視覺細節的指涉，而是要進入影像以及文化中有關可見性、

---

4 九〇年代前半期的視覺理論與視覺文化研究，以布萊森、邁克爾‧安‧霍利（Michael Ann Holly）及基斯‧馬克賽（Keith Moxey）合編的《視覺理論：繪畫與詮釋》（*Visual Theory: Painting and Interpretation*, 1991）與《視覺文化：影像與詮釋》（*Visual Culture: Images and Interpretations*, 1994），馬丁‧傑（Martin Jay）的《低垂的眼睛：20世紀法國思想中對視覺的詆毀》（*Downcast Eyes: The Denigration of Vision in Twentieth-Century French Thought*, 1993），米契爾（W. J. T. Mitchell）的《圖像理論》（*Picture Theory*, 1994）等書最具代表性。九〇年代中後期，視覺理論則與文化研究關係更為密切，以艾玟絲與霍爾合編的《視覺文化：讀本》最具代表性的。此外，簡克斯（Chris Jenks）編的《視覺文化》（*Visual Culture*, 1995），尼可拉斯‧米爾佐夫（Nicholas Mirzoeff）編輯的《視覺文化讀本》（*Visual Culture Reader*, 1998），馬利塔‧斯特肯（Marita Sturken）與麗莎‧卡特賴特（Lisa Cartwright）的《看的操練：視覺文化介紹》（*Practices of Looking: An Introduction to Visual Culture*, 2001），愛琳‧胡柏—格林希爾（Eilean Hooper-Greenhill）的《博物館與視覺文化詮釋》（*Museums and the Interpretation of Visual Culture*, 2001）等書亦充分顯示視覺文化研究的取向。

觀看位置與視覺化的視覺政體。

　　所謂「可見性」、「觀看位置」與「視覺化」的視覺政體，包括圖像修辭所牽涉的神話與意識形態、規訓機制與論述所隱藏的「全景敞視」、「可見性」的科技問題與政治問題、觀視角度中隱藏的國家機器召喚、種族階級差異或是性別位置，觀看中的主客體相對位置，以及其中雙向牽引的愛恨並存：這些議題其實都環繞著對象被視覺化之後所被賦予的象徵價值、意識形態與情感層級等面向的視覺政體問題。

　　傅柯在《臨床醫學的誕生》（*Naissance de la Clinique*）一書中對於知識體系內在的「可見物」與「不可見物」如何被分配，主客觀看位置如何內化為理性話語之語義與語法結構，如何與說話者與不被說者的區分聯繫，如何觀察此分配／區分的空間化機制，如何透過此空間化分配進行監視與控制，如何扣連了權力的位移，已經做了最為精采的演繹。他以十九世紀醫學經驗話語所展現的「醫學凝視」（medical gaze）為思考問題，討論此醫學凝視如何以自發的運動往復循環，「居高臨下，向日常經驗分派知識。這種知識是它從遠方借來的，而它使自身成為這種知識的匯聚點和傳播中心」（《臨床醫學的誕生》 34）。這種醫學凝視與知識匯聚傳播的轉譯過程，會日益繁衍，在更深的層次上同時發生：透過更深層次的扣合，各種匯聚之知識都是同構物；也就是說，「觀察的目光與它所感知的事物是通過同一個邏各斯（Logos）來傳遞的，這種邏各斯既是事物整體的發生過程，又是凝視的運作邏輯」（《臨床醫學的誕生》 120）。

　　我們不能忽視此種理性凝視與視覺感性政體的深層關係：從醫療體系與法規到社區與個人的關係，擴展到日常生活的感知模式、清潔衛生的概念、歷史的進化與退化、地理政治，以及國家治理的各個層面，都以正負向的模式分享了這個理性知識凝視的運作，以

及事物感知的結構。十九世紀以降對於文藝現象頹廢「退化」症狀的焦慮，以及對於國家之人種退化的焦慮，其實是以一種無意識運作的模式彼此扣連，而輾轉翻譯播散到文化論述與視覺圖像的細節中。透過視覺政體切入，我們可以將理性知識話語、文字藝術感性回應之主觀想像，以及往復循環抗拒命名的真實整體之間，如同波羅米昂三環結（Borromean Knot）的拓撲學關聯[5]，對現實所牽連的符號層、想像層與真實層之間的動態變化關係，進行較為複雜的理解，而不至於停留在現實的平面表象或是固定地層關係的理解。

三、「視覺文化與批判理論」國際營

　　《文化的視覺系統》這套書分為二冊，上冊的主軸是「帝國─亞洲─主體性」，下冊的主軸是「日常生活與大眾文化」。這兩冊書記錄了一場學術盛會。2002 年交通大學新興文化研究中心以及外文系邀請了六位國際學者進行「視覺文化與批判理論」國際營的講座系列，他們是：荷米・巴巴、周蕾（Rey Chow）、南西・阿姆斯壯（Nancy Armstrong）、酒井直樹（Naoki Sakai）、墨美姬（Meaghan Morris），以及原本邀請了但是後來不克前來的卡佳・絲爾薇曼。這六位學者晚近的文化研究都指向了視覺系統所揭露的論述檔案與可見性的問題，以及衍伸出的文化差異與主體性問題。我們也邀請了台灣學者參與回應：丁乃非、白瑞梅（Amie Parry）、林

5　拉岡在 1974 至 1975 年間的講座中，使用此波氏結來說明符號層、想像層與真實層三者之間的相互依賴關係，並探討此三者之間的相同處。每一個圓環代表此三層中的一層，因此有一些元素會在此三個圓環的交會處。根據迪倫・伊文斯（Dylan Evans）的解釋，波氏結至少有三條線或是圓環所組成，不過，這個鎖鍊卻可以無限制的加上更多的圓環，而保留其波氏結的特性；也就是說，如果一個圓環鬆脫，則整個鎖鍊都會散落的現象（18-20）。

文淇、林建國、邱貴芬、陳奕麟、張小虹、單德興、廖炳惠、廖朝陽、蔡明發與蘇哲安（Jon Solomon）。以專業水準翻譯論文的都是積極參與台灣文化場域的學者：朱惠足、吳雅鳳、李秀娟、林秀玲、林建國、賀淑瑋、馮品佳、楊芳枝、廖咸浩、廖朝陽、劉紀蕙、蔣淑貞、蔡秀枝、蘇子中。

　　這兩冊書將當年激烈的學術對話展現在讀者眼前。我們看到理性知識的凝視與主觀位置感知的配置之不同回應模式。「帝國—西方—主體性」是荷米‧巴巴，南西‧阿姆斯壯與酒井直樹在第一冊中反覆關照的問題：影像所呈現的社會文化檔案性格，以及影像所標示出的視覺／空間的疆界，「內」與「外」的文化差異，以及主客體的領域被重新組織，語言中的異域感，以及文化中心與文化邊緣之對立所造成的種族幻想與自我銘刻。「日常生活與大眾文化」則是周蕾與墨美姬在第二冊中所尖銳提出的質問：我們看到有關「可見性」的問題從文化差異與主體論述的領域滲透到日常生活與大眾文化的經驗當中。電影所再次銘刻的亞洲性、壯麗感與種族矛盾，是否是個可以複製的幻影，一個異國情調而可被消費的商品？電影的恐懼敘事是否再次呈現了影像的內與外之分類系統？而動作片、跨國想像、全球大眾文化、懷鄉敘事，是透過影像騷動著不安的慾望、摩擦出不同於意識形態的具有觸感的身體空間，還是透過日常生活與細節的感性回歸，而再次召喚出集體生命模式？卡佳‧絲爾薇曼的〈銀河〉所探討的主體如何透過語言活動追求「知覺同一性」，而使得語言內充滿能量的視覺欲力，主體性亦在此非對象性的語言中浮現，則側面地回應了視覺政體與主體出現的複雜面向。

目　次

回應酒井直樹

I

文化的視覺系統

帝國—亞洲—主體性

影像的檔案屬性

何謂寫實主義中的眞實？*

南西・阿姆斯壯（Nancy Armstrong）著
馮品佳譯

一、攝影的客體

　　雖然在感光物質上以化學方式複製物體光影痕跡的這場競賽中，戴格爾（Louis Daguerre）顯然獲勝，但是在此我要武斷地將攝影技術的發明歸功於台柏（William Henry Fox Talbot）於1844年出版的《自然的畫筆》（*The Pencil of Nature*）。我關心的是文學寫實主義，因此我對於這兩位的科技之爭，以及他們是如何使得一群前輩黯然失色不太感興趣。我比較有興趣的是台柏及購買他的發明使用權的幾位先生建立了日後這個新媒體所普遍使用的格式、題材，與美學議題。蕭夫（Larry J. Schaaf）寫道，到了一八六〇年代，文化場景全然為攝影影像所滲透：

　　　台柏與戴格爾無意間交換了位置，互相達到對手想要完成的目標。戴格爾的對象是大眾，說他發明戴格爾銀版照相法

---

* 原文篇名為 "What is Real in Realism?"

（daguerreotype）的動機是讓觀眾看到真實的影像應該是公平的推論。反諷的是他創造出來的是攝影再現中最私密的一種，一個在玻璃之下小小、亮亮的感光板。台柏原本的目的則只想製造自用的業餘寫生素描，最後卻大有成就，發明了最強而有利的大眾傳播媒體之一。（159）

根據台柏的自述，他於1833年一趟義大利之旅試著在映寫暗箱（camera obscura）中的紙上素描風景。映寫暗箱是一種普遍的繪畫工具，在黑暗箱子中的一張紙上投射出顛倒的影像，使得只要稍有才華的人都可以寫生。此時，為了改善暗箱投射出的模糊影像，台柏的朋友何簫（John Herschel）已經大量使用明箱（camera lucida）幫助繪畫，而且效果極佳。明箱不過就是一小片稜鏡架在銅架上，使用者一直調整鏡子，直到找到喜歡的景物為止。臨摹眼前景物時，寫生的人只要移動眼睛，同時可以看到鏡子與眼前畫板上的畫紙即可。台柏試用明箱之後，發現這只會讓他原本已經不太靈光的繪畫技巧更加受到日漸減退的視力影響。台柏自覺不足，因此希望能夠完全除去素描者笨拙的手與眼，這個奇想也完全符合映寫暗箱的原則：「如果能使這些自然影像持久保存並固定地印在紙上該有多好。」台柏對於這種可能的想像使他悟出攝影的物理學：

如果不管與圖片伴隨相生的概念，只從終極的本質思考，一幅圖片僅是一連串或是各種或強或弱之光線於紙上投影。若光線存在，則可產生某種作用，且於某些情況下足以使得物質本體發生變化。假設此種作用可影響紙張，而紙張亦可因此產生顯著改變，則必然生成某種效應，其結果大體類似造成此種變化之本來物體，因此各種明暗的場景得以留下其影像或印象。（29）

回到英國後，台柏開始進行一連串冗長的實驗，將紙張放在玻璃板上，刷以強度不等之銀鹽溶液，直到終於發現能夠賦予紙張足夠之感光性，既可記錄物體彈射出的光線而又不會強到使得紙張全部變黑的溶液。結果是明暗色調相反的影像。1838年初，他發展出「攝影製圖」的技巧，將感光紙放在負片之下，重新將影像在陽光下曝光。到了1848年，他已經使得碘化銀紙照相法（calotype，譯註：又稱美色法）臻於完美，此法縮短曝光時間，所使用的溶液可讓影像自動「顯影」，又可以永久固定負片與由負片印出的影像。即使有這一連串非比尋常因個人動機引發而且看似意外的發現，等到台柏於1852年讓渡出碘化銀紙照相法的專利時，另一個英國人已經研發出更有效率的膠棉（collodion）玻璃板負片。雖然這使得台柏的方法在公諸大眾之際就形同作廢，但是膠棉玻璃板負片的方法其實結合了驅使台柏發明碘化銀紙照相法的奇想——一個可以自己直接而持久印在紙上的「自然影像」——並使之永垂不朽。

　　使這個從負片影像製造不經中介之複本的奇想成功之原因，要歸功於我們假設可見性與不可見性來自相對程度的光線與陰影，這些光線與陰影技術上是可以互換的，不像戴格爾銀版照片的可見性與不可見性是來自雜色的金屬光澤。十九世紀後半盛行之變化多端的科技與美學實驗，也使得科技得以成功地達到製造不經中介之媒介（unmediated mediation）的希望。誠如索羅門─高德（Abigail Solomon-Godeau）指出，「碘化銀紙照相法不是制式拼湊的科技，相反地，在負片的發展、使用的紙張、化學作用、顯影及印製時涵括了極其廣泛的各種偏差變化與個人實驗所得」（14）。因此使得不經中介之媒介美夢成真的媒體其實是具有高度中介性的。

　　台柏傳給後世的方法，使得維多利亞時代的攝影師得以將世界的某些部分視覺化，這些世界的多樣性是如果他們光用肉眼觀察無法看到的。科技的改進，如廣角鏡頭與快速曝光讓相機能以特定方

式聚焦於某些細節，使得題材的種種特質立即可見。同時，台柏的方法所產生的照片似乎能夠經由重複方式再現肉眼可見的世界之完整原貌。

　　碘化銀紙照相法一面擴展我們的視野，一面又提供消費者已經看過的事物，這使它同時刺激又阻礙想要接觸世界的歷史新慾望，這種想為人、地、事留下紀錄性證據的慾望，或可稱為「建檔的慾望」（archival desire）。視覺資訊的積存總會令人想到檔案中未能排除的不良資訊，以及檔案分類系統中無法存儲的優良資訊。藉著思索當兩位維多利亞科學家向攝影尋求提供彼此閱讀社會的方法，而這個方法又足以通過現實試煉時發生的狀況，我會試著解釋寫實主義這個知識論上的難題。我希望這樣的比較能夠闡明所有視覺性的問題意識，不但包括維多利亞小說，也涵括文學現代主義，以及最終的當代文化研究。

　　德希達（Jacques Derrida）所謂的「檔案狂熱」（archive fever）開始的時候是希望能夠找到某些原初的、父權形式的威權，既能保存這種威權又能使之公諸於世（1-3）。藉由蒐集符號我們替此威權建立了安身之所，以期能將符號集結成一大全，而大全中的各個元素又由某種理想的一致性所統合。為了能讓後來的人複製資料，如此建構出的檔案之道地性與一致性必須完美無暇。維多利亞文化中這樣的奇想幾乎俯拾皆是。當時英國勢力正擴展至亞洲與非洲，有識之士顯然忍不住將帝國想像成一檔案。他們必然發現將文獻統一成檔案遠比將分歧的領土與不同的民族統一成為帝國要來得簡單。如此建立的檔案「不是一個建築物，甚至不是文獻的典藏」，根據李察斯（Thomas Richards）所言，「而是所有已知或可知物集體性的想像大集合，知識論主宰模式的奇幻式再現」（11）[1]。在此，我

---

[1] 李察斯指出，「在十九世紀中葉『檔案』指的是以分類學整理資訊；到了世紀末

們碰到的是「寫實主義」與「現實」（reality）相互定義的關係，這個關係也是檔案的結構。如果檔案是帝國之內的一棟屋子，而帝國又是這屋子裡典藏的檔案，那麼寫實主義就是文本與其脈絡相互複製的結果（a text that reproduces its context and a context that reproduces its text）。無論如何，我們面對的是一套遵循梅式帶（Mobius strip）弔詭邏輯的再現系統，既要奮力將內部拉到外面來，又要將外部扯到裡面去 [以成為一個平面]。

表面上來看，照片是最純粹的檔案文件，因為照片與其拷貝的原件特別接近[2]。誠然，框架的明確，與題材契合而產生的正當性，看似坦承與內在的一致性都使得照片有如檔案的活生生之例證（ekphrasis）。但是建檔的慾望也有壞的一面，攝影也為我們描繪出這壞的一面。德希達解釋說道，檔案本身就帶有其建制的理論，最根本的就是檔案必須有其原則，決定必須包含什麼才夠完備，排除什麼才夠一致（4-5）[3]。任何媒體或學科不能自足而必須依賴外在現實為基礎，就像是想要讓內部與外部只有一個平面一樣顯得弔詭。這樣的套套邏輯強迫我們既要收藏知識真正的起源，又要將此收藏行為公諸於世，等於承認這是回溯性的建構。早期建立攝影檔案的嘗試都正因為這種內在矛盾而觸礁。

蘇古拉（Allan Sekula）在〈身體與檔案〉（"The Body and the

『經過分類的』（classified）指的是在國家的管轄之下的知識」（6）。

2 用羅蘭・巴特（Roland Barthes）的話來說，「一張照片……永遠無法與它所指涉之物（它所再現之物）分得清楚，至少不是立即地或是一般地與他所指涉之物分得清楚」。這樣的分別「需要後設的（secondary）的知識或是反思行為。照片（the Photograph）天生就帶有套套學的邏輯：菸斗就是菸斗」（5）。

3 如果檔案學家的自我掩藏使得檔案顯得「赤裸裸的，沒有檔案」，所產生的問題是「人們需要一個原始的檔案（first archive）以便想像什麼是最原初的可歸檔性（originary archivability）嗎？還是反之亦可？」（80）。

Archive", 1986）一文中，比較了兩個著名的例子，都是通力合作所創造出的照片系統，用以指認都會民眾中具犯罪傾向者：一個例子是巴黎警官柏得龍（Alphonse Bertillon），另一個例子則是英國統計學家與優生學家高同（Francis Galton）。蘇古拉的研究極有助益。首先，因為這個研究顯示在某些都會中心所聚集的異質性人口很快地會無法抵擋想要擁有視覺主宰性的強烈慾望。這樣的慾望遠超過犯罪學的範圍，進而延伸至勘查亞洲次大陸，以及以統計方式勾勒英國都會與郊區次聚落[4]。然而，對於這個研究最重要的是數億張的 [兩吋平方的] 方卡照片（cartes de visite）之製造與流通，使得消費者不但熟悉帝國較為邊遠的地區，也得以熟識較體面的歐洲與北美人民。在英國，光是1861至1867年間就賣出三、四百萬張這樣的攝影肖像（Darrah 4）。這些影像理論上可以提供對於人體正確的解讀，彷彿只要根據這樣的解讀，任何身體都可分派到適當的範疇。人們不只以性別、階級、種族及國家來視覺化自己，也用上才智、道德與情緒穩定性的標準。新的認同科學，包括所有人類科學，以及人相學、腦相學與犯罪學，都不約而同地使用攝影技術讓身體具有可讀性。

　　柏得龍與高同都由正面的推論出發，認為事實就在身體裡等人解讀，而且所有的身體都是同等的，因此可由統計方式決定不同的相貌。柏得龍以小說的方式想像身體。他以為個人歷史會以工作、戰爭、意外，與居所的形式永久地銘刻在身體之上，即使罪犯改變容貌特徵、僭越社會地位、編造故事來掩藏其真正身分，個人歷史依然有跡可循。柏得龍假設許多罪行都是累犯所為，因此建立一套

---

4 麥克考利（Elizabeth Ann McCauley）在書中讓我們很清楚的知道方卡照片盛行之時照片的數量、主題的範圍，以及對於繪畫的衝擊。這種照片的盛行於一八五〇年代在法國由帝思得悉（Disderi）開始，到了一八六〇年代許多他同時代的人也起而效之。

攝影肖像的歸檔系統以捕捉有前科的罪犯。為了在同一種類中確認某個人，他按照身體不同部分的正確比例創造出各種範疇。他開發出面無表情的正面與側面姿態，現在稱為「人像照片」（mug shot），以便在除去面部表情、服裝衣飾、攝影角度，或不同採光等變數的情形下捕捉容貌特徵。一旦逮捕到嫌犯，警方就為嫌犯攝影，然後試著比對檔案。因為柏得龍仰賴一張張照片的比對，他的方法看似一種嚴格的反本質主義辨識系統。但是，一旦警方檔案的卡片擴大到成千上萬張時，警方根本很難檢查其中每一張肖像來找到可能對應的人。因此柏得龍採用測量某些身體部位及面部特徵與抽象影像的距離，以此提供快速查詢檔案系統的所需範疇。這時候現代本質主義就登場了。警方不再一張張比對照片，而將照片與理想化的影像比對，使得理想影像開始比個人或是他們的肖像似乎更加重要。

相形之下，高同辨識身體的想法顯得詩意[5]。這位優生學家認為體內天生的傾向與遺傳的特質決定個人命中注定要過的生活。為瞭解讀此一天生且共同之身分的核心，高同拒絕接受柏得龍所採用的表面主義。他解釋說道，任何仰賴特定照片的方法必然「受到特殊或是詭異特徵的影響大於一般性特徵的影響，而我們以為普遍的肖像極為可能是誇張的漫畫式描寫」（5-6）。為了不讓不重要的特徵在人像照片中太顯眼，他製造出一個板上可以拍攝十二張不同肖像的照相機，每一張的曝光時間只有普通的一半。他的理由是這些合成肖像使得只有個體與他同類型之人共享的特徵才會在影像中特別顯著。然而高同很快發現真實的人總是和所有他拍攝出來的影像

---

5 蘇古拉藉著與柏得龍、高同同時代的皮爾斯（Charles Sanders Peirce）之言來分辨這兩位犯罪學專家的方法。他認為柏得龍假設「照片不過是偶發情況的物理痕跡」，因此利用了影像索引的性質。高同看到的是這種媒體象徵的性質，「為了神話視覺，設法將具有索引性的照片合成物提升到象徵的層次，因而藉由誇大偶發情況以表達一般法則」（55）。

不同，因此由於照片種類或者是應當使用哪一種類型來解讀某個身體的問題，想要建立個人的身分很可能觸礁。柏得龍嘗試將每張照片放在一套可無限擴充的辨別系統之內，高同則試著以一張照片的框架容納整個系統[6]。他們探求如何將視覺資訊縮減成為身體的痕跡，藉以製造各自的解讀，兩種方式卻剛好都符合檔案的弔詭性。雖然他們在照片裡面尋找的痕跡正是所謂真正身體的痕跡，而且兩種方法在當時大家採信的程度也很高，但是沒有一個真正的身體能證實照片中的視覺資訊。因此，不論是因為像柏得龍的歸檔系統有太多的身體，或是像高同的多層重疊肖像中身體太少或是根本沒有身體，只要嘗試將真正身體當成照片一樣來解讀則必然失敗。在這兩個例子中，攝影作為一種解讀的方式都逆轉了物體優於影像的優先次序，使得影像僭越了個人身體的地位，成為辨識的基礎。

　　如果攝影在提供經驗論上有效的世界景象這一點一再失敗，那麼我們必須要問：攝影為何這麼成功？我們可以說攝影使得歐洲有識之士不但可以分享一個真實的概念，而且也能讓他們感到並未與

---

6 巴特對於重複原則（studium）與疏離細節（punctum）著名的區分方法可以解釋這兩種努力部分成功，以及最終失敗的原因。他稱為重複原則存在於教導我們如何解讀照片的圖畫特質之中。想要制定「創造者與消費者之間的契約」，我們必須確定在看到影像之前已經看過這個影像了。在這個熟悉的空間中，巴特承認鮮少「有『細節』能吸引我。我覺得光憑影像的存在就改變了我的解讀，讓我好像在看一張新的照片」（42）。他繼續說道，「經由某物的標示，它不再是『隨便什麼東西』」（49）。重要的是必須記住照片既不完全是重複原則也不完全是疏離細節。因為這種已經看過這個影像的失望感端賴沒有突然出現的細節，否則表面的張力就會遭到破壞而使我們產生相反的感覺。同時，照片能夠「毀掉自己作為媒體的功能，使自己不再是符號，而成為物體本身」，這種能力也只有在熟悉的指涉框架內可以暫時出現。如果柏得龍個別化的照片無法指認正確的罪犯，除非這些影像完全脫離虛構的範本或是抽象的種類，那麼除非高同的類別照片能夠掩蓋幫助個別照片指涉外在世界的細節，這些照片也不足以成為分類的範疇。

逐漸加速現代化的世界脫節，並可與之協商。從一八五〇年代以來，新的、異國的臉孔與人物的照片快速增加，令人更加覺得需要以極為熟悉的方式接收新資訊。因此隨著這些小肖像的攝影對象在範圍與種類上的增加，拍攝的種類變化也越少[7]。就歐洲有社會地位的體面階層而言，照片對此階層所呈現的不是正常就是明顯扭曲的影像，所以家庭照與人像照片就像名人與土著，或是感性的人物與嘲謔的對象一樣的差別分明。視覺材料不斷的湧入，使得體面階層的文化與犯罪的下層社會中多種細部的分類因而複製、修正或是復甦，製造出龐大的影子檔案，或者是事物的視覺次序。因此即使攝影一再無法從身體本身獲得確切的根據，類型化的影像可由標示出視覺次序中的各種位置而在自然與常識中同時獲得修辭性的力量。

　　立體鏡（stereoscope）或是實體幻燈器（stereopticon）這個裝置的結構提供了我一個類比，可以解釋事物的視覺次序如何成為事物本身的次序。立體照片是將兩吋半乘以四吋的照片裝裱在硬紙板襯底上，就像方卡照片一樣。兩者不同之處只是立體照片是成對的，每一對都幾乎在同時但是從兩種稍微不同的角度複製相同的對象。觀者將立體鏡放在一張立體照片的一端，鏡頭將兩張照片重疊，就好像腦部將雙眼所看到的一個物體產生的兩個影像重疊起來一樣。

---

7 班雅明（Walter Benjamin）在〈攝影簡史〉（"A Short History of Photography", 1980）中將「物體外殼的移除，氛圍崩裂」的原因歸之於人們日益需要「在影像中與影像的複製中……擁有物體」（209）。在希爾（David Octavous Hill）早期的照片中，班雅明看到「有什麼無法被消音，有什麼在追問這個活在當時之人的名字，這個人即使到今天仍然真實，永遠不會消逝成為藝術的一部分」（202）。「在早期物體與技術相當一致，就像緊隨其後的衰退時期物體與技術完全分離。改良後的光學鏡頭很快地造出可以完全克服黑暗，以及像鏡子一樣可以清晰分辨容貌的儀器」（27）。十九世紀最後二、三十年所製造的照片與所拍攝的物體完全分離，只複製影像。

結果會有深度、圓滿感與實體感。兩張平面的立體照片經由立體鏡的鏡頭聚合成為看似三度空間的物體。如果這些照片像高同重疊多重曝光的機制一樣地重複每種類型的特徵而又能保存個別的特質會如何呢？即使不以精密刻度造成三度空間物體以成對的形式出現，這些照片能夠具有立體效果嗎？

當然，只是重複拍攝，例如拍攝街景或是一群原住民，此時的觀看行動與透過立體鏡觀看的經驗大不相同。立體鏡觀察的對象所顯現的影像是特別設計的，利用一個適合家中或私人娛樂的巧妙機關，為觀者複製所指涉之物。這個裝置使得觀看立體照片與觀看普通照片或是一般物體都有所區別。此一裝置使得複製出來的物體相較於普通物體有如奇物、幻影，或者是實驗。相形之下，對於方卡照片或是其他種類照片的消費就顯得隨意多了，比較像我們一般觀察世界的方式。但是由於照片有一種詭異的力量，可以使得題材看起來既獨特又全然不會令人訝異，這些視覺資訊的消費者仍然可以只憑一個擺的姿勢、一些背景的細節，以及一套外在特徵辨識出題材的特定範疇。觀者首先注意的不是每張照片獨特的物體。每個例子反而會令消費者想起某種類型或是範疇，只要這些範疇系統中的任何一項都足以將所有可見的，也因此被視為真實的事物分類。一套完整的知識論，以及可以讓讀者辨別任何曾被攝影或可被攝影的事物之影像因而不著痕跡地進駐讀者的想像之中。維多利亞時代的社會科學家假設某種行為模式的自然傾向可在具有此種傾向的身體表面顯現，所以他們喜歡拍攝罪犯、妓女、貧民、流浪漢，以及精神異常者的面孔與身體，希望能找到他們社會病癥的視覺身分標誌（visual signature）。雖然就經驗論而言這些努力很少值得信賴，我深信當這種照片文化的成員看到一張張特定種類的照片，每一張都是以幾乎相同的手法拍攝，然而每一張也都捕捉到特別的時刻與獨特的主題，此時只要有限的視覺範疇就足以指認任何的人、地和物。

　　隨著帝國的題材日益分歧，為這些題材分類、擺姿態、拍攝，以及命名的類型格式也日益固定。到了消費者尋找的只是某個範疇本身時，任何特定的照片不過就是再度肯定這個範疇的另一個物證罷了。每一張新照片不僅重複家庭、名人、罪犯、街眾、土著等的合成或標準影像，也使得這個影像似乎能夠有新的、不同的細節。如此的累積會製造出成套的物體，用來具體呈現給予視覺世界一定組織的各種範疇。就像柏得龍發現特定的照片只有在與類型化的影像相形之下才具有意義。同樣的人像照片看多了，看的人就會進行各種綜合活動，程序上類似高同製造複合式肖像的方法，並且讓影像本身具有厚度，就像是罪犯的身體。不過一般消費照片的方式比起高同的方法還是有些優勢。高同努力去除影像上忠於原來物體的細節，一般的觀者則只要在熟悉的框架之內會以這些細節的視覺資訊為樂[8]。誠然，任何影像的實質性與活動力來自人像照片或是任何攝影類型中的個別差異。如果只有完全相同的複製，一個範疇很容易死亡。

　　這也正是普通攝影對於構成現代世界的視覺空間，以及其中形形色色的人們所做的貢獻。如果說某人有女性身體、黑人身體，或是任何經由文化標示的身體，就是承認一個影像類似刻板化的影像—物體（image-object），同時也使之具有實質。換言之，方卡照片運作的象徵經濟完全異於科學家與社會科學家意圖建立的象徵經濟。這些小小的肖像之意義不是來自與身體的關係，以及與真的人、地、物的肖似，而是全然來自一套影像系統，以及與此系統之中其他影像的差異。

---

8 這也正是《明室》（*Camera Lucida*, 1981）要告訴我們的：重複原則不能沒有疏離細節，因為後者將意旨（signified）與其指涉之物重新聯結，使得兩者彷彿完全相同。

二、寫實主義的主體

　　如果不是同一套的影像也讓現代的中產階級男女得以認識自己，原件與拷貝之間如此廣泛及系統化的關係逆轉在現代文化生產中無法全面性地出現。當時的圖像研究清楚顯示個體被「召喚」成為各種社會範疇，比較是因為在影像中看到自己，而不太是因為阿圖塞（Louis Althusser）假設的是意識到自己是「招呼或口哨」的對象（174）。同樣的，我認為拉岡（Jacques Lacan）鏡像期的寓言巧妙地避而不談他在完整、自主的身分這一點上的反覆掙扎，這樣的掙扎是因為兒童與鏡像的認同產生的，對於這一點他本能地猶豫不決：「他這時還不會走，甚至站不穩，需要緊緊抓住某些賴以支持的東西……卻能在一陣興奮的行動中克服支持物的阻礙，採取稍微前傾的姿勢，以便用凝視保有這個影像，將影像帶回到瞬間的層面」（1-2）。拉岡辯稱，在與外在且異於自己的事物開始發展關係之前，我們必須真的「看到」自己是個別的、完全整合及全部的形體。在這個層面上，鏡中影像提供個人內在性與其在象徵次序中所占有之確切位置的基礎。在這篇早期的論文中，拉岡想的影像是屬於一個特定兒童的影像，因為這個影像反映了他自然的身體。只有這樣把一個模範兒童放在鏡子前面，拉岡才能避而不談當他的理論過於倚重這個自我影像的存在時所產生的問題：什麼影像？誰的影像？哪裡來的影像？為什麼兒童會把它當成自己？如果我們用照片取代拉岡論述個人獲得身分過程中的鏡子，我們一下子就更能瞭解現代個體在日益流動且異質性的社會次序中如何找到並維持自我的獨特能力。

　　我這裡指的不是什麼特別的照片，而很像是高同與柏得龍所賴以辨識個人肖像的類型影像。即使一張特別的照片可以提供某人一面鏡子，這張照片能夠召喚我們的程度頂多在於它細心精確的複製

了我們已經被人看過的影像。更何況即使我們以某種影像出現，沒有一個影像是完全符合我們的，這個影像是錯誤辨認（misrecognition）的產物，是我們所擁有、穿戴、表演，或是不承認的影像，而不是我們。現代個體被迫要填補自己與某種完全存有的原初狀態之間的縫隙，因此他們在某一時刻的自我與他們想像自己曾經擁有的基本影像之間鋪下了一層層的複製影像。拉岡會認為縫隙越大，大家就越急著想要填補這些縫隙。既然所有嘗試填補的動作不但必然失敗而且會重複發生，我們在努力維持自我一致性的追溯過程中，總會要拋棄許多不良而且全然無關的影像。在整個維多利亞文化時期，特別是在維多利亞小說與攝影中，我們有證據指出隨著大眾視覺性的降臨，這個文化的一分子會被迫設法迅速地由以認同為根本的身分（「這是我」）轉變到以差異為根本的身分（「這不是我」）。

　　絲爾薇曼（Kaja Silverman）指出拉岡在後期的著作中也做了類似的變動，此時他「稱（主體賴以建構視覺身分的再現）是『屏障』（screen）而不是鏡像反射。主體不單是在屏障裡誤認自己，現在已經假設他／她仰賴……無法確定來源的凝視以便結構性地接近此屏障。一百五十多年來這個凝視最具影響力的比喻就是照相機」（18）。絲爾薇曼根據這個後來所做的修訂重新解讀拉岡「鏡像期」的早期版本，認為母親的凝視是聯結兒童的觀看與鏡中的影像之力量，這樣的聯結造成錯誤辨認，兒童的身分也是建立於此種錯誤辨認之上。個體在這樣的動力中與影像產生自我定義的關係，絲爾薇曼強調此種動力跨越歷史的形式，我自己的分析則採取另一方向，我傾向分析十九世紀晚期文化是如何深受某些種類的影像所滲透的歷史。我認為只有如此才能合理地將母親的凝視與獨特的照相機技術，以及與無所不在的監視性同時相聯結，這種監看也是現代機構體制的特徵。誠然，就我們所知，大眾視覺文化的來臨，以及傅柯在《規訓與懲罰》（_Discipline and Punishment,_ 1975）一書中所形容之

監視結構一同製造主體，這些主體的形成開始於認同某一影像，而且終其一生都必須嘗試維持與這個影像的關係。邊沁（Jeremy Bentham）假想罪犯關在有如蜂巢一般的個人牢房中，房間的照明來自背後的燈光，在這個模範機構的中央任何時刻都有一個姓名與臉孔不詳的監視者看著犯人。傅柯認為邊沁當時既是在想像一個新的形成主體的方法，也在設想強制執行這個方法的手段。邊沁的圓形監獄（panopticon）以攝影的方式構思主體的概念，同時也要確定主體會以此概念看待自己。圓形監獄解釋為何國家的概念需要重新構思，使得國家人口不僅包括都市居民中最卑賤的人，也包括非洲與亞洲民族，如此重整國家觀念使得在現代機構 —— 家庭、教室，以及監獄與感化院等等 —— 中身分的形構得以仰賴其他被卑賤化而且帶有種族記號的版本而完成。

　　拉岡早期的理論幫助我們想像經由文化散播的影像如何介入個體的發展。介入的方法是提供個體一個自我形象，個體可以選擇複製或違反這個自我形象，但不論做任何選擇終其一生都必須與此自我形象掙扎。他後期的作品解釋了現代個體由認同轉移到差異並基於此一原則加入新視覺次序的後果。假設現代個體開始的時候是各種可能範疇的綜合體，非男非女、不黑不白、社會地位不高不低等等，個體能夠以複雜但又能相當有條理的方式擁有這些的特性是在個體厭棄或是拋棄了許多種族、階級，與性別特徵之時，這些是他們的文化為此厭棄過程所特別提供的特徵，其中有些甚至是個體過去身分的基礎。我們可以只表現與個別身分一致的特性。但是這樣一點一點的放棄一些自我，嚴格說起來並不是一種否定，倒不如說是內化了不見容於社會的形象。正因為社會不容，因此我們必須不斷否認這個形象其實也是我們的一部分[9]。不斷否認使我們維持自

---

9 巴特勒（Judith Butler）在《性別問題》（*Gender Trouble*, 1990）中對於這個過程提出

我形象的完整性，我們也因此建構了外在於自我的另一個身體，以及一套不同的行為方式，以免我們在視覺次序中辛苦獲得的穩定地位會被我們所要否定的特性摧毀。拉岡所謂的症候（symptom）具體表現了這種負面的自我定義。它不會威脅個體的完整與持久性，而是保持了一個文化認為個體一生最需要的差異。如果症候消失了，個體本身也必然瓦解。因此如拉岡所言女性是男性的症候，或者如周蕾（Rey Chow）所言土著是西方人的症候（30），就是承認男性與西方人的存在不能沒有女性或土著。隨著維多利亞攝影建立了種族、階級、性別、國家等等身分的範疇，幾乎足以將世界上所有其他民族分類，文學寫實主義也教導讀者怎麼從觀察者的位置玩現代身分的遊戲[10]。最重要的就是與不在觀察位置的人維持差異。差異的維持將他們對於其他民族的影像轉換成西方個體性的祕密核心。

　　根據批評的傳統，我們應該視攝影寫實主義為諸多維多利亞寫實主義的變化之一。但是我深信較正確的想法是寫實主義與攝影是同一文化計畫中的夥伴。意圖寫實的書寫會「像攝影一樣」，因為它能使讀者從中介的另一端來接近世界，並且藉由提供某些視覺資訊達到此一目的。我們現在稱為寫實主義的書寫提供視覺資訊的方

　　最清楚的描述：他者成為主體祕密（不可見的）成分，終其一生都必須進行自我表演（57-72）。

[10] 巴特解釋說，某種程度上主體在站在照相機之前已經是影像了，「我在『擺姿勢』的時候造出了自我，即時為我自己製造了另一個身體。這是非常主動的轉變」（10-11）。泰格（John Tagg）從社會學而非個人的角度思考攝影，但也同樣強調表演或是自我製造的成分，「肖像……是一種符號，目的既是對於個體的描述也是社會身分的銘刻。但同時這也是一種商品，一種奢侈品，一種裝飾品，擁有它就會帶來社會地位。珍貴的纖細畫像（miniature）的氛圍（並未像班雅明所想的已經遺失，而是）成為早期的戴格爾銀版照片。在裝裱華麗的公眾人物方卡照片珍藏品中，我們也可以同樣意識到擁有照片即有地位的感覺」（37）。

式會令讀者感受到這個資訊的確是物體與世人本身的一部分。即使
一本小說並未提供太多視覺描述，這樣的說法也同樣成立。接下來
就只要引用刻板印象，再加上一些新的細節即可。維多利亞時代的
作者幾乎什麼情況都可以寫，只要作者承認種族、階級、性別，與
國家的視覺刻板印象，而且假設分歧的讀者群「看到」的情況大致
與作者所見相同。再者，每當維多利亞小說想要藉著撕去粉飾太平
的影像以暴露其下的社會現實來啟蒙讀者之時，這本小說指涉的不
是影像後的物體，而是另一個更適當的影像。

　　寫實主義利用了維多利亞文化關於視覺再現的多種假設所產生
的縫隙。一種假設讓讀者從再現與外界物體的相似性上找到此種再
現的意義（像是十九世紀骨相學家、人相學家、犯罪學家）。但如
果從另一種假設出發，讀者會由再現與一套影像系統中所有其他事
物之間的差異找到意義。寫實主義對於現實世界的指涉必然有如指
涉合成照片一樣，特別是這個人、地、物的照片尚未拍攝之前。照
片還沒拍不要緊，這樣的影像很快就會以許多不同的版本存在，因
為大眾攝影會複製人們以為事物應有的影像。這樣指涉影像的方式
讓寫實主義指涉的是非常真實的事物。

　　從這個觀點來看，我們可以預期小說與攝影之間的關係複雜。
這個關係也不可能是單向的。我一方面要證明攝影如何使得小說成
為表達真實的媒介，同時也要證明反之亦然；為了使讀者相信小說
真的可以讓他們主宰物體的世界，小說也必須認可透明、可複製的
影像。任何小說如果想要為選擇眼前現實的特點提出值得信賴的導
引，必然會提供許多視覺描述，這些描述可以正確地固定事物的範
疇，就像一個人選出正確的人像照片一樣。經過不斷的嘗試與錯
誤，「寫實主義」不僅教導讀者如何為影像與物體配對，也讓讀者
深深覺得這麼做有其必要。我已經解釋過攝影影像的重複會造成影
子檔案。影子檔案是由可稱為影像—物體之物構成，既不是影像也

不是物體，但卻是兩者意義的最終來源。更複雜的是有些案例中在小說對於視覺次序的某些構成要素已經指涉超過十年之後這些要素才在無數照片中出現，而攝影賦予小說在描寫某些角色、背景、物體時表達真實的能力，這樣表達真實的能力類似照片透明性的特性。

　　小說與攝影專門為它們共有的時刻與消費者的階級協力製造出一套空間的分類系統。這套分類系統涵括了這些消費者的身體、財產，與行為，並根據維多利亞讀者視為自我、家庭、階級，與國家以外的事物對於這些身體、財產，與行為加以排列組合。就像這個導論先前所提出的四大命題之一所言，小說使得攝影能夠標示出這些視覺—空間的疆界。小說指向某些影像，好像他們就是世界的一部分一樣，然而其實小說僅僅認可符合讀者視覺期望的影像，而這些期望又是小說本身所描述的。如果小說與攝影以寫實主義之名互相認可的過程看起來像在繞圈子，那是因為唯其如此寫實主義才能表達真實。除非全面性的改變同時在主體與客體的領域出現而且經過持續循環的過程，我所提出的這種全面性改變很難在笛卡兒（René Descartes）（我思故我在）等式的兩端同時出現，激進地重新組織「內」與「外」的差異，以及主體與客體的領域。

影像與帝國
——視覺文化的簡要系譜 *

南西・阿姆斯壯（Nancy Armstrong）著

吳雅鳳譯

　　英文有句諺語：「百聞不如一見。」就像大多數的諺語一樣，其真實性或可議性往往比我們願意承認的還要高。我們通常認為人事物的視覺證據便能證明它的存在。但「百聞不如一見」也可能表示即使人事物實際上不存在，視覺證據仍能說服我們。我們都熟知一個關於上一個世紀電影的故事，觀眾看到火車頭向他們開來，便急忙衝出電影院。銀幕上行動中的透明影像當下讓他們以為火車就要撞倒他們，但當他們開始向外跑，便立刻瞭解這不是真的。流行動作片之所以成功，便是依賴觀眾對影像之欺騙性格的喜好，當他們消費影像時，人物場景事件愈超乎真實、愈恐怖越好。本文試圖解釋某些影像如何例行地將物體的存有召喚出來，即使，甚至特別是，當那些影像已經清楚地與物體的實存世界劃清界線。我相信，也試著說服你們，影像與物體在文化領域上的倒轉對現代帝國主義的成功與衰亡皆扮演樞紐的角色。我相信，我們可以將二十世紀帝

---

* 原文篇名為 "Image and Empire: A Brief Genealogy of Visual Culture"

國的崩解至少部分歸諸於影像逃脫了製造者並且擁有自己生命的傾向。本論文分為三個時期或知識領域，說明影像與消費者之間彼此互義的過程。此過程的重要關鍵並非在於電影的發明，而是照片的普及，此時影像潛入觀者與世界之間，並開始改變兩者的關係甚至是物質性的構成。

一、模擬的謬誤（the mimetic fallacy）

影像具有取代實體的能力肇始於早期的啟蒙主義知識論。洛克（John Locke）將視覺列為首要的感官，進而發展出人類理解力的模型。直到最近為止，我們還一直將視覺列為首位並將記號學宇宙一分為二：觀察者與被觀察物。為了確定直接從外界傳來的資訊效度，洛克特別將視覺訊息與其他似乎缺乏可察覺物質來源的感官訊息區別開來，他也謹慎地將那些宣稱代表某物卻無法追溯其源頭的訊息判為無效。洛克解釋，例如，如果我「製造人的手腳身軀的意念，並將其接合在馬頸、馬頭上，我並非製造虛假的意念……但是當我叫它作『人』或『犎羓人』，並以為它能代表那樣的東西，那麼便是『我錯了。』」根據此一模型，缺乏明確所指的訊息多半是不好的訊息。當不好的訊息喬裝成好的訊息，便啟動了模擬的謬誤。當模擬的謬誤進行時，影像並不模仿實體，反而是原為影像來源的實體被並不一定忠實描述的影像所取代。

冗長的十八世紀期間[1]，模擬技術逐漸進步反而使人更小心防止模擬謬誤的產生，希望尋找可以毫無疑問地忠實呈現物體，且未經中介的影像。我同意傑弗瑞・巴臣（Geoffrey Batchen）的說法，視覺普及化並非因為在法國的戴格爾銀版照相法（daguerreotype）

---

[1] 即1688至1847年。

發展出的幾個月內，英國所發明出的碘化銀紙照相法（calotype）。
更可能是因為啟蒙主義鼓勵現代人憑藉視覺以概念來統領世界，助
長了維多利亞時期瘋狂流行的透明影像與這些影像灌輸在觀眾心中
對視覺的依賴。我的立論根據是洛克在《人類理解力論》（*An Essay
Concerning Human Understanding*, 1979）所闡述的知識論，此種法則
在十九世紀初，便具體呈現在廉價大眾雜誌的雕版插畫中。

　　洛克特別強調人類思想並非與生俱來，心靈其實像「一張白
紙，沒有任何文字，任何意念」（104）。接著以另一個譬喻，提出
當世紀最有名的問題：「心靈如何裝備自己？為人類幻想提供無窮
彩繪的龐大記憶庫從何而來？理性與知識的材料從何而來？」（104）
洛克的答案和他的問題同樣精采。刪除了上帝，淨空了早期現代文
化的庫存，洛克方能夠提出當年極唯物性的知識定義。我們大多數
的意念來自外界經由感官翻譯成「感官經驗」（sensation）（105）。
只要心靈倒空既有的意念並儲存一定數量的感官經驗，便開始察覺
自己的運作。它會針對經由感官得來的資料加以反思，考慮如何將
這些資料分類，整理，評價，整理出通則。洛克認為反思的能力是
「人類本來就具有的」（has wholly in himself）（105）。由第二來源即
純粹反思得來的意念，經常與第一來源即感官經驗混合或混淆，就
像我們看到一色彩均勻的球體，便立刻知道它不僅是紅色而且是球
狀。我們經常特別容易將反思誤認為純粹的感官經驗，那是因為
「視覺乃最全面性的感官」，傾向於涵括其他感官經驗，讓我們以為
其他的訊息均與視覺有關（146）。這也說明了為什麼我們通常可以
正確地單從視覺意象演繹出物體的某些特質。

　　洛克所製作冗長的錯誤意念表，正揭示了人類理解力的實證模
型必須刪除所有不符合標準的概念。有一個例子特別值得一提，因
為它可說明好的複本可能銷毀原先企圖符合的標準，而變成不好的
複本。我們累積感官經驗時，必須從每一種類的特定成員中純化出

一種本質，經常不知這樣的本質其實是我們反思的結果，而非事物原本具有的特質。當我們下次遇上類似的事物，便會發現我們先前所預見的本質。洛克認為這樣的複本是「有缺陷而且不適當的」（378）。更糟的是，當我們想要以文字與他人分享，卻無法忠實呈現我們在心靈「白紙」上分類與整理時對事物最原初的感覺。將我們從感官搜集來的資訊分享於人，必須將其「抽象化」以利他人感受。語言便是這些抽象過程的結果。「語言中自然存在的缺陷」，即使在最佳狀態也是一塌糊塗。洛克強調，理性的人絕不能再容忍「任性的錯誤與輕忽」來阻斷良好的溝通（490）。洛克堅決反對隱諱曖昧、風趣機智、譬喻性的語言、花俏的修辭，與所有語言的創造性。他強調，只有當我們確定「意念與真實相符」，才可以獲得真實的知識（372）。他詆毀「百聞不如一見」此諺語，因為就像所有類似諺語，它有著「鬆散且漂浮不定的意涵，有時代表這個意念，有時代表那個意念」（608）。時間證明，洛克的理解力模型經得起時間考驗。

　　十八世紀，英國經歷了長期的革命，包括印刷文化的崛起，小說的風行，以及服膺洛克基本理念的文化霸權。這些理念包括：一、知性能力是後天習得而非與生俱來；二、優良訊息來自與世界的直接接觸；三、語言可能提供關於世界的知識或完全誤導人。我現在要討論為什麼實證主義的文化顛倒實證的優先順序以便經由大眾媒體的中介來重新塑造世界。如洛克所言，模擬的原則企圖將「看見」等同於「相信」，以便將「相信」植根於物質世界的感官經驗。然而他也提出，「相信」與「看見」的對等，會造成某種訊息可能成為直接經驗世界的正當替身。十八世紀英國最重要的變革，便是在第一種[2]到第二種[3]的對等關係上產生了委婉但普遍的轉

2「相信」植根於物質世界的感官經驗。

折，洛克強力推薦前者，而堅決反對後者。現在我們來看兩個例子，就可以瞭解洛克的實證主義如何助長模擬的謬誤，同時使我們認為看見複本便等同於接近原物，並且希望藉由擁有世界的複本來掌握物質世界。

第一個例子，基於人類不是與生俱有知識，也不可能像有錢與閒的仕紳階級瀏覽全歐洲以搜尋知識的概念，一種嶄新的出版物於焉誕生。任何人只要識字、願意花費少許金錢，藉由閱讀直接由世界獲得知識的文字敘述，便可獲得仕紳階級才能擁有的知識。《紳士雜誌》（*Gentleman's Magazine*）於 1731 年創刊，在英國與北美殖民地各啟發了三百與更多跟進者。發行的前五十年，一位編者約翰・尼可斯（John Nichols）評論到「每一位熟悉世界的人必然會瞭解《紳士雜誌》此類雜誌的無窮價值」（lxx. 100）。此類雜誌的目的就是提供讀者有關「醫學」、「每一科學的基礎」、「歷史、小說、詩歌、散文、宗教爭端、旅行、其他民族的風俗，男女的端正舉止，古董，國會事務，當今政治的議題」等資訊（lxi）。此類月刊以倉庫或彈藥庫的方式組織這些資訊。有些刊名甚至是什錦，博物館，或避難所。它處理知識的方式正巧類似洛克心靈的模型，讀者經由目睹不同的人地、科學實驗、藝術作品，或辯論當代的主要議題，更可以獲得關於世界的知識。

一位《紳士雜誌》的編者承認，「並非所有人都能享有同樣天生或後天優勢」，因此他宣稱能為缺乏菁英教育的讀者，「提供學習與娛樂的新來源」（lxviii）。他並不認為自己正參與一項偉大的密謀──即透過他的雜誌取得知識的準紳士可以取代原物，也就是擁有真實知識的仕紳階級。的確，他相信《紳士雜誌》雖然提供廣大讀者簡縮版的菁英教育，並不會損害維繫紳士血統的真正知識。相

---

3 訊息成為直接經驗世界的正當替身。

反的，他瞭解其出版事業正是提升識字人口的方法，讓英國超越「遲鈍的格陵蘭人，慵懶的土耳其人，平庸的印度教人，凶猛的哈薩克人，愚蠢的黑奴，輕率的法國人，與固步自封的中國人」，這些人的第一手知識只局限於其特定的角落（lxviii）。《紳士雜誌》的編輯群因此發展出獲得知識的雙重標準。好的資訊不僅是親身經歷而來，由閱讀獲得的知識，遠遠超過任何人可能的接觸範圍。他們強調菁英教育的威望，並不是要鞏固仕紳階級的霸權，更重要的是保證印刷文字對其中介經驗的忠實度。

　　我用《紳士雜誌》與類似刊物為例，說明十八世紀模擬如何逆轉原物與複本的主從關係，此現象可歸因於，以嚴密中介的方式提供對世界認知的印刷品的數量增加，而加強了直接以感官來經驗世界的慾望。接下來的例子說明同樣的原則如何在影像中及透過影像更有效地運作。1832年以前，英國沒有太多的公立博物館、展覽及大眾娛樂。我們可以假設大多數英國人罕有或甚至缺乏自身經驗以外的世界圖像。能廉價印刷圖片的木刻與機械印刷早已存在數十年，但是廉價的插畫幾乎沒有市場。此時突然充斥英國文化中，史無前例以豐富的印刷圖像來自很多小眾的源頭：沿街兜售的小冊子、關於名人與搧情犯罪的偽新聞報導、兒童的識字課本、政治漫畫、描述酒店內部的小海報等。歷史學家帕翠西亞・安德森（Patricia Anderson）指出，插畫的廣泛流行，由實用知識學會出版的《一便士雜誌》（*Penny Magazine*）開始。

　　《一便士雜誌》假設圖像更容易產生娛樂效果，對工匠、工程師，與富有工人等讀者來說吸收圖片比文字容易，所以將插畫融於認知的過程，以至於「看見」等同於「認知」的關係，幾乎與直接經驗無異。此雜誌提供有關世界的實用資訊，包括動物、外國地點與風俗、當代名人、知名藝術品的複本、科學與機械設備的詳細圖解等。新的插畫方式將圖像插於文字與實物之間，彷彿表示，圖像

比文字說明更接近實物。文字說明也配合此邏輯。討論圖像時彷彿它們就是實物，譬如紅鶴的頸長、某位畫家的風格等，此類雜誌邀請讀者對圖像回應彷彿它們就是存在世界的實物。更進一步地，它邀請讀者對待文字的方式，就像我們從實物的文字敘述中分類再歸納出通則的過程。同樣的做法也出現在每週出版的《畫報》（*The Graphic*），以及比《一分錢雜誌》原初針對的讀者群還要高層的其他刊物。新的插畫方式，將洛克的心靈倉庫客觀化，以單一抽象取代諸多特殊感官經驗，並且將原來強烈歸納式的認知方法轉換為欺惑性的演繹式觀看。這樣的轉換保證我們在實際目睹事物之前，便學會以某種固定的方式觀看該物。

二、影像帝國

我在最新的作品中，解釋照片如何中介主客體的關係。我鉤勒出模擬這一現代觀念的系譜，從洛克的歸納法開始，到十九世紀後期英國文化一全面性及普遍性的歸納法逆轉。我想再次強調幾項重點：一、它假設未受中介的認知自然世界的方式是理想可欲的；二、它宣稱只有特定圖像才能提供如此方式；三、只有那些擁有製造圖像特殊科技的人，才能在概念上掌握所瀏覽之物。如此一來，西方知識無限擴衍的唯一限制只存在於實際的物質世界。綜合來說，這些原則為英國中產階級能達成一全新的權力支配形態，提供了慾望與憑藉。在《紳士雜誌》的傳統下，英國認定它在殖民地的使命是去複製紳士或官僚、軍人、侍僕，與當地官員，這些不全是英國人，但都模仿英國模式。在《英屬印度的修辭》（*The Rhetoric of English India*）一書中，莎拉·蘇勒律（Sara Suleri）強調一七八〇與一七九〇年代由於東印度公司的總裁哈斯丁斯（Warren Hastings）冗長的訴訟案使得大英帝國的命運堪憂，哈斯丁斯被控濫用職權，

以及非人性地對待印度人民。哈斯丁斯的作為使得很多有智識的英國人，如艾德蒙・柏克（Edmund Burke），認為因利益之故擴張英國的勢力外於英倫三島，終將貶低英國及受其剝削的殖民地的國民性格。柏克結論說到，殖民主義絕無高貴的動機。蘇勒律指出，雖然哈斯丁斯因柏克辭嚴義正的指責從此一蹶不振，但由於辯論焦點由殖民究竟是好是壞，轉變到如何區分好與壞的殖民英國的殖民大業卻獲得新的動力。

殖民事業的命運取決於英國人是否能激使其他民族希望仿效英國人而非任由英國人與當地人混流。殖民的成功在於英國是否能將英國的語言、思想、習俗與貿易一起帶給被殖民者。珍・康瑪若夫（Jean Comaroff）和約翰・康瑪若夫（John Comaroff）提出一簡略的例子：英國人拿在本國已過時幾年的衣服，來引導南非人接受英國的流行系統。此例解釋了英國當代服飾與英國在非洲所揭舉的標準之間的明顯差異，用來鼓勵非洲人遵循英國為殖民子民所設下的標準。荷米・巴巴（Homi K. Bhabha）的著作，詳盡說明了模擬的謬誤如何在印度創造出相似的仿英國人，這且是目前正進行中的複雜過程。我的目的在於解釋在英國為英國觀眾製造出的影像，如何擴展想像的國界以包容這麼多不同的民族面貌。

就從英國碘化銀紙照相法的特質開始談起。法國的銀版照相法透過光線照射物體表面後投射在感光物質上，一次只能製造一張照片。而碘化銀紙照相法製造出可以多次複製的負片，每一次都和原來一樣。能夠從單一源頭正確地多次複製，正說明了照片只能複製那種在影像轉移到紙上前便已實際存在的事物。如此的參照性更助長了一早已普遍存在的看法，即影像比其他中介方式更接近物體本身，所以觀看照片就像觀看物體本身，就是因為如此接近，觀看照片儼然成為認知事物特別有效的方式。如果同樣的照片可以複製無數張，也就表示無數觀者可以分享這項知識。照片便輕易解決了洛

克所認為語言溝通必然產生的謬誤性。

　　或許更重要的是，由於照片應許觀者一接觸實體的方式，解除了洛克歸因於將心靈活動轉化為語言過程中必然產生的諸多問題，如反思與感官經驗混淆、各形態知識混雜、通則不完整等等。正如強納森・克拉瑞（Jonathan Crary）指出，整個十九世紀光學與浪漫美學皆認為眼睛逐漸被隱藏在高度個人性的物質身體，受制於心情的變化、渙散、妄想，以及其他外在壓力。眼睛不再像洛克所定義的，只是一感官接受器，單純地看見外界的物體。與眼睛相較，相機似乎是比較中性且不受外界干預的機器。如此相機便能將每一人所見標準化。我在別篇文章也提過，一八六〇年代照片繁複的種類與驚人的數量說明了，大多數識字的人以照片的形式來認識大部分的世界。因此，那些人以視覺形式來認識其所建立的帝國，並以此瞭解居於此複合影像中心所代表的意義。

　　但英國的碘化銀紙照相法不僅複製負片，再進一步根據負片複製實物，並且複製識字大眾經由平版印刷、木刻、小說、有關窮人的身體與道德的論文、旅行文學、殖民地探險報告等所熟悉的視覺資訊。或許正是因為照片宣稱他們並非實物僅是複本，其可信度反而凌駕其他視覺媒體，可用來作為犯罪的證據，或以茲記憶所愛之人的面容，記錄行將拆毀的建築，或是使觀者熟悉帝國疆界內不同的民族。照片可以為最造作最刻板印象式的人事物提供物質基礎與記錄詳情。就像眼睛目睹公開表演或展覽一樣，照片可以揭露十九世紀生活中卑俗的、異國情調的，與私密的角落（Armstrong, *Fiction* 75-118）。

　　當洛克認定感官經驗為人類理解力的構成要素，他便將外界翻轉為內在，外界物體決定了人類主體的形成。然而照片卻將內在翻轉為外在，並為洛克的心靈模型提供了可跨越階級與語言隔閡的物質性的真實基礎。洛克自然早已注意到區分不同感官經驗的重要

性，理性運作便倚賴這種區分與歸類知識的能力。但是就像我一直強調的，洛克主要關心的是如何聯結資訊與其所代表的主題，以形成判定良好資訊的標準。他強調正確地形成與傳達意念的能力乃取決於語言與事物之間的相似度。正當大多數的識字人口以照片為主要認識世界的方式，影像與實物的優先順序便改變了。鑑於公眾對照片作為正確模擬的信任，我們可以假設這些影像忠實呈現所代表的事物。但在一八六〇年代，不同影像之間的差異開始變得比文字或影像與事物間的相似程度更為重要。這個變化同時助長了帝國的擴張。例如關於新面孔與異國情調的視覺資訊，逐漸豐富起來，但並未促生照片的各種類別，反而傾向以現有既存的類別來描繪新的視覺資訊。換句話說，新資訊是以有限的、熟悉的形式加以包裝，例如家族合照、名人畫像、罪犯檔案照、民俗典型照，與世界各地不同的原住民族等。如此一來，雖然照相主題的範圍與種類增加，其觀看方式卻越來越可預期。所愛之人的照片與罪犯的檔案照有著清楚的區隔，就像名人照片與原住民一樣地截然不同。前者代表正常的影像，後者則是英國正派形象的毀容。

正因為其可複製性，這些影像在觀者與被觀者的二分法世界觀中再創造出一系列的次分項。照片影像的可複製性為既存的視覺刻版印象提供實質的基礎，同時每一新影像必然潛藏難以控制的細節，委婉地替換、更新、修飾，甚至挑戰它所複製的類別。如此一來，照片似乎為歐洲人奠基於人事物差異性的觀看方式，提供了視覺的證據。因著照片獲得此威信，不同視覺資料間的差異逐漸取代了強調影像與事物間真實模擬的傳統視覺密碼。

我想在此做個小結，提醒讀者注意特殊的快感形式催生更多更廉價的照片，以及此快感如何促進大英帝國的擴張。我所指的快感是指綜覽式視覺經驗所帶來的樂趣。提摩太·米契爾（Timothy Mitchell）以此快感來解釋有關埃及文物的展覽如何在巴黎、倫敦

與哥本哈根等地造成偌大的轟動。來觀展的民眾，只能看到開羅的片面。策展單位將雜碎的文物重新整理，以至於開羅似乎存在於觀者之外，是他可以審視的空間場域。如此便重塑開羅為一物品，主要服務局外人的觀看。類似的快感無疑地解釋史坦利爵士（Sir Henry Morton Stanley）關於非洲旅行冗長詳盡的報告如何贏得空前的迴響。史坦利爵士長久倚賴當地嚮導以通過非洲蠻荒，但由於對當地風物缺乏瞭解，只能在書中不斷地累積資料。他在1871年11月於坦干伊喀湖畔（Tanganyika Lake）發現李文斯頓（David Livingston）時的驚喜與慶幸充斥於全書。其實本書的出版就見證著史坦利爵士歷劫歸來訴說其經歷。從一開始，讀者便知道隨著史坦利爵士一起回憶旅程，累積的視覺資訊會奇妙地自動整理成一張地圖，一個靜態的範例，使讀者置身於所檢視的資訊之外、之上，這樣才可以欣賞各部分的組織。就像史坦利爵士自己所說，這樣認識非洲的方式，只可能透過回溯並經由文字的中介。這就是米歇·德瑟妥（Michel de Certeau）所指的「戰術」（tactics）與「策略」（strategy）的不同。我們設計戰術從異域的內部與其溝通，我們無法隨時瞭解遊戲規則。另一方面，當我們由外面與上方控制一個地區，運用策略便能夠掌握遊戲規則，並且隨機應變。理所當然地，我們可以假設無法親自到帝國遙遠角落探險的觀者可以獲得相同的快感，且不須負擔任何風險。當他們觀看當地人民的照片，基於特定的視覺特徵，在此類影像龐大的區分系統中，便可以分別出每一類型的人。

文化歷史學證明這種快感其實具有風險。民族學式的照片將歐洲觀察者與被觀察物的本質差異譯入有關種族與發展階段的視覺符號差異。民族學照片中的人物主體，展現歐洲人絕不會擁有後還能隸屬於現代歐洲文化的視覺特色。如此的帝國影像包括被視為邊陲卻日漸繁複的其他人，將那些人想像性地置於帝國之內，卻在核心之外。但是這個複合的影像不能長期維持現代文化內外的分界。誠

如巴里巴（Étienne Balibar）和穆丁比（V. Y. Mudimbe）所說，邊陲的現象經常包含兩面：核心的內與外，但不論核心與分界皆是想像性的。如此，將某些現代英國主體轉化為令人嫌惡的客體，必定同時產生歡愉與焦慮，所以才會一再重複這些將內在特質外移的動作。

三、影像的領域

　　最後我要討論現代主義與後現代主義有關於「模擬的謬誤」的辯論。現代主義從馬克思在〈論商品戀物與其祕密〉（"The Fetishism of the Comodity and Its Secret", 1990）一文中未解決的問題出發，怪罪大眾文化混淆影像與物體，其成果只能局部再現物體世界。現代主義特別指責再現的圖像因為它以膚淺、布爾喬亞式的世界觀取代世界本身。就像史柯拉夫斯基（Victor Shklovsky）所言，重要的是藝術家要「重新回復石頭的石性」，或者像維吉妮亞・吳爾芙（Virginia Woolf）提議，去探索維多利亞寫實主義刻板印象表面下真實的班納太太（Mrs. Bennet）（6）。現代主義美學如此強烈而普遍的反對視覺文化，說它患了肖像恐慌症也不為過。現代主義所追尋的真實，不管是在物質世界或在現代主體的無意識深處，均不可避免地受到視覺影像的蒙蔽。為了要重新回到維多利亞時代之前的主、客體性質，這些藝術家設計了聰明的步驟以超越表面的傳統陳規。

　　雖然現代主義追求維多利亞時代之前的真實，所用來恢復淪陷於大眾視覺文化的價值的技術卻是明確落在照相術發展之後。他們以為，所追求的真實被活埋於累積的錯誤再現、陳腔濫調與刻板印象中，所以自許展開一搶救行動，企圖重新建立洛克立下的當務之急，也就是語言與心靈間的直接關係，相映於心靈與物體間的直接關係。現代主義尋求驚嚇讀者／觀者以得到新的感官經驗。也可以

說，現代主義試圖以真實的模擬藝術相對於虛假的模擬藝術，為自己行銷。後現代主義並不認同這些作為。後現代主義宣稱主、客體皆無所謂未經中介過的本質。特別是那些置於媒體之外的本質。後現代主義認為，無論現代主義如何向大眾視覺的限度打擊踢喊，也逃不出模擬的謬誤之邏輯。

後現代主義由大眾文化得到靈感，特別是觀眾蜂湧進入戲院就是因為渴求被那些缺乏真實指涉物的影像所驚嚇的快感。後現代主義自然也不會忽視流行照片不變的魅力，即使現代主義對後者大加撻伐。的確，我們不能忽略目前衛星環繞地球傳送資訊，除了娛樂也有監視的功能。照片繼續裝飾我們的家，打斷我們的生活，個人也好，團體也罷。這類訊息也可運用電子郵件傳送、接收。如此一來，原本用來阻斷現代生活的節奏，因而提供西方官僚與知識分子一些控制的視覺文化，悄悄地溜開監控。那些殖民地子民原來只是被動的接受拍攝，現在卻擁有照相機也拍起照片來。他們拍攝自己、家人，以及個人生命的里程碑。他們也拍攝團體照，不管是在街上焚燒旗幟，或在國家重要慶典表演。只要你將相機交給某人，我相信，那人與將被拍攝的對象皆會深受影響。當受觀看的客體轉變為觀察者，便解構了主客體間維持了兩個世紀的記號學二分宇宙。

這就是照相為殖民地子民與各類異議分子所掌握時實際的情形，他們原先都只擁有戰術性優勢的當地知識，但缺乏策略優勢來改變領域的地圖。在地知識便以影像形式出現，例如以色列士兵如何對待加薩河西岸的巴勒斯坦人。這些巴勒斯坦人所拍攝的影像，一旦發表，不僅補充以色列政府所提出的照片與錄影帶，更暴露那些宣稱是真實紀錄的官方影像之局限。揭發以色列觀點只不過是另一個模擬的謬誤的同時，巴勒斯坦攝影師更向以色列策略能力挑戰。此時，印度與巴基斯坦雙方也將影像置於網際網絡上，挑戰對

方對喀什米爾的觀點。我想建議的是，影像的領域變成一公平競爭的運動場，戰術與策略不再有任何差異。雙方皆宣稱具有優勢戰術性來揭發對方的盲點，並且提供更全面或更真實的真相。難道這樣互相補充的影像只是重複了現代主義所宣稱，重新恢復我們對影像所代表的人事物的直接接觸？

　　我並不認為如此。相反的，這樣的宣稱假設了討論的重心已不是客觀的真相。我們參與的是一場決定誰的觀點會贏的戰爭：血腥暴力究竟是充滿宗教狂熱的殉道，還是由美方資助的蠻強流氓行徑？我們瞭解了電影銀幕後面並沒有火車，並不會因此憤世嫉俗。導致憤世嫉俗的原因是根深柢固地以為真相存在於影像的另一面，在影像所指涉的主客體而非影像本身。後現代主義並不渴求某種失落的客體或者現代主義所認為的真摯的慾望，反而已經放棄追求所謂原初的客體。後現代主義完全瞭解劇院與權力的目標已經從物質世界移轉到影像的領域。三個世紀以來，影像的確已經變得比所代表的世界更重要。假使說忠實呈現世界的影像還能算符合模擬的謬誤，那麼以文化現況來說，模擬的謬誤就是我們所能擁有的真實的模擬。

小說如何思考*

南西・阿姆斯壯（Nancy Armstrong）著
李秀娟譯

　　我將小說想成能思考的東西。說得更明白一點，我要將小說想成一個集體思考過程，它思考文化主要環節之間的衝突，以獲得真實生活中未能被付諸實現的解決方案。我當然知道，這樣對小說的理解和李維史陀（Claude Lévi-Strauss）在《野性的思維》（*The Savage Mind*, 1966）書中對神話的定義很類似，和詹明信（Fredric Jameson）取自李維史陀，在《政治無意識》（*The Political Unconscious*, 1981）裡討論文學生產的心理文化底層時對神話的定義則更加神似。李維史陀在原始文化中發現了這直指價值觀的直線思考模式，並賦予其神話地位，這和詹明信所指出的現代文學「深層結構」如出一轍。不論是李維史陀所謂的「原始」或詹明信所言之「深層」，兩人都將這種問題解決模式視為魔幻思維（magic thinking），認為它們企圖在現代寫實環節之外找尋純粹象徵式的解決方案。猶有甚之，兩人不約而同將自己的分析模式和這種魔幻思維對立。這樣一來，他們重蹈了佛洛依德（Sigmund Freud）著名的、對「詭異」（uncanny）

---

* 原文篇名為 "How Novels Think?"

現象的詮釋步驟。他們將構築個人的外來成分――即一個集體視而不見（disavowed）的願望――混淆為來自內在，並以為這些內在成分在經歷現代文化的昇華機制後即能被導引為社會許可的行為。我將指出這樣的立論模式其實正重演了他們想否定的魔幻思維模式。

談到小說如何思考的問題，雖然一般以為只有原始人，以及當今文化中極年輕、未受教育，或根本是瘋了的人才進行魔幻思維，這裡我想先嘗試說服諸位現代小說做的正是魔幻思維所做的。從十七世紀晚期小說出現以來，歷經遊記、自傳、行止文學，到二十世紀晚期對虛構性的推崇，小說文類機靈地斡旋生死、公私、男女等疆界。小說之於現代文化並不下於在李維史陀眼中的神話之於宗族文化。它肩負吾人生存世界中文化界線的再生產任務，使劃分文化與自然、個人的外在與內裡等法則看似理所當然。小說藉由演繹界線為常理，使人得以循軌度日。若非小說自承虛構的特質，我們將不易區分小說的思考模式和一般被貶抑為原始的、來自稍早歷史或較不文明的文化、歸屬於人類內在原始範疇的那種思考模式。

小說和原始思維模式的雷同在進一步的分析中若還能成立，我們就得承認那些自認為已超越魔幻思維的人其實已吸入小說中大量且例行的此類型思維。小說用魔幻思維展現其解決問題的魔法，使我們注意到那些科學所認定的人類根本慾望、幻想，甚至慾力不見得能在每一個個人內心深處找到天然源頭。相反的，作為現代文化――不論東方或西方――傳遞的強勢媒介，小說自我解構式的魔幻思維暗示魔幻思維極可能源自外界文化。果真如此，魔幻思維與一般所認定的恰恰相反，它不但不會威脅現代文化的內部聯結，反而提供串接現代文化諸多成分的記號式黏膠。為了釐清追究這裡所謂魔幻思維來源的重要性與困難度，我首先要討論佛洛依德的〈論詭異〉（"The 'Uncanny'", 1958），視其為展現「視而不見」（disavowal）策略的絕佳範例。我認為英國小說傳統即建立於「視而不見」策略

的反覆搬演，將被稱為流行小說與志怪傳奇的大部分作品拒於門外，視其思考方式為徵狀使然，並據此正統與通俗小說的根本分野穩定讀者的現代個人身分。在本文第二部分，我則將討論布瑞姆・史多克（Bram Stoker）出版於1897年、即在佛洛依德〈論詭異〉一文出版前不到二十年面世，歷久不衰的暢銷傳奇小說《吸血鬼》（*Dracula*）。我將藉由此部小說說明佛洛依德──，以及文學建制──覺得無法接受且極力想視而不見的一種魔幻思維。

一、佛洛依德如何化異域為家

　　若非更早，那麼自從一八四〇年愛德格・愛倫・坡（Edger Allan Poe）創作〈人群中的個人〉（"Man of the Crowd", 1986），西方知識分子就開始表達他們對曾經熟悉但逐漸陌生的城市既執迷又憎惡的感覺。在〈論詭異〉一文中，佛洛依德討論漫遊於城市的個人可能感受的焦慮。他運用自己的「壓抑」（repression）理論，解釋並且驅逐對於城市有生命且能思考的不安想像。透過「壓抑」機制，他將自己不安的感覺當作是魔幻思維般揮去，將其來源定格於自己內心，解讀不安的想像為個人複雜潛意識的展現。佛洛依德為了要使這個由外在影響變為內心緣起的轉化成立，引述了霍夫曼（E. T. A. Hoffman）的短篇小說〈沙人〉（"The Sandman", 1816）。他指出，「類同物」（the double）的出現之所以令人惴惴不安在於此類同物「由來自心理發展極早期，早已被遺忘，而且毫無疑問曾偏向與個人友好」（41）。佛洛依德接著說明，「類同物」之所以「偏向與個人友好」，是因為曾經「自我尚未與外界及他人截然分離」（42）。換句話說，在個人將內部想像由外在世界抽離之前，主體與客體、自我與他人曾經並無明確界線。職是，佛洛依德在個人內心尋獲原始思維殘留，他用〈沙人〉的聳動力量證明嬰幼兒混淆個人

內在與外在基本差異的思維模式。到此一切都很合理。

　　問題是，當佛洛依德不再談論小說而回到現實討論他個人的經驗時，他所謂的成人思維賴以為繼的內外分野就開始站不住腳，連帶著他的論文也沾染上自己「詭異」主題的色彩。佛洛依德回憶，他曾經在逡遊一座陌生城市時，不經心地走進

　　　　一個特性放眼即明的區域。當矮小的屋子裡可見的盡是濃妝艷抹的女人，我急著想在下一個路口離開這狹窄街道。在毫無指引的情況下走了一陣子，卻猛然發現自己又回到原來的街上，而且我的出現也開始引起注意。我再一次想匆匆離開，卻在一陣蜿蜒曲折之後第三次回到原處。（42）

到此佛洛依德可以確切地說他所在的這一條街已不只是坐落陌生城市的任一條街；這條街指引他回到一個他希冀離開的地方。而伴隨著這點認清而來的是佛洛依德自主行為能力的喪失，這可以由他描述這條街道時所用的被動語彙看出端倪，像「可見」的女人、「在毫無指引的情況下走」，以及在非主動狀況下「猛然發現自己」。佛洛依德總結，這個城市不只迂迴還能控制他的行動，因為它的力量不是來自於陌生事物或因此是個人身體以外的世界，而是來自於被他自己壓抑的內在。追根究柢，只有一樣東西能看似陌生其實熟悉。佛洛依德在數頁之後解釋道，「每當一個人（在夢中……）告訴自己『這個地方很熟悉，我曾來過』，這個地方即可被解讀為他母親之性器或身體。同理，所謂的『詭異』（unheimlich）勢必曾經是『如家』（heimish）的、像家的、熟稔的」（51）。

　　聽了佛洛依德在其迂迴旅程中三度闖入陌生城市性禁區而偷笑的人可謂成功領略佛洛依德式笑話箇中況味。根據佛洛依德自己的笑話理論，這裡的笑柄正是暫時回歸嬰孩式思維模式的佛洛依德。

佛洛依德企圖客觀化或貶低魔幻思維，他說了這個笑話，據此在困擾他的議題上重拾解釋權威。但這個笑話還可再加引伸。我們先假設佛洛依德在所謂的「詭異」剎那撞見的不是位居現代人意識核心尚待釐清的嬰孩時期幻想，不是來自於核心，而是來自於個人意識邊緣，外來的、且有能力改變吾人的種種。或者不管我們撞見的是什麼，讓我們再進一步假設整個事件毫無遮掩更非在暗地裡進行，我們應該就我們所見的旅程來解釋此一旅程。一定是這城市的某種成分吸引外來訪客進入其紅燈區。也許佛洛依德撞見的不是他自己兒時不成熟的性意識，而是在資產階級家庭關係中不被理解且與資產階級家庭關係再生產無甚瓜葛的另一種性意識。果真如此，佛洛依德對其所遭遇的狀況而言可說是新手讀者，因此無法成功解釋事情原委。這樣說來，佛洛依德不是因為盲打誤撞進入異域成為笑柄，而是因為他拒絕承認文化差異，情願把不同文化情境解讀為自己退化的兒時情境。

佛洛依德對於自己以現實生活中「壓抑復返」（return of the repressed）的範例說明「詭異」現象的嘗試其實並不滿意。當他跨足至自然歷史找尋例證以支持現實中的「壓抑復返」時，他可能早已看出他的「詭異」論述對壓抑理論而言挑戰多過於支持。佛洛依德援引進化理論中每一物種在其演進過程中均會重複系譜中較其低一階物種行為的想法，認為每一個現代人都活過人類始祖所擁抱的集體思想。藉由超越這些早期人類思維模式，人類思維方能被現代化且個別化。這些原始思維以嬰孩幻想的形態留存於現代人之間，它們偶或現形，就像一個人發現自己不經意的屢屢回到一座陌生城市的相同地點。壓抑復返的原始思維會攪亂個人面對現實的成人式認知。佛洛依德這樣由文學作品談到現實生活再觸及自然生物史，一心希望將自己經驗中的魔幻成分歸咎於現代意識中的原始窠臼，就是不願承認事實可能並非如此。佛洛依德就是不願承認現代意識

所憑繫的內在、外在分野本身有可能即是人類魔幻思維的產物，而非是自然事實且可訴諸科學分析。

據此理論推演，每當新的想法無法解釋現代生活而必須以舊想法取而代之時，魔幻思維便得勝出。在這些時刻，嬰孩期幻想如「思考之無限可能、瞬間願望實現、傷害人的祕密力量，與死者的重生」（53-54）等都不只超出個人意識界限，還凸顯了這些界限既是文化習得產物又是全能思維老舊形式的事實。或許正如以下摘自〈論詭異〉的章節所提示：

> 我們——或我們之原始先祖——曾經相信這些且確認它們發生過。如今我們不再相信，我們已超越如此種種；但我們對新的一套想法卻也並非毫無疑問，而存在於我們之中的舊想法則正伺機爭取認可。一旦生活周遭某事看來證明了這老舊的、已被棄置的想法，詭異感便油然而生。（54）

佛洛依德一邊提到人類集體思考後退的可能，一邊卻排除此可能性，延續他對「兩種」詭異感之「分別」在「理論上非常重要」的主張（55）。然而，佛洛依德愈是想區分壓抑事物經由個人內在湧現的感覺與只能用老式集體想法解釋世界的感覺，他論述中個人內在與文化外在的分野就愈顯模糊。佛洛依德在豎白旗投降之前為他的主張進行最後辯護：「我們或許可以說在前一種情況中被壓抑的是一個個別的觀念內容，而在後一種情況中，被壓抑的是實體存在的想法。」但佛洛依德又不得不承認這最終的說法「毫無疑問過度延展了『壓抑』的合理意涵」（55）。

一旦「壓抑」的概念受到質疑，「壓抑復返」的概念何去何從？傅柯（Michel Foucault）諧謔地稱之為「壓抑假說」（the repressive hypothesis）的主體形構模式或可以提供解答。根據這種主

體形構模式，現代文化轉置外在──體現於現代家庭體制之外之任何性意識──為內在，讓這些性意識以威脅成人規範因而受壓抑的慾望形式現身。傅柯的「壓抑假說」可被視為佛洛依德「壓抑復返」理論的徹底反轉。根據傅柯，我們非但沒有在令人不解的事物表象下發現高深內涵，反而在不懂時植入一些看似先前就存在的文化範疇再覆之以不透明面紗。在我們企圖瞭解另一個文化如何思考時，模糊外界事物與個人對外界事物的特定文化定義這樣的做法顯得特別愚昧。當所處情境拒絕像鏡子般反射我們所熟悉的現代文化結構時，我們會覺得自己受控於外來慾力。這點和佛洛依德所描述的，發現自己在迂迴旅程之後三度回到那陌生城市紅燈區的感覺很類似。當時的佛洛依德覺得有某人或某物逼他回到禁忌區，因為──據他事後解釋──他被一個當時他還不認為是屬於自己的慾望所牽引。要讓詭異感應聲消失，就要承認自己就是那神祕牽引力量的來源。

　　但是，會不會如傅柯所言，佛洛依德在這裡所做的並非是為了發掘人類潛意識的運作方式，而只是想為不然即淪為詭異的事件提供解釋，以重拾自己作為分析者的權威呢？這樣的另類認知要成立，我們就得將佛洛依德的個人經驗理解為一場翻轉外在與內在、重置外來慾望於自身，並藉此據慾望為己有並確立自我獨立主體性的認知運作。我們這樣反讀了「壓抑復返」理論之後，接著就要透過挑戰佛洛依德對自然和文化的根本劃分來重寫佛洛依德對詭異現象的解釋。雖然佛洛依德說「我覺得我受控於他人慾望，只因我還不知道這裡的他人即我自己」；他其實應該說，「我覺得自己好像受控於他人慾望，是因為我否認自己的根本即來自於外在或他人的事實」。就像當發現自己的文化系統能解釋思考模式看似與我們不同的他人時，我們會覺得心安，當發現看似屬於自己的一部分居然不源出於己身時，我們必然會感到極度不安。當別人的慾望透過或

加諸於我們的身體運作時，我們會不寒而慄，因為那使我們的個體性顯得脆弱而虛幻。所以，對佛洛依德來說，死守或放棄壓抑的概念決定了他要接受「污染」（pollution）——即含納他者使個體他者化——或堅持「自我呈現」（self-expression）——即用文化可接受的方式確立個人主體性。

　　打從小說興起，小說閱讀階級確立，小說就小心翼翼的區分自己與其他形式的魔幻思維。萊娜克思（Charlotte Lennox）在她 1752 年出版的著名小說《女吉訶德》（*The Female Quixote*）裡，創造了腦中塞滿無稽的羅曼蒂克想法的女主角阿拉貝拉（Arabella），讓這些想法主導她的慾望，為的卻是要呈現這些來自外在的慾望如何導致令人困窘的階級錯誤。阿拉貝拉的服裝品味、對求愛過程的看法，甚至於她所偏愛的男人類型，無不與她所在的社會位階女人應有之價值觀相扞格。萊娜克思安排阿拉貝拉在文化制約下行動，證明一、源自於外界的慾望對於在變動社會中幹旋的個人無甚幫助；二、個人依外在慾望行動時，會背叛了源自內在的慾望；三、為了區分陳俗慣例與真實慾望，虛構絕對有必要，因為虛構讓一廂情願執迷於無稽想望的個人成為文化笑柄。萊娜克思的小說告訴我們，不要相信虛構傳奇小說。傳奇小說是提供進入社會錯誤地圖的虛構作品。但《女吉訶德》同時也向我們暗示：正因我強烈的否定傳奇小說的陳俗慣例，你大可仰賴我來幫你幹旋這個充滿錯誤訊息的世界。

　　要瞭解小說如何思考就必須仔細考慮小說在把自己當作教義叫賣時究竟成就了什麼。《女吉訶德》先是在一個令人尚稱滿意的社會位置上遍撒願望，透過這些願望暴露被奉為圭臬之陳俗慣例的不足。緊接著小說把所有的願望都寫得無足稱道，似乎想說服讀者這些許願的過程旨在教導我們不要許我們無從實現的願望。讀者若想要從這本小說學到什麼，就必須和阿拉貝拉一樣接受一個文化假

定。我們必須相信那些危險的人造願望都來自於女主角身外的文化，而同時可靠的真正願望一直埋藏在她心中，等待像是萊娜克思的小說所給予的定義。我想這就是《女吉訶德》要做的——不是要由我們身上奪走萊娜克思所謂的「最奢豪的期待」(8)，而是要我們相信這些期待必然有部分根本就是源出於我們自己——是好是壞全憑個人意識形態決斷——而且是現代人共有的。換句話說，在弄清虛構的傳奇小說為錯誤慾望來源之後，《女吉訶德》明確地否定了這個來源。這樣一來，《女吉訶德》和其他小說並無多大不同，它只是更直截了當的告訴我們它的文化權威建立於它不願與虛構傳奇同流合污。

　　我們可以假定傳奇小說——或其他任一類的劣等小說——標誌小說文類的外圍，進而確保小說的自主與在歷史上的延續性。這樣的假定讓我們知道在決定如何閱讀或評鑑小說時，壞小說比好小說更重要。同樣重要但也許更難被接受的一個論點是重複比原創或創新來得重要：只有重複自己才得以生存。而在我所關注的諸多有違常理的假說中，重要性僅次於此的一個原則是：改變會在一定次數的重複，或在重複速度的遞增之間發生。多次的重複勢必使原本堅定不移的敘述產生變化。這樣的變化徹底翻轉魔幻思維的邏輯，包括它所針對的慾望所在、要化解的衝突，或想提出的解決方案。好的小說似乎得出自於那些勤於閱讀、欣賞、修訂前輩作家的小說家之手，壞小說則無庸虛飾。他們像植物的根一樣蔓生繁衍，直到碰到某種極限而被其他逆向操作的敘述形式取代。這樣一個小說史模式建立在於我們對不同種類小說改變、存活，與更迭的思考。而一般小說典律史則因強調幾世紀以來呈單線式發展的小說文類特質，忽略了決定小說敘述形式的很可能不是個別作家的天才，而是不經意的自我重複。

二、德古拉（吸血鬼）如何化英國為家

　　一般讀者認為布瑞姆・史多克1897年的小說《吸血鬼》（*Dracula*）呈現了英國中產階級男女身處消費社會，面對源自世界各地之商品及人口四處流竄的現象時所感受到的焦慮。《吸血鬼》創作本身即體現現代人的恐懼騷動。近年來環繞此書的批評更視其與十九世紀末光怪陸離的現象休戚相關：戀物癖（外物控制主體）、消費主義（供給決定需求）、歇斯底里（嬰孩期恐懼擊潰成人慾望）、物種退化（低等基因控制高等基因），與墮落頹廢（外來時尚排擠經久實用的英國食物、時裝，與小說）。這些對《吸血鬼》的文化解讀獲得來自於歷史研究豐富資料的佐證——很清楚的大英帝國在十九世紀最後數十年版圖未能擴張反而縮小，英國人的焦慮感伴隨著大量外國人湧進英國與日俱增。

　　這些對《吸血鬼》的解讀方式，雖然饒富意義，卻忽略了我所關注的諸多問題：若《吸血鬼》僅是對其當下社會的回應，它有何資格流傳至今？若英國讀者有如評論者所指出的那樣焦慮不安，他們何必再去擁抱一部讓自己更加焦慮的小說？追根究柢，若傳奇小說在維多利亞全盛期被視為是相對於家庭寫實主義小說的稗類、謊言，它為何會在一八九〇年代大為風行？在暢銷小說創作者如史多克和哈格爾（H. Ryder Haggard）手中，傳奇小說由無足輕重且可能誤導讀者的消遣性讀物搖身變為教育女性讀者的教材。出乎一般預料，維多利亞晚期傳奇小說一舉擊敗家庭寫實主義與殖民冒險敘述。在接下來的討論中，我就要試著說明傳奇小說的再崛起標示了一個重要的歷史時刻，在那個時刻裡敘述繁殖轉型的速率促成了小說思考方式的改變。

　　我們理解《吸血鬼》為個人慾望脫軌的想像呈現，可以說這部小說刻畫了一個詛咒資本主義的消費者導向文化。這樣的讀法使

《吸血鬼》和《女吉訶德》一樣，都教導我們不要沉湎於人為的外來慾望。而大多數讀者從《吸血鬼》讀出的寓意也正是如此。美麗的露西・威思坦拉（Lucy Westenra）是傳統的女主角人選；除了放任的消費習性，包括吸引大批追求者的能耐，以及和吸血鬼往來所沾染的侵略性大啖習慣，她像極了傳統作品中的女主角。露西由眾多追求者中明智地挑選了一個具有英國仕紳背景的對象，但根據她對小說中真正女主角蜜娜・哈克爾（Mina Harker）的告白，她其實很想來者不拒。讀者一般認為露西的行徑透露其暗藏的雜交傾向，這說明了她為何在德古拉眼中具吸引力而且屈從於異類玷污。在這裡我想點出的是，《吸血鬼》雖然意圖對抗讀者對橫行漫流之消費主義的恐懼，例如它安排吸血鬼吞噬消費者並摧毀自己以外他人再生產的慾望，小說本身還是透過讀者仍喜愛的消費形式來書寫。

　　一直到一八九〇年代，暢銷傳奇小說還有將個人一分為二的特性，或者有時更賦予個人第二個軀體，以體現個人不見容於社會範疇的特質。史多克的作品除了帶來了一個勢必影響深遠的改變，基本上重複了這一類作品中知名者如羅伯・路易斯・史蒂文生（Robert Louis Stevenson）的《化身博士》（*Strange Case of Dr. Jekell and Mr. Hyde*, 1886）。史多克作品的這一個改變剛好是非常危險的。在殖民主義全盛期，英國文化引用進化論，並將進化論所理解的人類概念帶入殖民地，跨越了根據科學與工業發展進程與種族性別行為差異而劃分的人類界限。大英帝國相信其子民與被殖民者屬於同一人種，他們只因位於人類歷史發展直線上不同的時間點而有差別。所謂的原始人種不僅在身體特質發展上落後，更重要的他們的文化發展也落後。從西方的角度來看，非西方人缺少了以規範而非懲戒為基礎的政府形式。更進一步說，他們還缺少自我管理、自我克制及壓抑的能力。他們行其所慾。藉由將被殖民者歸入人類範疇，西方視自己為較進化的、但非不同的人種，是被殖民者的父執輩而非子

女。這樣的理解使十九世紀的帝國以管理較為落後的國家為天職。

　　一般的暢銷小說即藉由刻畫一個無知的野蠻人，令其不能也不願成為現代人，讓他永遠是「他」者，為文明社會立下穩固的邊界。愛蜜莉・伯朗特（Emily Brontë）《咆哮山莊》（*Wuthering Heights*, 1990）中的西斯克里夫（Heathcliff）和夏綠蒂・伯朗特（Charlotte Brontë）《簡愛》（*Jane Eyre*, 2001）中的柏莎・梅森（Bertha Mason）均為此類冥頑他者的範例代表。而且為了怕他們逾越禁閉的領域，小說必須安排他們絕後。也許我們可以把《化身博士》讀作這一類小說的最後一部，它體現了敘述在重複地要把原始人與現代人放置同一時間軸線時產生的剎那變化，而且這個變化幾乎壓倒了原先的敘述形態。史蒂文生的主角在回想曾經有過的、區分自己為道德我與原始我兩部分的願望時，內心就產生這樣的一個變化：「我看見在我意識中紛擾的兩種個性，即使我正確的被認出屬於哪一種，那也是因為我倆者均是；稍早（……）我把這兩種特質的區分當作甜蜜的白日夢想，沉湎於個中愉悅。我告訴自己，假如兩個我能被放入不同的身分中，生活中所有的難以承受都能一掃而空」（49）。史多克接續史蒂文生沒寫完的，具體的創造了互為敵對的兩人，其中一人富現代人性，另一人則原始野蠻，但兩位作家的共同點僅到此為止。史多克在重複自我分裂個體的主題時，將分裂兩者的關係由一元發生──即同一物種不同成員來自單一物始的想法──改寫為多元發生──即不同人種來自不同物始。

　　高蹈傳奇小說傳統常沾染摩尼教階級劃分色彩。我們只要能擺脫史多克在描寫人類的現代與原始質素爭鬥時所染上的摩尼色彩，就能看清一元發生與多元發生的重要差異。《吸血鬼》小說中來自荷蘭的吸血鬼專家凡赫辛（Van Helsing）指出：

　　　　存在我們之中的吸血鬼力抵二十人；他比常人狡猾，因為他

的狡猾已累積數代；他還有死人預言的魔法相助，而且所有他能接近的死屍均聽命於他。（304）

吸血鬼的力量來自於他並非個人。因為沒有個別性，吸血鬼能集二十人的力量於一身；但這還算事小，他的心志超越軀體無遠弗屆才是更麻煩的。吸血鬼在一天的不同時候可附著於不同軀體。只要還沒被哪一個特定的方法置於死地，吸血鬼不僅能透過自己，還透過他幾乎可以進出自如的活人及死人內心，大口累積知識。事實上，當他由人類血液汲取精力時，他同時進入受害者的思考世界。假以時日，吸血鬼注定能存活且繁衍。凡赫辛評估由企業家、專業人士、知識分子、一名待業遊民，以及一位祕書所組成之國際對抗英國猛爆性吸血鬼狂潮所面臨的危機：

> 我們要如何展開這場摧毀吸血鬼的戰鬥？如何找到他的落腳處；找到他時又要如何摧毀他？朋友們，這已經夠了；我們肩負的是一項艱鉅任務（……）。只要我們一輸他就贏；我們會有何遭遇？生命如鴻毛，我不在意。問題是這裡所謂的失敗不只意味喪命。失敗意味著我們會變成他。（305）

在這裡史多克對立起現代個人化意識與魔幻思維，他認為若少了個別性，思想就會盲目吸收資訊，進而為資訊而資訊。

而吸血鬼所追尋的難道不正是史多克筆下人類發展的盡頭，那種機械式無止盡的自我複製、個別差異蕩然無存的世界？史多克如此具體地呈現其敘述所思考的問題，使我們不能將其書中提出的問題解讀為暢銷小說作家如史蒂文生所描述的個人內在衝突。據此，我們或許可以嘗試由種族和性別的角度出發，把這裡的問題看作是一個雜交混血終結個別物種再生、人類之「非人類同物」（inhuman double）消滅人類的問題。其實文學批評一般都是循著這個路線進行的。即便史多克的小說發表在優生學蓬勃發展的年代，我相信史多克所觸及的是一個比西方人類生物未來發展更廣泛且影響深遠的議題。我想這裡的問題和資訊的生成、傳播，以及對消費者的影響關係密切。追根究柢，不管是人類或吸血鬼，在史多克小說中陷入殊死戰的都非自然生成的物種。兩者均早已超越了由自然決定孰為適者孰可生存的自然物種史。在這場戰鬥中，要不是戰場轉移至心志範疇，使得兩造洞悉彼此，吸血鬼早該贏得輕鬆。而即使戰場轉移至心志，在打過了幾世紀後，德古拉看來仍會取得最後勝出。

　　史多克從未暗示原始人的心志在根本上優於現代人的心志。德古拉之所以能贏他的歐洲對手在於他的思考模式在本質上並非是個人式，而是模仿與群體的。德古拉的集體思考模式被證明強過最聰明的個人或由個人組成的群體。沒有個別身分，德古拉可化身男、女、人、獸，甚至一個英國人。他能自動吸收來自於不同根源的知識，只要是對他有益的。他並且不惜犧牲任何個別軀體，因為軀體是可以置換的。像暢銷傳奇小說一樣，這樣的思維模式透過機械式的自我複製將自身推向統御目標。想望的和科學的知識相牴觸無所謂，公開言論和私下感情相矛盾也無妨。史多克小說中的原始思維看來比科學思維含納更廣，正因在原始思維中一切平等。一如凡赫辛在小說中所言，要殺吸血鬼，西方代表必得先模擬吸血鬼的思維方式。德古拉必須先擬身英國人方能進入英國，西方個人也必須獲得吸血鬼的幫忙才能擊敗吸血鬼。

　　達爾文（Charles R. Darwin）置現代人和原始人於同一條歷史線上，因此找到駁斥不同人種源自不同物種的方法。假如多元發生的說法成立，殖民事業無菑不同種人類——其中歐洲人扮演較優越的獵食者——爭奪物資土地的無情爭戰。達爾文在原始與現代人之間找到一個時間落差，收納不同種族於同一物種，他的理論不只解

釋了英國人的優越還提供一個魔幻思維模式。只有憑藉這種魔幻思維英國人才能一邊恣意享用他們相對於被殖民者的競爭優勢，一邊還自認為比遭到自己壓制的人更具人性。而當史多克在其一元發生的敘述表象下挖出了多元發生的思維核心，他揭穿了所有人種假以時日都將進化為現代人的謊言。當吸血鬼神不知鬼不覺的化英國為家並與英國女人過從甚密，不管他所採用的方法是藉由吸取西方人的養分，與西方人交媾，還是雙管齊下，人種的改變將會創造出一個足以使西方文明滅絕的新物種。吸血鬼將征服人類的兩種方法合而為一。《吸血鬼》揭露了維多利亞人表面上視而不見，實際上卻根深柢固的種族優勢信念，成就不容小覷。

　　我想史多克之所以能暫時揭穿由進化論所主導的、英國人對自我族類優勢的視而不見，是因為統治文化仰賴被統治者的某種協助。在小說的情境中，吸血鬼擁有現代個人極度缺乏的某種東西。前文已指出，想獵殺吸血鬼的人必須從吸血鬼身上獲得不只一點點幫助。他們必須拋開主體自主並進行團隊思考。他們必須獲得設身處地的強大力量。捕獵吸血鬼的腳本中容不下絲毫個人空間，每一個存在個體均要為群體而存活。要忘卻傳統所謂的隱私、理性，和道德。每一分策略與每一點資訊都必須指向消滅吸血鬼的目標。或者如書中所暗示的，重要的是人種的存活，因此小說給予書中吸血鬼殺手們的第一個兒子「一串名字」，讓這些名字「串起我們一群人；不過我們叫他昆西（Quincey）」，以紀念在戰役中喪生的一名美國商人（485）。既然「雜」來自吸血鬼，我們也需要「雜」才能將吸血鬼及其族類逐出世界。這場戰役不能被想像為是人類社群不同分子間的戰役，更非個人內心意志和慾望之戰。多元發生的概念一旦在以全人類為一家的文化中被釋放開來，將不可避免引起族裔屠殺，因為多元發生說指出我們之間有些人並非真正的人。雖然史多克在戳破進化論一廂情願的幻象之後曾傾力試圖重構相同幻象，

但其粗略手法讓人無法忘記在他的小說中真正發生過的事。

　　《吸血鬼》的女主角蜜娜‧哈克爾具有讀心的能力。她最早察覺異物透過血液進入內心，控制人類社群成員的事實，而且只有她的紀錄能幫助科學像吸血鬼一樣思考。事實上，也只有透過她的紀錄，以及她對幾乎讓其丈夫喪命的村西維尼亞（Transyvania）之旅的概括敘述，小說中德古拉抵達英國海岸的先兆、蘇爾德（Seward）醫師食肉病人的胡言亂語、露西‧威思坦拉感染的進程，以及凡赫辛的神祕科學教義才能呈現在讀者眼前。不過最後小說還是必須安排吸血鬼咬蜜娜一口，擴充她原本即相當顯著的力量，好幫忙一群原本無足稱道的男人逮捕吸血鬼。正如凡赫辛指出，蜜娜「擁有男人的頭腦——一個聰明男人該有的頭腦——，以及一顆女人的心」（302）。不過，當她的感染日趨嚴重，她的男夥伴們考慮到既然她能察覺吸血鬼的思維，吸血鬼必然也能察覺她的思維，並透過她的思維得知他們的計畫。他們因此決定蜜娜不該再是「我們的參謀，而（反而是）我們該提防的人」（416）。隨著她受感染，她和德古拉共有的、並且不斷被傳輸至德古拉對手的思維也就因此斷線了。

　　相較於格殺德古拉的那一段，史多克更仔細、懸疑地，並以更多篇幅描寫治癒蜜娜吸血鬼感染的過程，讓我們覺得史多克比蜜娜的男夥伴們更早想到要利用這個治癒療程掩蓋蜜娜像吸血鬼般思考的事實。到了療程終了，人和吸血鬼之間的女性橋梁已遭阻斷時，人類已獲取靠自己推度吸血鬼的特殊能力。和小說中銷毀蜜娜為其戰友所準備的資訊這一個事件連起來看，小說透過「療程」對我們該已看見的事情視而不見的意圖便昭然若揭。在治癒蜜娜的淨化儀式中，母親需要小說中所有未經吸血鬼感染的男人輸血，這個過程掩蓋了她的小孩根本上的「雜」。這個療程同時也剷除了蜜娜同樣「雜」的手稿的權威，再一次以她重獲人類生殖能力的身體為尊。正如蜜娜的丈夫向其對抗吸血鬼的戰友們所做的說明，「我從保險

箱中取出很久以前我們（從村西維尼亞）回來時即已保有的文件。
我們驚訝的發現，組成這項（吸血鬼）紀錄的眾多資料中極少有真
跡文件，盡是大量的打字文件」（486）。《吸血鬼》缺乏有權威的
資訊來源作後盾，它自承為陳腐濫作，將自己摒除於經典作品之
外。

三、吸血鬼與批評理論

　　我想以討論一般讀者對當代身分理論的不安作為本文總結。傳
統認為每一個人仰賴並終其一生受到某個存在於個人體內生而即有
之原始核心的影響，但當代身分（identity）理論挑戰這樣的看法。
不過在進入正題之前我想先解釋十九世紀晚期的傳奇小說如何為佛
洛依德發現文明人內心之野蠻人鋪路，特別是傳奇小說將人心野蠻
面相由遙遠的時空大陸移進現代，將原始思維以致命對手的形式帶
入歐洲。我先簡單的指出暢銷傳奇小說在現代文化中一個非常明確
的功用，雖然這樣說未免過度概括。主流家庭寫實小說無可避免地
將原始人邊緣化，因為他或她缺乏主流社會強調的人的特質。主流
小說因此呈現了讀者距遠古弱肉強食世界之遙遠。相反的，暢銷傳
奇小說讓現代人與野蠻人短兵相接，因為在這些作品中是現代人有
重大不足。而這個現代人的重大不足就是小說在確保清楚的人我分
界同時，曾過度貿然加諸於別人而現在又想取回的。傳奇小說無庸
置疑可因此被視為一種魔幻思維，透過其間歇地——而且經常是突
發性的爆發式——現身使現代意識重生、改寫、翻新。

　　佛洛依德馴服德古拉。這當然不是一下子能做成的事，但大約
在佛洛依德理論提出經過漫長的十年之後，所有現代個人都會很自
然的將己身困擾歸咎潛藏於其體內的某種惡魔，而且幾乎所有惡魔
均有耗損個人生育慾望的力量。這是佛洛依德帶給中產階級個人的

禮物。他瞭解許多人渴望獲得他們加諸於醜陋、愚蠢但狡詐、行為暴力、不道德，且遭異族化的他者身上的那種侵略與對抗的力量。為了要補足他們沒有而別人有的，佛洛依德和史多克所做的，包括創造吸血鬼，以及讓德古拉成為對抗女人女性特質和對抗男人男性特質的致命殺手等恰恰相反。他非但沒有為個人確立外來敵人，例如施虐父母，還幫忙病人找出殘存於他們心中充滿憤恨的嬰孩期自我，要病人與之和平共處。我說佛洛依德和其他現代論者一樣嘗試縫合多元發生論捅出的漏子，並不是在暗示佛洛依德在意識形態上反對使《吸血鬼》變成如此有趣作品的魔幻思維。相反的，我認為佛洛依德和史多克一樣玩弄視而不見的手法，讓惡魔以想像的吸血鬼之姿現身，摒除其在生活中實際存在的可能。是的，佛洛依德和史多克一樣均化惡魔為虛構。

　　根據我剛才描述的魔幻思維重點，讓我們暫且相信「人類」這個範疇的發展史就是個魔幻思維進程，然後我們就能瞭解為何挑戰內在野蠻人概念──一個自然發生的身分──的理論會遭致立即且強力的反駁。有兩個理論就以擔任不畏外來抨擊的避雷針著名，它們都故意顛覆傳統小說與真實的關係，等同事實與魔幻思維。巴特勒（Judith Butler）遭廣大女性主義者抨擊，因為她有力的反駁慾望來自個人內在並渴望發聲的原則。巴特勒在《性別問題》（*Gender Trouble*, 1990）書中說明個人身分的外緣性。她認為我們不是在演出一個在我們演出前即存在的身分；我們反而是透過機械式的重複文化加諸於此特定身分的行為來建立我們對自己主要身分的認知。比巴特勒的論點或者更令自由主義人文學者不安的是周蕾（Rey Chow）作品中隨處可見的一個堅定論點：若非人文主義者將自己的不是投射成種族劃界以維繫自己作為現代文明人的身分，族裔身分的界定就不會以所謂的種族作為基礎。這兩個例子不過是後結構主義揭露一元發生說──即人均出自於自然的理論──之魔幻思維

諸多著名範例中的兩個；它們破解了一元發生說，雖未將我們推至多元發生的思考模式，卻暗示一元發生之外似乎只有多元的選擇。

　　後結構主義堅持自然永遠只是被文化區隔出來的、不稱為文化、單純簡單的就被命名為自然的區域。人類因此沒有什麼自然源頭。問題是為什麼這樣的看法會讓現代人如此不安，特別這些人正是每年消費前所未有之大量吸血鬼小說和電影的人？我認為這是因為他們的自我認知容不下根本性的文化差異——他們容不下世界上有人和現代人思維模式全然不同的這種想法。在以確保個人自立，維護個人主體性為職志的文化裡，任何力主人類身分來自於身體外部的看法都可能和流行市場中再度崛起的吸血鬼敘述一樣，它們都體現人我差異的事實但同時對此事實視而不見。

回應南西・阿姆斯壯

魔幻思維與次等書寫

白瑞梅（Amie Parry）著
葉德宣、郭家珍譯

　　首先，我要向這次活動主辦者致謝，對於她／他們的辛勞及她／他們邀請我回應南西‧阿姆斯壯（Nancy Armstrong）教授的文章，我必須表達由衷的感激，因為一直以來，作為她的忠實讀者，我也拜讀過諸多她討論性別文化論述中階級政治的著作。我表達謝意的方式，是以我回應中定出的方針去點出這個活動的大方向：從我對台灣一些相關文化生產的關注，回應某些阿姆斯壯教授文中的重要議題與論點，藉此展開對話。

　　這篇名為〈小說如何思考〉的論文，關注的是「魔幻思維」所經歷之歷史變遷及在不同文類所展現的不同功用（這些文類也包含了某些開宗明義反魔幻思維的書寫，如精神分析式的科學和馬克思主義的文化批評）。受限於篇幅，我無法還原整個論證的高度複雜性，所以我想先點出阿姆斯壯一文在魔幻思維的細緻處理上做出的某些貢獻。之所以這麼做，是因為這些深具貢獻的討論，就像她其他的作品，說明了所謂的「再現」從來就不只是現實的反映，更不可能與其所從出之社會條件切斷二者相互建構的依存關係。相反的，再現乃是與這些條件對話，有時候以有趣的方式，但總是帶有

特定的利益，而可能性的範圍是被歷史環境所決定的。對我而言，這種再現的動力學對於一個要在政治上負責的文化研究實踐，具有舉足輕重的關鍵地位。

阿姆斯壯之文一開始是初步的定義——「魔幻思維」是種「解決（當前社會）問題的邏輯。作為一種純然象徵性的解決方法，它超出構成當代現實主義的分類方式」。這些分類方式包括：內／外，自然／文化——現代社會中堪稱為最富意義之二元對立。文章續論李維史陀（Claude Lévi-Strauss）和詹明信（Fredric Jameson）如何重複演繹魔幻思維：因他們想在書寫中與之對立，所以就把「外」（非理性之「被否認的願望」）代替「內」（心靈），為的是將魔幻思維除魅化，並令其回歸人類認知生產中的源頭。但，阿姆斯壯指出，為了這麼做，他們依舊自然化了內／外，自然／文化的架構，而此架構正是將中產階級之個體生產為某種內向化心靈（interiorized psyche）之始作俑者。在他們的理論書寫中，此生產仍舊被神祕化，且在神話或魔幻思維的層次上運作。照此來看，這些理論家和小說家並無二致。文章接下來的篇幅大部分在說明小說如何藉著具體化「文明和自然本質上的差異，或孰為外在因素孰又屬於個體內心因素」（2），來展演當代文化的魔幻思維。神話和小說的差別即在於小說有「自承虛構的特質」（2）而神話卻沒有。這樣看來，雖然理論家想當然爾並不會承認自己的書寫是虛構的，但至少在可分別神話和小說的程度上，他們理論書寫的運作方式，其實是比小說更接近神話的（而阿姆斯壯一文則似乎強調二者差別並不大）。

根據阿姆斯壯的說法，佛洛依德（Sigmund Freud）在他談〈論詭異／驚奇〉（"The 'Uncanny'"）的文章中，即展現了魔幻思維。阿姆斯壯描述佛洛依德某次在異國紅燈區中迷路的故事，進而提出其極富先見之明的看法：彼時彼地，佛氏實際遭遇到的主體（妓女），顯然不同於中產階級個體。阿姆斯壯指出，其實正是這差異

讓佛氏產生詭異／驚奇之感。差異之所以會產生詭異／驚奇的效果，是因為它揭破佛氏心靈之說的問題：儘管他對心靈的認識否認其他任何可能之主體形構方式，但當時他身旁正為「他者」環繞，這些他者——或她們的城市——對他發生了一些作用。既然世上無任何事物可能不同於中產階級個體，任何差異也就不可能存在，中產階級個體也就順理成章成為心靈（psyche）的代名詞。佛洛依德在面對這些「差異」的處理方式，便是將己身之差異或異化之感誤認為是魔幻思維。因為差異感現在成了魔幻思維，他便可「在心中重新尋得魔幻思維之源」。這是一種透過內化來否定差異的方式。換句話說，佛洛依德與妓女及紅燈區的邂逅是令他不安的，理由卻不是佛氏自己給的那個：在他將魔幻思維放回適當位置（他的意識之內）前的某一瞬，他墜入了魔幻思維之中。真正的原因是，那些被他撞見的主體，作為一種迥異於預設的普同主體形構之他者，其存在揭露了佛氏本身客觀性的局限。這種閱讀佛洛依德的方式並不是要摧毀其理論之任何可信度，而是要以一種威脅的姿態去揭示：佛氏只能透過將事實與虛構的界線問題化的做法來宣稱其無意識為真，這些無意識之說在在強化了內在與外在之區別，而佛式的科學又何其反諷的建立在真實與虛構二分的界線之上。

　　我十分敬佩阿姆斯壯能清楚地闡釋魔幻思維不僅存在於神話中，也在小說和理論裡運作。我要說的是，根據我這些年在台灣生活和工作的經驗，我發現，她的理論作品中（包括這些文章和其他作品）的這種類型與歷史特殊性，能幫助我們思考關於文化文本和學院論述的重要問題。因為在此地，普遍主義式的觀念很難和它們所應再現的生活情境及主體形構產生關聯。以文學為例：當一位英美女作家的小說中譯本在台灣發行時，被翻譯的不只故事本身，尚有某種隱身其後為其背書的權威，之所以具有如此權威地位，則是因為它屬於英美現代性的文化產物。在它原先的脈絡裡，這種權威

被一種不曾被明白指出的種族和階級政治所建構，不曾被明白指出，乃因它向來隱藏於表面上看來被歸屬於私領域的敘事——一種細緻且因它細緻而更加有力的道德權威。在此，我根據的是阿姆斯壯先前的作品：儘管整個敘事因發生在家庭、且以私密生活為主題而顯得毫無政治意味，實際上，女性中產階級個體性卻因被賦予道德權威，而在敘事中以階級政治的方式運作著。阿姆斯壯在這篇文章中的思考方式可為這種權威的建構、利益，與使用提供一種新的批判方向。什麼樣的質素，會因為它與現代個體性（modern individuality）格格不入的過時聯想，而被內化，適當地壓抑，終致產生出建構布爾喬亞心靈（及其對實證主義之信任）的正確內在價值？我們且用這個問題去思考吉爾曼（Charlotte Perkins Gilman）的《她鄉》（*Herland*, 1998）；在我來台工作的那年，本書由本地一家女性主義出版社翻譯發行出版。事實上，《她鄉》一書正是分析翻譯政治（politics of translation）的不二選擇，因它恰好處理到一個極其複雜的問題：即以那表面看來再明顯不過的女性主義政治及它奇怪的女性主義羅曼史為橋梁，是否還有任何其他層次的政治關係也同時被翻譯過去了？因為翻譯之橋兩端的社會除了在狹義的性別上存在著不平等，在地域方面雙方勢力更有著懸殊的差距。職是，我認為隱藏在文本原先脈絡之下的利益和用途，便能隱而不顯地在那被翻譯的脈絡裡，轉換成其他相關的利益與用途。後者的利益既隱而不彰，遂變得更有效，因為它們的運作方式就像是腹語術，是透過翻譯文本背後被賦予權威的女性主義者之聲所發言——如今它則搖身一變成了英美現代性的「代表」[1]。

---

1 在此我無法詳細討論何為女性主義政治上的「性別」議題與何者為非。我只能說，這是一個複雜的問題，因為女性主義政治自吉爾曼時代的美國至今皆備受爭議，遑論今日的台灣——此時女性主義才正開始在政治上取得合法位置。任何質

現在，讓我們將焦點轉向阿姆斯壯對《吸血鬼》（*Dracula*）的閱讀，如此一來，我們便可以關注其他的敘事可能（包含吸血鬼和非吸血鬼之敘事），瞭解這些敘事可能如何挑戰或質疑正確之布爾喬亞個體性的建構，抑或這些另類敘事或能如何顛覆魔幻思維加諸於內／外二元建構上的普同性。阿姆斯壯表示，一方面《吸血鬼》藉著翻轉家庭式的內化／心靈化，藉著將個別心靈中被壓抑的怪獸放諸社會場域，顛覆了家庭現實主義的核心否認。這顛覆具有特別重大的意義，因為其中被具體化的壓抑正是建構個人化的現代主體性之罪魁禍首。而這由佛洛依德所觀察得來之壓抑形式，卻是一開始就排斥以社會因素來解釋潛意識、心靈機能與官能障礙的理解[2]。但在另一方面，阿姆斯壯又指出，小說藉著保有翻轉的原始兩極，其實僅僅是以另一種方式去重複了先前的否認。相同的基礎架構既紋風不動，小說到最後還是讓吸血鬼失真——大致上就像佛洛依德二十年後對自己內心之「詭異／驚奇」所做的一樣——或者在那困頓的結局裡至少曾嘗試這麼做過，「因小說家將怪物再現為神祕的吸血鬼，並排除其存在的所有實際證據」（26）。魔鬼被文學召出，正如之後被精神分析召出一般，是為了「要成為虛構」。我想指出的是，阿姆斯壯在其文中強調了通俗文化如何履行一種主要功能

問都可能反使運動本身被保守勢力所打壓。但我相信，任何對女性主義在種族、階級、性議題上政治立場（不論有無發聲，所謂立場恆久存在）的深切反省，都能強化它本身立場，使它具有更多合法性，且能累積更多的道德力量。在一篇名為〈穿透她鄉〉（"Penetrating Herland"）的論文中，我曾閱讀吉爾曼的小說且針對上述的某些議題進行分析，論文宣讀於1998年美國研究協會的年會上。較早的版本則以中文發表，見〈從她鄉到酷兒鄉——女性主義烏托邦渴望中的同性情慾〉。

2 請參照愛蔓莉・古爾登（Avery Gordon）著作中名為〈分神〉（"Distractions"）的章節，出自《鬼魂的本質：附身與社會想像》（*Ghostly Matters: Haunting and the Sociological Imagination*, 1996）。她在閱讀了〈論詭異〉之後，根據阿多諾（Theodore Adorno）和傅柯（Michel Foucault）的想法，提出了這個論點。

（借用德勒茲 [Gilles Deleuze] 和瓜達里 [Félix Guattari] 論文學經典的任務的詞彙）。由此我想進一步推論通俗敘事或其他種類的流行和／或地下文化生產，所具備之可能次要功用。換言之，我的懷疑是，並非所有的吸血鬼敘事都在做同一件事：譬如《吸血鬼》在文化政治上便不同於《黑色吸血鬼》（Blackula）。這不代表《黑色吸血鬼》在表面上或骨子裡一定是顛覆的，僅僅因為這是個關於黑人吸血鬼的故事。相反地，從美國種族架構的排外歷史來看，此書必然展現了和中產階級個體性不同的關係。比方說，即便是要求同化的敘事也標示著一種差異，因為對於該敘事的要求本身恰恰印證不平等歷史的確存在[3]。我認為，阿姆斯壯以一種非常鉅細靡遺的方式展現出：在不同文類中，魔幻思維的每一種不同運作方式都在在驗證，相同機制也在每種文類之內運作。這意味著，如吸血鬼論述和魔幻思維之間的關係就必須逐案檢視。易言之，阿姆斯壯一文所批判的理論裡，有一種經驗主義是支持去除魔幻思維的；這種經驗主義的做法，有時讓魔幻思維成為虛構有時則令其隱形，無論在上述哪種狀況，魔幻思維總是被貶為人類幻想的產物，因此是不真實的：是虛構而非真實的。那麼，這種差異是不是至少在骨子裡，對內外二分的普同性建構，亦構成一種潛在顛覆呢？如果是，在那些理論中被視為純然想像、內在，和精神層面的事物也可能在骨子裡具有顛覆性的成分。經驗論「吞噬」了顛覆的潛在可能，實際上竟在佛氏的精神分析研究中，產生出「詭異」的效果。的確，為分析無意識的運作並生產相關科學知識，藉此問題化世俗經驗觀所仰仗的事實／虛構對立，他也必須訴諸那些被視為不正確之事物（如夢、精神官能症狀，甚至文學）。但我們如何更進一步思考理論和

---

3 莉莎・勞（Lisa Lowe）也是這樣解讀卡洛斯・布洛斯（Carlos Buloson）的小說《美國在心中》（*America Is in the Heart*）（45-28）。

小說中神奇思維的運作，俾能發現更具顛覆力的敘事？或者，讓我們換個也許更能貼近上星期討論的方式來說：如何解釋為何並非所有人都能接近那一組不平衡、不平整的形象，又為何僅僅因為差異無法自外於後殖民社會組織的地理政治階層，遂恆無法以可逆轉或相等他者的方式建構？除了我適才討論的幾點貢獻，這些阿姆斯壯所開始處理的問題，也為開啟充實對話邁開了重要的一步。

虛構（小說）／攝影何所爲？[*]

單德興

　　南西・阿姆斯壯（Nancy Armstrong）教授著作等身，迭有新意。綜觀她的著作和編著[1]，我們可以發現幾個重點：小說（尤其是維多利亞時代的長篇小說）、美國早期敘事文學（如美國俘虜敘事 [American captivity narrative]）、慾望、意識形態、再現與暴力、英美文學與文化史、攝影、（文學）寫實主義等。她在這次文化研究國際營所發表的兩篇論文——〈影像與帝國：視覺文化的簡要系譜〉（"Image and Empire: A Brief Genealogy of Visual Culture"）和〈小

---

[*] 此文係根據2002年6月26日於國立交通大學舉辦的國科會文化研究國際營（NSC International Institute of Cultural Studies）的英文報告 "What Fiction/Photography Does?" 改寫而成，題目有意呼應主講人阿姆斯壯教授的 "How Novels Think?"

[1] 專書有《慾望與家庭小說：長篇小說的政治史》（*Desire and Domestic Fiction: A Political History of the Novel*）、《想像的清教徒：文學、知識勞力與個人生活的起源》（*The Imaginary Puritan: Literature, Intellectual Labor, and the Origins of Personal Life* [與譚能豪斯（Leonard Tennenhouse）合著]）、《攝影時代的小說：英國寫實主義的傳承》（*Fiction in the Age of Photography: The Legacy of British Realism*）；此外，並與譚能豪斯合編《品行的意識形態：文學與性史論文集》（*The Ideology of Conduct: Essays on Literature and the History of Sexuality*）和《再現的暴力：文學與暴力史論文集》（*The Violence of Representation: Literature and the History of Violence*）。

說如何思考？〉（"How Novels Think?"）——便是這個脈絡下的產物，關切的重點在於小說、攝影、帝國與寫實主義，尤其是自／他（self/other）、真實／非真（real/unreal）的議題。

　　有鑑於阿姆斯壯教授的研究旨趣，此次國際營的主題（「視覺文化與批評理論」[Visual Culture and Critical Theory]），而且主辦單位希望回應人各自從不同的角度出發，綜合討論講員的論點及理論的啟發，並提出在地的觀點與省思，以進行對話與交流，我的討論就由底下的例子開始。

　　大陸旅德攝影藝術家王小慧在 2002 年於台北出版《我的視覺日記：旅德生活十五年》，全書名為日記，實為自傳，並且附上了作者的許多攝影作品——包括她在一場嚴重車禍後的若干自拍像。1991 年 10 月 31 日（德國的聖靈降臨節，類似中國的清明節）發生於有「死亡之路」之稱的第十四號國道的車禍中，她的丈夫不幸喪生，而她本人則僅以身免，身心俱受重創。這些自拍像有些是直接以照相機拍攝自己，有些則是拍攝鏡中的自己。王小慧對於車禍後的自拍像有如下的說法：

　　　　那些天，我不敢多看自己。鏡中的我實在不像我了。沒有半點靈氣和美的痕跡。沒辦法梳洗，自己也感到蓬頭垢面，不堪一看。雖然那時沒心情多想這些，也沒有多去看鏡中的自己，只是保留了為準備展覽「我的二十四小時」而養成的職業習慣，隨時用照相機記錄下每天發生的各種事情，當然也包括自己。當別人（無論是搞專業的還是一般人士）驚異我在那種情形下還能想到拍自拍像時，對我來說卻是極其順理成章、自然而然的事情。相機不是我的眼睛，是一個冷靜客觀的第三隻眼，這第三隻眼伴我左右，既熟悉又陌生，它旁觀並記錄著我的日日夜夜，我的喜怒哀樂。（105）

王小慧，《我的視覺日記：旅德生活
十五年》

　　如果說《我的視覺日記》的文字文本是王小慧的自傳——英文
的「自傳」（auto-bio-graphy）一詞在字源上可解析為「自我—人生
—書寫」（self-life-writing）—— 那麼其中的圖像文本或照片
（"photo-graphy"）則是另一種書寫：「光的書寫」（light-writing）。
其實，此書至少還涉及底下的重要議題：

　　　攝影本身的攝取與劫掠、攻擊的性質——包括相關的中英文
　　用語，如「『攝』影」、「『搶』鏡頭」、「『獵取』畫面」，或 to
　　load（裝子彈／底片），to aim at（瞄準），to shoot（射擊／拍
　　攝）……；（Sontag 3-5, 13-16）
　　　攝影與外在現實的關係——攝影作為人生或現象的切片；

（the photography as "a quotation from reality," Said, *Reflections* 150）

　　攝影與逝者的關係——拍攝的時刻一去不返，攝影不僅是將過去的某個瞬間凍結住，而且是「逝者的回返」（"the return of the dead," Barthes 9），並「與復活有關」（Barthes 82）——此處的「復活」與「逝者」涉及攝影者和其亡夫；

　　攝影與自我的關係——是自我的向外投射或反觀自省（尤其自拍像是對自我的貼近或觀照，自戀或疏離……）

　　此外，此書以文字和圖像記錄了一位中國女子在異國多年的生命歷程，在多重意義下都是介於兩個領域之間（between two spheres）：東／西、本土／他鄉、文字／圖像、生／死、過去／未來、自我／異己、真實／虛構……以此書的封面照片為例，由相機拍下鏡中的自己（攝入鏡頭的鏡中之像），一方面看似真實（這是鏡子與相機給人的一般印象），但左右顛倒的事實（尤其相機的品牌名 "Nikon" 再現成為 "nokiN" ["no kin"：無親無故？無依無靠？]）又提醒了觀者，這其中已經透過了鏡子與相機的雙重中介（mediation）。如果像布希亞（Jean Baudrillard）在《美國》（*America*, 1989）一書扉頁引言所說：「鏡中之物較顯現的為近」（"Objects in mirror are closer than they appear"），那麼相機所拍攝的鏡中之物是更接近還是更遙遠／疏遠？是更真實還是更虛幻？它們是真實的回返（the return of the real），還是逝者的回返？它們是在誰的召喚下回返？所攝之影與自我的關係如何？是本尊、分身，還是他者？或者該問：是什麼性質的本尊、分身或他者？而這類照片帶給攝影者和觀者的，是真實的提醒，還是鬼魅般的不實？如何或為何如此？這些都是我在閱讀阿姆斯壯教授的論文時——尤其是有關自／他、真實／非真——不時想到的問題。

　　阿姆斯壯教授的論文主要涉及下列幾點。首先便是小說（虛構）

／攝影與 "the uncanny" 的關係。她在論文中挪用佛洛依德（Sigmund Freud）1919年有關 "the uncanny" 的名文，並加以發揮，這點白瑞梅（Amie Parry）博士在她的討論中已有詮釋，此處不再贅述。《精神分析辭彙》（*Vocabulaire de la Psychanalyse*, 2000）一書將 "the uncanny" 譯為「奇異的東西」或「令人害怕的東西」（591），著重其「不同」與「令人驚恐」的面向。我則試譯為「詭異」：「詭」字不但兼有「詭詐」、「難以捉摸」、「變換（幻）不定」等意，而且與「鬼」諧音，暗示來自另一領域（陌生地帶 [冥界？]）的可怕之物；「異」字則有「不同」、「奇異」、「異己」、「異物」等意涵。由「詭異」的觀點來看，其中自然涉及了（熟悉、可親、可近的）自己和（陌生、可怕、疏離的）異己這種自／他的關係。然而，自我未必是那麼純然的存在，自他之間也未必能輕易地截然劃分，「異己」固然可以是外在於「一己」者，但有時可能是「一己」的一部分或成為其分身（double），或經由某種方式由「異」而變成「己」的一部分。也有可能原先看似「異己」者實為自身的一部分（如史蒂文生的《化身博士》[Robert Louis Stevenson, *Strange Case of Dr Jekyll and Mr Hyde*] 裡的傑寇博士和海德先生）。至於以吸血方式來吸吮他者之精華，因而化「異己」為「自己」或化「他群」為「我群」，並以可怖的方式和驚人的速度傳播，也是吸血鬼故事中屢見不鮮的主題（但一般的讀法係以人類社會為中心，因而是吸血鬼藉此方式化「自己」為「異己」，化「我群」為「他群」）。阿姆斯壯教授論文的重點之一，便是以解讀《吸血鬼》（*Dracula*）來申論一己與異己的關係，以及小說所扮演的角色。

其實，不論是小說、自傳或攝影，這些不同方式的「書寫」（graphy）便已經是「（重新）銘刻」（[re-]inscription]）或「再現」（representation）了，而不論是真實的回返或逝者的回返，總早已是分身了：來自、歧出、涉及、相似卻不同於原本（something derived from, deviated from, related to, similar to, and yet different from the original）；然而「原本」——如果真有所謂「原本」存在的話——卻必須透過類似的種種中介，才得以感受或擬想。即使像王小慧這樣的案例，書寫者（grapher）本人（不管是作為自傳的傳主或手操相機的攝影者）對自己生平的敘述似乎具有他人所不及的權威與真確性（authenticity），而且借助於科學的（光學）、機械的（相機）客觀性，拍攝的對象又是自己，但書寫者／被書寫者、拍攝者／被拍攝者之間依然存在著一與異的曖昧關係：本尊親自透過文字和照片所呈現出來的自己究竟是本尊、分身，還是他者？透過文字和照片而回返的本尊還稱得上是本尊嗎？如果如此呈現的都只是分身，那麼本尊創作出來的分身和他人創作出來的分身有何區別？若所呈現出來的是他者，那又與他人呈現作為他者的她有何區別？誰的創作更具權威（自傳由於涉及個人的利益、好惡、隱私與忌諱，比他人所寫的傳記更偏頗、不可靠的情況也所在多有）？

　　上述的說法涉及再現，但手操再現工具的人——不管再現的工具為何，再現的對象是自己、他人或他物——於再現之時必然涉及自己有意無意的視角、立場，以及與對象之間的權力關係。由於再現涉及各人的視角與立場，那麼到底是「眼見為信」（Seeing is believing）或「因信而見」（Believing is seeing）——甚或「因見而信而更見」或「因信而見而更信」——「見」與「信」之間的關係如何，也就成為值得思索的問題。換言之，再現涉及意識形態、信仰、知識、權力（甚或掠奪與暴力），而一而再、再而三地反覆、流傳的形象，很容易就淪為刻板印象（stereotype），其結果就如阿姆斯壯教授所言，觀者未見真人實物，便已產生特定的見解與感受。因此，日據時期日本人類學者對台灣原住民的攝影呈現，明顯地結合了知識、權力、帝國、形象等；至於西洋人士透過明信片上的中國圖像向遠在家鄉的親友介紹中國，則更加上了商業主義的色

彩，而且經由通行的郵政更為遠播（張瑞德）。

　　幸而誠如錢博思（Ross Chambers）所言，"Every agent can be a double agent; everything that is mediated can be re-mediated"[2]，而任何銘刻總是可以重新銘刻的。這種重新中介、對抗、「平反」的努力與成果，在薩依德（Edward W. Said）的《東方主義》（*Orientalism: Western Conceptions of the Orient*, 1978）、《遮蔽的伊斯蘭》（*Covering Islam: How the Media and the Experts Determine How We See the Rest of the World*, 1981）和《最後的天空之後：巴勒斯坦眾生相》（*After the Last Sky: Palestinian Lives*, 1986）等書可以找到多少令人鼓舞的堅實例子。這些都印證了薩依德本人的說法：「人類創造自己的歷史。就如同事情是被製造出來的那樣，它們也可以被消解（unmade）和重新製造（remade）」（*Power* 366）。而阿姆斯壯教授在〈影象與帝國〉一文結尾也提到了以巴關係及其形象，顯現了她的人道關懷，以及結合學理與實務的努力。然而，弱勢者在面對種種的再現與錯誤呈現時，必須透過孜孜不倦的努力，才可能產生足以分庭抗禮的另類敘事。此處以有關舊金山華埠的各式再現為例，試加說明。

　　有關舊金山華埠最早且最生動的再現就是十九、二十世紀之交德裔攝影師簡德（Arnold Genthe）的照片，為 1906 年毀於大地震和大火的舊華埠保留下了栩栩如生的影像，多少可稱為逝者的回返。身為都市漫遊者（flâneur）的簡德在有「城中之城」之稱的華埠中，將此「異域」和其中的居民再現成他者——奇怪、神祕、詭異，甚至具有威脅性。然而，華裔社會史家陳國維（John Kuo Wei Tchen）尋出他舊照片的底本，比對簡德已出版的攝影集，並實地

2「每個行動者／間諜都可以是雙重行動者／反間諜；凡經過中介的都可以再行中介」
　　——這是他在 1992 年批評與理論學院（School of Criticism and Theory）的文化研究
　　課程中再三強調的論點。

考察，走訪耆老，於1984年重新出版簡德有關舊金山老華埠的攝影集，是另一重意義的逝者的回返。根據陳國維的挖掘與考證，我們發現簡德在處理自／他關係時，有時以他者來強化自己，有時以抹去他者來強化自己，有時以抹去自己來強化他者……其主要目的不是為了加強自己的權威與真確性，就是為了強調華埠作為異域、華人作為異己的形象。簡言之，其呈現是白種男人攝影師透過相機所保留下來的東方主義式的凝視。經由陳國維的積極介入，揭露了簡德許多的再現策略及伎倆，讓後來者不但可以觀看簡德的照片，並藉著陳國維的中介而產生修訂主義式的理解（revisionist understanding）（單德興，《銘》293-331）。

伍慧明（Fae Myenne Ng）的長篇小說《骨》（*Bone*, 1993）則以簡德的照片為封面。敘事者說，兩個小女孩手牽手走在巷中、回眸而視的這張照片是她的最愛（191）。敘事者在另一處說道：「往外看，我心想，原來這就是從那些黯暗的灰狗巴士裡所看到的華埠面貌；緩慢的景觀，奇怪的色彩組合，狹窄的街道，這就是觀光客來看的。我心裡有些明白，因為我知道，不管人們看到什麼，不管他們如何近觀細看，我們內部的故事（our inside story）是完全不同的一回事」（144-45）。換言之，這部以舊金山華埠為背景的長篇小說，深入發掘其幽微隱晦之處，再現了華埠「內部的故事」，所呈現的是迥異於觀光客眼中的華埠，以及華人在美國的滄桑史——尤其是以化名及假紙進入美國的 "paper son"——進而質疑並挑戰主流社會對作為異域的華埠和身為異己的華人的看法。而由「我們內部的故事」之說，也可看出作者運用自己的族裔資產，藉由內／外、自／他之分，試圖為長久以來遭到壓抑、銷聲匿跡的美國華人呈現出另一番面貌。

不同於以上照片與文本的呈現，華美導演王穎（Wayne Wang）在他的首部影片《尋人》（*Chan Is Missing*, 1982）中，運用舊金山華

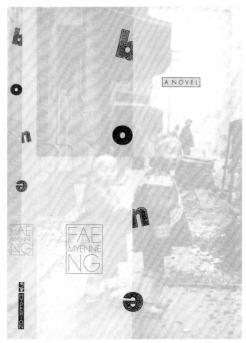

伍慧明，《骨》

埠兩名計程車司機尋人討債的過程，試圖建構失蹤者陳雄的形象，呈現個人認同的複雜、游移，並以此反映美國華人的認同與處境。在這部被譽為亞美獨立製片的經典之作中，導演藉由有如另類都市漫遊者的計程車司機之尋訪查問，探討城市空間（尤其是華埠的族裔化空間 [ethnicized space]）及其與認同的關係，指出失蹤者有如留白，允許不同的解讀，形成「一個陳雄，各自表述」的現象，質疑了本質論的迷思。此片不僅演出了個人與族裔認同的變動不居，更是王穎思索舊金山華埠這個既是場域（site）又是景觀（sight）的空間，介入這個作為競爭場域的異域奇觀，呈現自己面對複雜的華人認同時的立場、觀察與對策。片中的認同政治（identity politics）與場所政治（politics of location），多少改變了觀者對於舊金山華埠

與美國華人的看法[3]。

　　以上藉由藝術的中介與再現──攝影、小說、電影──表現出弱勢族裔如何動員手邊的資源，呈現出有異於主流社會對他們的刻板印象。然而，正如刻板印象往往經由漫長的過程而逐漸形成、塑造出來，要挑戰、矯正、消解也需要時間、耐心、教育與努力。此外，刻板印象不只限於強者加諸弱者身上，弱者也賦予強者或好或壞的刻板印象──差別在於強者抱持的刻板印象效應大於弱者抱持的刻板印象。因此，誰在刻板印象化誰（Who is stereotyping whom?）、其中的權力關係如何，也是值得觀察的。其次，所謂的強者、弱者也不是絕對的，時而涉及所置身的環境和文化、社會脈絡，如王穎的影片中所呈現的，在華埠的中國餐館裡，白人觀光客被華人謔稱為 "lauhhei gwái"（「漏氣鬼」[23/94]）。再者，不論強者、弱者都對自己有特定的看法，其中不少涉及刻板印象──如自視為「正義之師」──值得省思[4]。

　　由於篇幅所限，此處不再申論，而用以下方式小結，並希望引發進一步的討論。英文的 "fiction" 自稱為「虛構」與中文的「小說」一詞自稱為「小」（街談巷議，不涉廟堂或道業），似有異曲同工之妙。但「虛構」與「小說」卻可能產生「實際的」效應。《三國演義》對讀者的教化與史觀的形塑遠超過正史的《三國誌》，讓人不得輕忽「演義」、「小說」或「虛構」的影響力。換言之，即使我們認知其為虛構或建構，卻依然必須警醒於其動機、運作與後果。相對於這種自認的「虛構」，攝影涉及科技的發展與創作的認知，認為經由「光的書寫」能忠實記錄並客觀再現外界的事物，其擬真

3　相關討論詳見筆者〈空間・族裔・認同──論王穎的《尋人》〉一文。

4　晚近的相關研究，可參閱皮克寧（Michael Pickering）的《刻板印象：再現的政治》（*Stereotyping: The Politics of Representation*）。

性對於長久以來的美術觀產生了革命性的挑戰，逼使繪畫不得不在寫實・寫真之外另闢蹊徑。然而，即使在攝影出現之初便存在著相當大的空間讓人可以「動手腳」，日後的發展更證實了這一點。儘管許多人都知道攝影中人為或作偽（「偽」者「人為」也？）的可能性——包括為了藝術效果而有意為之的集錦照相，或專制、威權國家於政治鬥爭之後，失勢或垮台的「同志」在原先的團體照中被滅跡——但基本上依然相信它是真人實物的呈現。然而，電腦科技的發展促生了數位攝影（digital photography），不但允許並鼓勵各種方式的拼貼與組合，因此在數位複製時代的攝影作品（the work of photography in the age of digital reproduction，仿班雅明 [Walter Benjamin] 名文的標題）可謂以挑戰並顛覆真／偽、實／虛的二元對立為前提，其後果很可能正如《紅樓夢》所言：「假作真時真亦假，無為有處有還無。」

如同阿姆斯壯教授探究「小說如何思考？」，我們依循她的學思歷程和本文的脈絡，也許應該思考底下的問題：

> 小說／攝影有多真？多假？
> 小說／攝影「做」什麼？
> 它們如何做？
> 它們為何如此做？
> 其效應與後果如何？
> 為什麼需要它們——即使我們認知其虛構或真實的成分？

然而，除非有一天能真正看破、放下所有真／假、有／無、虛／實、生／死、自／他之二元對立，否則便依然有底下種種之必要：

虛構之必要；

小說之必要；

攝影之必要；

談論虛構／小說／攝影之為真假、虛實的必要；

認知什麼是或可能是刻板印象之必要；

明知刻板印象難以破除卻不得不努力嘗試消解之必要……

以及希望──希望經由言談與實作，出現更公平、合理、正義的情境。

文化差異與主體性

播撒民族
——時間、敘事與現代民族的邊緣[*1]

荷米・巴巴（Homi K. Bhabha）著
廖朝陽譯

一、民族的時間

　　本文的題目定為「播撒民族」，部分是受到德希達（Jacques Derrida）的巧思與智慧所啟發，不過與我自己遷居各地的經驗恐怕更是脫不了關係。我所經歷的時刻是一個人民到處漂泊的時刻。在別的時間、別的地點、別人的國家，漂泊的時刻又變成相聚的時刻。於是異鄉人、移民、難民群起相聚，在「異國」文化的邊緣、國土交界處相聚，在城市中心的貧民區與咖啡館相聚。相聚處常聽

---

* 譯註：本文原作最初發表於 Homi K. Bhabha. "DissemiNation: Time, Narrative and the Margins of the Modern Nation," in *Nation and Narration*；後來又稍作修訂，收入 Homi K. Bhabha. *The Location of Culture*。譯文根據新的版本，並為節譯，長度約為原文一半（省略處已標出）。文末的附註有幾個明顯錯誤已經改正，格式也稍有修改。

1 僅以此文紀念史丁波（Paul Moritz Stimpel, 1914-87）：普佛茲海默—巴黎—蘇黎世—阿赫美達巴德—孟買—米蘭—魯加諾。

到半生不熟，晦暗朦朧的異國腔調，也或許有人可以經驗到非我母語，朗朗上口的異樣感覺。相聚帶來各種認可與接受的印記（signs），各種學位、各種傳述（discourses）、各種知識的匯集，還有低度開發時期的種種回憶、遠方世界的經驗補完。過去種種在重生的儀式中凝聚，現在時點也在此成形。還有，離散人民會合了，工作合約在身的、四處流動的、被限制居住的。再來就是治安監測統計資料、求學紀錄、法律條文、移民分類——這些因素合起來，就構成伯格（John Berger）稱作「第七人」（the seventh man）的畸零人譜系。從這個層雲匯集的地方，巴勒斯坦詩人達維希（Mahmoud Darwish）發出他的疑問：「最後一片天空已盡，群鳥尚有何處可飛？[2]」

　　就在這些漂泊者相聚的所在，就在他們的傳說、幻想、經驗當中，一個具有特殊意義的歷史事實逐漸浮現。艾瑞克・霍布斯邦（Eric Hobsbawm）[3] 採用遠離中心的觀點，為離鄉背井的流動人口寫出西方現代民族發展史，在通史大家當中用心最深。從十九世紀中期以來，現代民族的後期形態逐漸形成。這個階段同時也是西方內部人口流動最頻繁，向東方擴張殖民勢力也最積極的時期。民族填補了鄰里、親族認同被破壞所留下的空白，也把其中的失落轉化為喻象的語言。所謂喻象（metaphor），按字源來說指的是一種攜帶、跨越，也就是搬動鄉土與身分歸屬的意義，跨越「中間通道」、中歐大草原的遙遠距離，跨越各種文化差異，通行於民族、國民想像的共同體（imagined community）的廣大空間。

---

2 引自薩依德（Edward W. Said）的《最後的天空之後》（*After the Last Sky*）之引言。

3 我指的是霍布斯邦寫「漫長的十九世紀」的歷史巨著，特別是《資本的年代》（*The Age of Capital 1848-1875*）與《帝國的年代》（*The Age of Empire 1875-1914*）。後者第六章就民族與人口流動提出了極具啟發性的講法，尤其值得參考。

　　我最關心的並不是民族〈主義〉的傳述框架。我想要提出的是西方民族有其難以捉摸卻又無所不在的一面，是一種貼近文化地緣（locality）的生活經驗。所謂民族主義堅持預設的歷史觀點，缺少變化彈性，論性質反而可以說是本文最想要打破的。所謂地緣主要是時間感引起的周邊問題，並不是以歷史感為其依歸，是一種比「共同體」更複雜，比「社會」更符號化，比「國」意義更豐富的生活形式，不像祖國那麼愛國，不像國家理性那麼坦率直接，比意識形態還不客觀，又不像人民專政那麼單一，論接近中央比不上個別公民，談整體觀又勝過「主體」，除了教化還有精神動力，能呈現文化差異與認同，允許摻搭（hybrid）的程度超過任何用等第或二元區分來解釋社會衝突的看法。

　　這裡我提出文化力將民族性建構為透過社會與文字來建立個人歸屬的一種方式，並不是要否認這些觀念在各種政治語言裡涉及特定的發展歷程，也各有不同的含意。我在本章想要呈現的是使用「人民」或「民族」的名義來架構文化認同與傳述呼求（discursive address）的各種複雜策略，以及這些策略進入各種社會、文學敘事，成為其內斂（immanent）主體的情況。這些政治機制切入現實，留下痕跡，也使文化認同取得強大的符號力與情緒力。我強調這些機制的時間面向，目的是要破解一向主導民族文化力討論的歷史論。歷史論認為事件與觀念之間形成直接對應的比例關係，最常見的結果就是把人民、民族或民族文化當成社會學上的實證觀念或完整獨立的文化機制。但是民族性所以能在文化生產與政治投射中發揮敘事動力與心理效力，是「民族」用於敘事策略時出現的雙向牽引（ambivalence）所造成的。這是一種符號權力的機器，會造成各種觀念不斷滑動，包括性別、階級歸屬、領土偏執，也包括書寫民族的動作所涉及的「文化差異」。在名詞的代換與反覆當中，我們可以清楚看到：民族與文化現代性的跨界游離（liminality）有密

切的關係。

　　薩依德（Edward W. Said）要追求的就是這種世俗解釋。按照他的「人間性」觀念，「感官的特殊性，還有歷史的偶然性……屬於表面特殊性的層次，與文字篇章沒有不同」（作者強調）（Said, *World* 39）。詹明信（Fredric Jameson）的「情境意識」或民族寓言（national allegory）的觀念也有類似的訴求：「其中任何個人生平與個人經驗的陳述就終極意義來說必然都會涉及為人群整體發言的龐大工作」（Jameson, "Third" 69）。而茱莉亞・克利斯蒂娃（Julia Kristeva）談到流亡之樂雖然可能思慮欠周，卻也指出：「除了針對自己的國家、語言、性別與認同成為陌生人，我們又怎能避免落入常識的陷阱？」（Kristeva, "New" 298）克氏並沒有想到，流亡狀態上面籠罩著多麼巨大的民族身影──也許這可以解釋為什麼她後來又改變心意，忙著認同外國形象：「中國」、「美國」。民族要有效力，靠的是它的喻象：《祖國之愛》（*Amor Patria*）、《父之邦》（*Fatherland*）、《豬土》（*Pig Earth*）、《母語》（*Mothertongue*）、《馬提加利》（*Matigari*）、《米德馬其》（*Middlemarch*）、《午夜之子》（*Midnight's Children*）、《百年孤寂》（*One Hundred Years of Solitude*）、《戰爭與和平》（*War and Peace*）、《白首之約》（*I Promessi Sposi*）、《坎德普拉》（*Kanthapura*）、《白鯨記》（*Moby-Dick*）、《魔山》（*The Magic Mountain*）、《生命中不可承受之重》（*Things Fall Apart*）。

　　這類喻象一定會引來一大群解釋者。他們是翻譯家，在文化之間播撒文字與傳述框架，做的是薩依德所說的世俗解釋。

　　　這個橫向展開的世俗空間容納了現代民族的繁複景觀。要處理這個空間……就必須承認：任何立即訴諸單一起因的單一解釋都不夠充分。簡單的朝代觀念不能解決問題，簡單的分離實體或社會過程也不合事實。（Said, "Opponents" 145）

如果我們的巡遊（travelling）理論特別能照顧到想像的共同體下各種人民（有的流動，有的城居）的借喻性，那麼我們會發現，現代民族下人民的空間從來不只是單純的橫向展開。他們從事意義比附所形成的移動只有透過書寫的「雙重性」才能得到呼應；這是一種表述的時間展演，在文化實體與社會結構之間移動，而且排除了集中式的因果規律。這樣的文化移動可以打散橫向社會的同質化視覺時間。要讓「歷史記憶與主體性臨場經驗的跳接動力」得到合理的敘事份量，世俗解釋的語言就必須超越橫向投射的批判眼光。我們需要另一種書寫時間，才能刻畫充滿雙向牽引與意義錯位的時地交會如何構成「現代」西方民族的問題經驗。

要怎樣寫才能寫出民族的現代性，寫出其中慣常發生的事件、非常事件的發生？民族歸屬的語言往往載有文明倒退的教示。所以班納迪克・安德森（Benedict Anderson）提出疑問：「可是民族既然極端年輕，為何卻又唯湮遠是尚？」（"Narrating"）民族基於自主性或排他原則提出現代化的訴求，以之為政治理性的一種形式；如果我們接受夏特吉（Partha Chatterjee）的後殖民觀點，這樣的訴求就特別可議：

> 民族主義……想要援引啟蒙思想來塑造自己的形象，實際上卻得不到效果。因為啟蒙思想本身要伸張普遍理想的權威就需要有一個對立項（Other）。如果有朝一日，啟蒙思想真的在現實世界成立真正的普遍真理，那啟蒙思想等於是毀滅了自己。（*Nationalist* 17）

這種意識形態的雙向牽引恰好符合葛爾納（Ernest Gellner）的顛倒說法。葛氏認為代表民族文化中感性生活的標記（signs）與符號（symbols）是非必然的人為造作，與民族觀念的歷史必然性有衝

突。民族可能可以實現現代社會的凝聚性，但是

> 　　民族主義的實際與表象有距離，與它心目中的自我形象尤其
> 有距離。……民族主義所用的文化細項往往是隨意拼湊出來的
> 擬作。找到什麼材料結果也不會有什麼差別。可是我們絕對不
> 能因此就說，民族主義的原則……也是非必然的人為造作。
> （Nations 56）

　　這些是民族空間中雙向牽引的時間移動，其中含有值得深究的現代性界限。現在時間的裂縫不斷轉成民族歷史演述的花樣（rhetorical figures），而文化與共同體的語言就架構在裂縫之上。有些不知變通的歷史家把民族當成有起源可考的事件，有些政治理論家念念不忘民族的「現代」統合──「同質性高、文字能力普及、不具名接觸多等是其重要特徵」（38）──這些人都沒有認識到：民族時間歷程的表述才是根本的問題。

　　民族現代性的知識擺盪在政治理性與政治理性的困局之間、文化表記（signification）的細項與民族訓示的條目之間。事實是：只有基於這樣的分裂，民族就是敘述的問題才有成立的可能。在進步規畫轉向「超越時間」的非理性傳述之際，民族的敘述必須發揮中介作用；那麼我們如何想定民族的敘述？現代性的「同質」體（人民）過度發展，就會帶有類似寡頭或專制政體下未進化（archaic）群聚的性質。我們又如何瞭解這樣的同質體？阿圖塞（Louis Althusser）有一種很有創意的說法，認為在進步與現代性當中，雙向牽引的語言可以打開一種「無歷程」政治：「有空間無地點，有時間無歷程」（Montesquieu 78）。要寫出民族的故事，我們就必須掌握現代性時間中蓄積的，未進化的雙向牽引力。我們可以從質疑現代社會的凝聚性，也就是多合為一的進步喻象，著手。這個喻

象出現在文化與共同體整體觀的生命體理論裡，也出現在認為性別、階級或種族可以表現單一集體經驗的理論裡。

從多當中產生一：這是現代民族下單一人群的空間呈現，政治社會的根本主張。而這種主張的種種形象呈現當中最值得玩味的，又莫過於文學批評。文學批評使用多樣化的語言，透過日常生活的揭示來描寫民族觀念的強大力量，讓生活細節的線索成為民族生活的喻象。這裡我們會聯想到巴赫汀（Mikhail M. Bakhtin）對歌德（Goethe）《義大利紀行》（*Italian Journey*）中民族生成想像的生動描述。歌德的寫法代表現實成分壓倒浪漫成分。他的現實敘事設立了民族歷史的時間，透過時間流逝的細節描畫出一個具有義大利特色的日子：「鐘聲響起，祈禱文誦過，女僕提著點亮的燈走進房間，說著：晚安！……如果有人硬要他們接受德國的時鐘指針，他們一定應付不來」（*Speech* 31）。巴赫汀認為，歌德具體刻畫義大利日常生活裡細微的、基本的，或許是不規則的步調，正可以清楚揭露整個場所（Lokalität）的深沉歷史；這是歷史時間的空間化：「創作者將場所人性化，把地理空間的一小部分變成為人所用的，歷史生活的所在地」（34）。

把地景當成民族認同的心景（inscape），這是常見的喻象，其中凸顯的是光線的明亮、社會能見度的問題，以及透過視覺將民族歸屬的演述，以及相關的集體表現形式自然化的可能。但是在主要形態之外，這裡面還有另一種時間推移存在，可以打破當下時間的民族統合。本文開頭所提到的各種民族傳述就屬於這種情況。雖然巴赫汀強調的是歌德作品中民族生成的現實具象（vision），他也承認民族生成所以能在視覺層次占有一定的分量，原本就是敘事衝突產生的效應。巴氏認為，歌德作品中的現實時間觀與浪漫時間觀自始就同時存在，但是因為時間視覺化、產生結構，其中比較鬼魅，比較險惡，比較無法為人理解的部分也就不斷被克服：「過去必須

存在，過去必須納入不斷開展的時間線……最後一點：過去的現成
狀態與必將實現的未來之間必須產生關聯」（36）。民族時間接取在
地的、特殊的、形象化的時間型（chronotype），自始至終都具體可
見。這就是「鬼魅」、「分身」（double）進入歷史而被克服，其敘
事結構表現為敘事共聚（synchrony）的深化，產生輪廓分明的空間
位置：「抓住純粹歷史時間最隱晦的進程，以即物直觀的方式來消
去變化」（47-49）。但是，如果現在就是不斷克服同形反覆，不斷
克服鬼魅時間的過程，那麼這樣的現在意義在哪裡？這樣的民族時
空是不是真的像巴氏說的那麼固定，那麼直接可見？

　　巴氏提出「克服」（surmounting）的觀念，令人聯想到佛洛依
德（Sigmund Freud）在〈論詭異〉（"The 'Uncanny'", 1958）一文裡
也用了「克服」一詞。這裡的關聯可以引導我們去感受民族敘事的
複雜時間。佛洛依德的克服與「文化」無意識的壓抑有關，也就是
說，因為心識受到雙向牽引或者因為知識不能確定，造成未進化狀
態在現代性的外圍重新浮現，使文化信念處於一種不確定的游離狀
態。這是「自我複製、分裂、交換」（"'Uncanny'" 234, 236, 247）
的變異過程，在相關的形容中最常見的就是「分身」。這樣的「雙
重時間」並不是透過簡單的「即物直觀」就能進入表述，取得視覺
性或可變性。巴氏一再想要把民族空間解讀為只有在時間完滿之後
才能達到，我們也不能同意。根據這裡想提出的，民族表述的「雙
重、分裂」時間觀，我們必須質疑這種顯然把民族視為想像的共同
體的，橫向開展的同質化觀點。巴氏的說法重視敘事時間的圓滿與
符號標記的視覺共聚；我們必須問，在一個充滿社會競爭的文化
裡，有了這樣的條件，民族觀點的生成（包括上層社會的、下層社
會的）是否就能啟動（articulate）其「代理表述」的權威。

　　在民族敘事的生成這部分，有兩種解釋似乎可以佐證我的想
法。這兩種解釋代表主人與奴隸這兩種截然對立的世界觀，可以涵

蓋現代歷史與哲學辯證的主要動向。我指的就是包瑞爾（John Barrell）與貝克（Houston Baker）兩氏的著作。前者講十八世紀小說處理多元社會的演述法則與取景方式，針對其中「英國紳士」占有何種位置作了精采的分析。後者則就「哈林文藝復興 [Harlem Renaissance] 用民族觀點來呈現黑人聲音、解釋黑人思想、發揚黑人語言的各種新模式」提出創新的解讀。

巴列爾在書中最後一章說明了一點，要透過表述來要求實現一個重整體，講代言的社會具象，其傳述框架必然會以既偏執固著，同時又猶疑不定的姿態來面對社會區隔與文字分界。例如「觀察家」、「目擊者」、「漫遊者」等等紳士的語言是一種固結化的「共同語言」：「它不傳達任何個別成員的特殊性，所以能屬於全體」（78）。這種語言主要是透過排除的過程（排除地方性、職業、才能等等）來界定，所以「紳士」的集中具象也可以說是一種「空白可能狀態，一個想像中有能力容納一切，卻不能露出任何跡象來顯示自己有容納任何東西的人」（203）。

貝克提出的是另一種游離狀態。他描述非裔美國人表現文化的反叛有一個擴張的、「民族」的階段，而且其生成是以「徹底隔絕」為中心結構。貝克認為哈林文藝復興的「傳述規畫」具有現代主義色彩，主要的著眼點並不在它符合「現代」在文學上的嚴格定義，而是在哈林文藝復興必須通過強力競勝來打造文化實踐的發言條件。黑人「民族」文本擅用摻搭、變形、掩蔽、顛倒等演述策略，具有脫序性、侵襲性；這樣的文字結構是以游擊戰為藍本進行多點比附發展出來的。對四散逃亡的奴隸與罪犯來說，游擊戰就是一種生活方式。他們活在與外界隔絕的群聚中，時時處於險境，卻又從不屈服，「被一切美國的許諾、利潤、生產方式視為邊疆、外圍」（77）。按傅柯（Michel Foucault）的話來說，這是一種游離的，少數的位置，其中的各種傳述關係都具有戰爭的性質。從這個位置出

發，非美民族的人民力量透過隔絕喻象的多點比附浮現出來。這裡的「戰士」等於「作家」，甚至等於一種「標記」：

> 這些戰士適應能力與機動力都極強，能以最有利的方式利用在地環境，以極快的速度出擊、撤退，在火網中常能利用樹叢來欺敵，且能自主選擇接戰的時間、地點，並與混居者（包括奴隸與白人移民）合作，掌握可靠的情報網，常使用號角通訊。（Price, *Maroon*；引自 Baker 77）

這裡的紳士與奴隸使用不同的文化手段來達成非常不 樣的歷史目標，證明了在錯置的，甚至分散的表記策略中，也可以有社會權威與顛覆或低伏（subalternity）等各種力量生成。就政治意義來說，這些位置的效力並不會因此而受到影響，但我們卻可以得到一個結論，也就是權威的位置本身可能也是雙向牽引下認同過程的一部分。事實是：權力的操作可以同時保有政治效力與心識的感染力，因為權力操作的意義表記具有傳述的游離性，可能可以為策略的運用與協調提供更大的空間。

我們的閱讀跨越民族空間的各種邊界，正可以讓我們看到：雖然傳述框架不同，但其中「人民」觀念的生成都表現為敘事的雙重移動。人民不只是歷史事件或愛國政治體（body politic）的某些部分。他們也是一種複雜的，可用於社會參照的演述策略：人民代言者的構想會在意義表記與傳述呼求的過程中引發危機。所以我們面對的是一個充滿阻抗力的觀念平面，只有採用雙重時間的思考，才能進入其中，掌握民族的人民：人民是民族主義訓示（pedagogy）的歷史「對象」，其存在本於既定的或架構出來的，位於過去的歷史源頭，可以為傳述提供權威；人民也是意義表記過程的「主體」，而這個過程要求的是抹除民族底下人民的由來或生發，以成

立人民統合於當下的強勢原則。在這類原則的靈活運作下，人民成為現在的印記，可以拯救民族生活，將民族生活覆誦為一個再生產的過程。

日常生活的殘餘、補充、分項必須不斷轉化為文化印記，接受民族文化的條貫統合。另一方面，在敘事演練（performance）動作本身的召喚下，民族成員的圈子也會越拉越大。在民族產生敘述的過程中，訓示層次重視時間推演的連續、累積，演練層次則以重複、循環為策略，兩者之間形成分裂。有這個分裂的過程，現代社會在觀念上的雙向牽引才會成為書寫民族的場所。

二、人民的空間

上節講到民族呼求含有訓示與演練的衝突；如此一來，不論從哪一種政治或文化立場出發，如何稱呼「人民」都會變成一個知識的問題。對現代社會權威的符號設定來說，這正是一個揮之不去的問題。人民不是民族敘事的開始，也不是結束。他們在高同質性，高共識共同體的「社會面」與整體人口中較個別化的呼求之間劃下一條切割線，一邊是「社會面」的合體力量，另一邊則是互相排斥，分配不平衡的利益與認同。民族空間的表記系統具有雙向牽引的性質，是整個按現代社會意識形態生成過程的一部分。拉佛特（Claude Lefort）討論這個生成過程，也認為「語言之謎」與發話主體之間形成既內涵又分離的關係，與成立現代社會權威的雙向牽引結構非常類似，可以拿來印證這裡的理論想像[4]。

---

4 本節為節譯。

三、文化差異

在訓示與演練兩種呼求雙向牽引的移動中，文化差異的印記逐漸成形。對新印記有所認知，才會產生跨領域的觀點。跨領域絕對不只是以和氣生財的方式，把內容或相關材料加到既定的領域中，以脹大其形體，提升其符號分量。在文化傳譯驅力的不斷鞭策下，各種意義的摻搭造設（sites）在文化語言內部打開一道缺口。由此看來，雖然符號的類比是跨越文化造設的操作，我們卻不能因此而忽略另一個重點，也就是對任何特定的社會實踐來說，標記的反覆套樣（repetition）含有差異，也會製造差異。因為符號與標記之間有這樣的分歧，我們才能說，跨領域觀點表現了文字翻譯的邊緣特質。這就是班雅明（Walter Benjamin）所謂的「語言的外國味」（"Task" 75）。在各種文化記載或文化實踐之間，除了內容材料的轉移之外，還會有一個不可譯的層次。所謂語言的外國味，就是這個不可譯的層次的核心。不同的意義系統之間，或單一系統之內，永遠不可能有完整無缺的意義轉移，因為「翻譯的語言從外包覆其內容，就像一襲寬大多褶的皇袍……（它）的意義指向一個比自己地位更崇高的語言，因此對其內容來說也是不合身，是不可擋的強勢，陌生的外力」（75）[5]。

論者往往以為，啟動差異的動作所以值得肯定，主要是因為差異可以造成意義表記的移位。但是這樣一來，上述能標（signifiers）壓倒內容的反常過程反而常被忽略了。語言差異的結構雖然隱密，卻難以動搖，我們說內容在其中消失了，並不表示我們對文化標記

---

[5] 妮蘭雅納（Tejaswini Niranjana）的《因地制宜的翻譯：歷史、後結構主義與殖民處境》（*Siting Translation: History, Post-Structuralism, and the Colonial Context*）對相關問題做了綜合整理，極富參考價值。

的功能可以有某種一般的，形式的認知。語言的袍服不合身，使內容與指稱對象所在的，保有穩定性或完整性的「外在世界」之間失去直接聯繫，就這個意思來說也就是造成內容的疏離。同時這也顯示，社會意義的表記過程本身也是在發言的動作中隨境衍生，帶有所言（enonce）與能言（enonciation）不均勻撕裂的缺口，並且因此而危及社會意義的內外區隔。於是，內容變成一種場面展示（mise-en-scene），明白呈現出語言差異的表記結構：這是一個永遠看不到本相的過程，外人只能透過班雅明所說的皇袍的縫隙或開口，或者抓住符號的類比與標記的差異偶然會合的短暫瞬間，窺見其零星片段。

　　班雅明的說法可以進一步引申為一種文化差異的理論。只有正視他所說的「更純淨的語言氣性」（也就是先於任何意義造設的標記），我們才能壓制意義內容的現實效應，讓所有文化語言成為本身的「外來語」。只有成立這樣的外來觀點，我們才有可能記錄文化系統的特殊地緣，也就是系統之間各種不可通聯（incommensurable）的差異，也才有可能通過差異的認知，走向文化傳譯的動作演練。在傳譯的動作裡，預先「給定」的內容異化、陌生化了。接下來，翻譯語言才會成為被「給定」的職責（Aufgabe），面對自己的分身，面對不可譯的層次──成為陌生的外國語[6]。

四、語言的外國味

　　就在這裡，我必須讓「人民聲音」登場：讓比較沒有發言機會的漂泊者傳統登場。這些傳統屬於殖民地人民、後殖民人民、外地人、少數族群；他們是流浪者，不能納入民族文化與其單聲傳述的

---

6 本節為節譯。

「鄉土」（Heim）觀念，因為他們自己就是不斷改變，不斷質疑現代民族疆界的活動標誌。他們是馬克思（Karl Marx）所說的流動勞工的預備兵團，因為說的話不夠在地而打亂要求整齊的愛國呼叫，應了尼采（Fridrich Nietzsche）的話，成為一支由喻象、代稱（metonyms）、擬人句組成的機動部隊。他們代表「想像的共同體」觀念的空洞化；絢爛的民族生活煙消雲散，只剩下一些過時的喻象，被編入另一套故事。故事中只有入境證、護照、工作許可，保留、維護了民族觀念下的人權，卻同時加以分化、破壞。在西方世界歷史的累積過程中，本來就有許多人使用憂鬱家、流浪者的祕密傳述。他們的聲音可以打開一個空白地帶，情況有點像亞伯拉漢（Nicolas Abraham）與托洛克（Maria Torok）提到的絕對反借喻法：「用幻想來取消喻象本身賴以成立的基本動作；這個動作的作用是把原本口不能言的空白放到語辭當中，是一種向內投射的動作」（"Introjection" 10）。失落的對象，也就是民族的在鄉熟悉感，在空白當中重新失落，一方面預演了單聲呼叫的和諧，另一方面也取消和諧出現的可能，並且因為有這樣的過程而充滿詭異感（unheimlich），就像是異物馴服之後反而鬼魅化成為分身，引動內向投射，成為認同的焦點。失落的對象分散在人民的個別身體上，留下各種記載，也在語言本身總是不夠在地的靜默中重新失落。伯格這樣形容德國境內的土耳其工人：

> 他移居異鄉，就像在別人的夢境裡負責演出。這種人的意向充滿歷史的必然，但是不論是他自己還是他所接觸到的人，都感覺不到這一層次。這就是為什麼他的生活就像是別人夢境的一部分。……放棄喻象吧。……他們觀察別人的動作，努力模仿……一個又一個動作不斷累積，亦步亦趨卻毫無彈性，學習成果每一分鐘、每個小時都在增加，這種反覆套樣的過程真是

無所不在。勞務工作講速度，在動作之前不允許有預先準備的時間。於是動作造成身體與思想分離。語義的偽裝真是難以識破。……他不懂別人的語言，只好把陌生的聲音當成沒有聲音。為了衝破靜默的包圍。他學會二十個生字。可是這些字還掛在他嘴邊，意思就變了，剛開始的時候還讓他嚇一跳。他點了咖啡。櫃檯的人認為他話裡的意思是：他在不該點咖啡的酒吧點了咖啡。他學會有關「女孩子」的講法，由他說出來意思卻變成他是色狗。要破解這樣的語義障礙，有可能嗎？（*Seventh*）[7]

通過語義障礙，我們可以見識到西方民族在「遺忘的義務」之外，還有歷史記憶。本章以民族需要喻象開頭，這裡我想轉向流浪人民的孤寂與靜默，轉向土耳其工人放棄熟悉的本國文化喻象後浮現出來的，「口不能言的空白」。按我們聽到的說法，土耳其工人在精神上還有一個最後歸期：「這是盼望與祈求的地帶……想像中的歸期永遠不會實現。最後歸期永遠不會到來」（Berger, *Seventh* 216）。

在這個動作不斷累積，在別人的夢境裡等待精神歸期的套樣過程裡，套樣動作本身並不是產生離異感的唯一因素，因為其中還涉及土耳其工人要求活下去，要求為事物定名，要求穩定一切的慾望；這種慾望並不是動作本身所能界定的。動作與動作之間不斷疊置，不斷累積，卻總是合不起來，不能成為工作或勞動的知識。土耳其工人沒有語言，他的知識與行動就不能互通，同時他的社會過程也不能外化。這樣的人只能過著鬼魅、機器人般的生活。這裡沒有主奴鬥爭，只有動作的套樣重製，生活與勞動的純粹模仿。語言有障礙，要傳譯、破除他的靜默就難了，於是「動作造成身體與思想分離」就無可避免。動作反覆演練，身體終究會脫去靜默的外

---

7 本段是約翰・伯格於此書中各處引文組合而成。

衣，帶著詭異的色彩再度出現，而且被種族偏見的發聲規定了位置，無法傳譯：說了「女孩子」就是色狗，點了咖啡就得面對酒吧裡的有色高櫃。

在身體應該印記化、文字化，只能留下殘跡的地方，它的視覺圖示再度出現了。土耳其工人被當成狗，這不是單純的神智不清，也不是畏懼成症，而是涉及更複雜的，社會幻想的形態。其中的雙向牽引並不是種族、性別歧視的簡單投射所能解釋。也就是說，這類說法會認為白人把罪惡感投射在黑人身上，用白人女性的身體來限制焦慮，把它當成遮掩、投射種族幻想的煙幕兼銀幕。但是這裡的情況並不相同。這種解釋不能用在這裡，原因就在它不能處理認同的核心問題，也就是男性（白人）對男性（黑人）的慾望。這樣的認同撐起人狗論的句義，也製造出妄想式的「涉己幻象」（delusion of reference），使人狗合一，成立與種族立場針鋒相對，卻又離不開種族立場的非我異態。

這個有動作，不能言語的異類成為佛洛依德所說的「團體中製造變數的成員」（Freud, "Group" 119），一個陌生人。他是沒有語言的人，他的存在會觸動來自未進化階段的焦慮與敵意，因為他阻礙了主體尋求愛戀對象，在其中看到自己，達到自我滿足，並進一步建立團體歸屬感的過程。外地人希望「模仿」本地人的語言，使社會空間的配置產生空白（語言障礙在這裡具體呈現，留下不可傳譯的殘響）。另一方面，種族幻想否認本身慾望含有雙向牽引，也在現在時間內部形成一個空白地帶。外地人的靜默引動淨化、迫害等種族幻想，而這些幻想都必須由外部回訪，為中心文化的生活製造陌生的現在，在熟悉之中加入不熟悉。妄想症的立場終究會把本身發言的所在變成空白；在這個過程裡，我們開始可以看到德語語言史的另一個版本。

土耳其外勞的經驗可以代表翻譯工作根本的不通聯性，而塞爾

曼‧魯西迪（Salman Rushdie）的《魔鬼詩篇》（*The Satanic Verses*, 1988）則企圖重新劃定西方民族的邊界，讓「語言的外國味」成為母語發聲不可缺少的文化條件。在《魔鬼詩篇》的羅莎戴蒙（Rosa Diamond）一節，魯西迪似乎想指出：只有經過播撒民族的過程（包括意義、時間、人民、文化界限與歷史傳統），民族文化的根本異態才能創造生活、書寫的新形式：「英英國人有問題是他們的歷歷歷史是在國外發生的，所以他們不不不知道它的意義」（343）[8]。

　　愛喝酒的西索迪亞（S. S. Sisodia）（又叫威士忌西索迪亞）結結巴巴說出的這段話是整套「英國人有毛病」說法的一部分。這段話的精神具體說明了本章的立論。我說過，倒退式的民族史蹟與其中未進化的歸屬感會使民族文化裡現時存在的「現代性」邊緣化。這就像是在說，歷史是在中央、核心「之外」發生的。在更具體的層次，我提出我們也必須把民族史蹟的訴求看成預先設定，能使民族文化的整體「個性化」的表記空間。這個空間涉及一種非我狀態的呼求。在魯西迪的小說裡，這部分是透過人物的雙重搭配來呈現，如吉百列‧法利西塔（Gibreel Farishta）與薩拉丁‧加木查（Saladin Chamcha）或吉百列與戴蒙爵士（Sir Henry Diamond）。這表示民族敘事的認同含有雙向牽引的性質，處於文化意義的邊緣，是不可測的所在，可以為少數文化提供戰鬥位置的空間。在生活的完滿當中，透過完滿生活的表述，小說為營生者的深沉困境提供了見證。

　　羅莎戴蒙有陰陽眼，因為活得太久而喜見常道反覆，代表英國的鄉土或故土。書中代表九百年歷史的遊行隊伍穿過她半透明的虛弱形體，附身在上面，以奇特的方式切割她的語言，「古老的語詞、待傳承的工作、中央看台的觀覽經驗，在在都讓她覺得充實、

---

8 本段為濃縮引文。

穩定、不朽，不像現實裡那個全身布滿裂縫、缺損的她」（130）。羅莎在幻象中看到哈斯丁斯戰役（Battle of Hastings），成為她存在的根本。她以民族統一的古老教示與正統傳承為材料，同時用民族經驗中不可通聯的營生困境來修補、激盪，架構出她的綠色樂園。吉百列搭機飛過潮濕的英國南方，從波音客機的肚子裡掉下來，結果就降落在羅莎的樂園裡。

　　吉百列穿上羅莎亡夫，前殖民地地主戴蒙爵士的衣服，假扮成戴蒙的樣子，而且以後殖民學舌（mimicry）的方式區隔民族歷史綿延不斷的想像與「全身布滿裂縫、缺損」的她，擴大兩者之間的傳述分裂。從某個角度看，敘述當中浮現出來的是一個通俗故事，講的是見不得人的阿根廷偷情事件，克魯茲（Martin de la Cruz）式的草原情愛。更重要的一點是：在異國風情底下另有一層截然不同的意義逐漸成形，指向一個經過摻搭的民族敘事，其中對史蹟的執戀被化成「預先設定」的破壞因素，對歷史現實裡的現在形成排擠，強迫它向其他歷史，向不可通聯的敘事主體開放。這裡的重述帶有時間移動，並形成發言動作的缺口或分裂，把羅莎的角色改寫成充滿凶險的新分身。具有摻搭身分的外地人吉百列扮裝成戴蒙爵士，向愛國論、父權體制的殖民共謀意識形態學舌，並掏空相關敘事的帝國權威。吉百列向反方向回看，消去英國的共聚化歷史，消去威廉大帝、哈斯丁斯戰役的本質化記憶。羅莎講戴蒙爵士在世時她每天在固定時間要做的家事（六點鐘上雪莉酒），敘述過程中不知不覺陷入敘事軌跡的轉換，產生時間與記憶的挪移。透過帝國歷史的「中央看台觀覽經驗」，讀者可以聽到其中的缺口與裂縫發出另一種聲音：

　　　　然後她就直接開始，也懶得去考慮要不要用「從前」起頭。她說的是不是都是真有其事並不重要，她只注意到一種強烈的

力量，傾注到其中……這一堆交雜錯亂的記憶材料其實正是她的根本、她的自畫像。……這樣一來，是記憶還是希望、是免罪的託辭還是無保留的事實，就再也無法區分，因為即使到了臨終之際，羅莎也不知道該怎樣坦然面對她自己的過去。（145）

那麼吉百列呢？這樣說吧。他是歷史的瑕疵，一個防止民族視線固著於中央的盲點。他向殖民者的男性作風學舌、模擬，引進民族歷史缺口的聲音，參與雙向牽引，交雜錯亂的敘事。但也正是因為有這樣的「敘事魔法」，吉百列才能獲得機會，重新進入當代英國。他是遲到的後殖民人物，他的存在促成民族文化整體的邊緣化、個性化。他是在別處，在海外發生的歷史。他能保有後殖民性、流動性，意義不在表現多元文化的和諧交雜，而是在啟動文化差異的敘事，切斷民族歷史自我美化的可能。

這是因為就西方民族來說，跨界游離是有限狀態的影子，是殖民空間借用本土空間的想像地理，在其中展開，是脫離殖民的外地人回訪、套樣，為歷史完整觀製造異例。這樣，後殖民空間就成為本土心臟區的「增補」，對後者形成從屬、依附關係。這樣的關係不會增強西方勢力的現實存在，反而會透過文化差異來重定其疆域，改設講自主，重對抗的分界，使民族無法加總，既不足以合一，又總是多於一。

從這樣的時間分裂、敘事分裂當中，一種奇異的，有助於濟弱扶傾的知識逐漸成形，為認同有分裂，觀念不馴服的外地人提供護持。吉百列頂著天使長的名號，洞悉殖民國中心文化的悽慘歷史：「假面與戲擬在憤怒的現在橫行，在撐不起，除不掉的過去重壓下窒息、扭曲，只能望向悲愴寂寥的未來」（320）。吉百列走過羅莎的分散敘事，「也懶得去考慮要不要用『從前』起頭」，就成為（不管這是不是很瘋狂）用套樣翻版來平反冤屈的基本原則：

> 這些得不到權力的英國人！──他們不是以為，他們的歷史
> 會回來伴著他們嗎？──法農（Frantz Fanon）這樣說：「在地
> 人就是被壓迫的人，他永遠有一個夢想，就是成為壓迫者」。
> ……他要重新改造這塊土地。他是天使長，吉百列。──〈我
> 又來了〉。（353）

羅莎的故事教導我們，民族記憶永遠是各種歷史互相摻搭，各
種敘事互相轉換的所在。同樣的，要為歷史算帳的外地人吉百列也
教導我們，文化差異含有雙向牽引：透過不通聯性來啟動意義，是
一切認同敘事，一切文化傳譯的基本結構。

> 他貼近對手，兩人都用雙臂抱住對方的身體，嘴對著嘴，從
> 頭到腳都靠緊。……再也沒有因英國而起的疑惑，沒有那些聖
> 經與撒旦的混亂……就在古蘭經十八章五十節，寫得明明白
> 白。……更實際，更現世，更好懂，真有天壤之別。……伊卜
> 利斯／撒伊旦（Iblis/Shaitan）代表黑暗；吉百列代表光明。…
> …最邪惡，最迷惑的城市呀。……所以，英國人的毛病就在
> 他，他們的 ──吉百列嚴肅的用一句話來總結，說的是文化
> 差異最接近自然的印記。……英國人的毛病就在他們的……一
> 句話……他們的天氣。（354）[9]

五、英國的天氣

用英國的天氣來結束，同時也可以召喚民族差異最善變，最內
斂的印記，並且加強民族「原始地帶」的回憶，以精緻的畫面呈現

---

[9] 為了配合本文論點的銜接，本段引文對原文稍有修改。

白堊與石灰石、塊狀台地、多風的荒野、擁有大教堂的幽靜小鎮、永恆英國田野的一角。英國的天氣同時也讓人重新想起英國的鬼魅分身：印度的高溫與沙塵、非洲的黑暗空無、被認為崇尚暴虐，無法統治，所以必須以文明教化來拯救的熱帶蠻荒。這些不受國界限制，範圍涵蓋各大帝國的想像地理正在改變。原本用單聲呼求來設立民族疆界的想像的共同體已經開始容納不同的歌唱聲。本文從人民跨國漂泊講起，最後希望以漂泊者在城市相聚結束。這就是離散人群的再起，這就是後殖民。

《漢瓦茲之歌》（*Handsworth Songs*, 1986）、魯西迪的熱帶倫敦（被外地人學舌改成不三不四的「羅溫杜溫」[Ellowen Deeowen]）：城市就是異鄉人、少數族群、離散人民集合起來，改寫民族歷史的地方。本文要指出的是，人民會從民族的有限狀態走出來，開始記載文化認同的跨界游離，以兩面分歧的方式發出包含各種地域劃分、各種時間移動的社會傳述。另一方面，城市為人民提供了適當的舞台，讓新興的身分認同與社會運動蓬勃發展；西方如此，其他地方也越來越有這個現象。在我們這個時代，城市是營生者對受困經驗感受最深刻的地方。

本章串接各種敘事，用意並不在提出一個普遍適用的理論，只想進入各種生存的場所，為其中的語言困境製造一些衝撞，希望得到正面的結果。我採用法農的詭祕擺盪說與克利斯蒂娃的平行時間說，放在班雅明現代說書人的「不通聯敘事」裡當作許通聯的基礎。這樣做目的不在解救世界，而是在指出，人民會以奇特的方式獲得文化存活。只有存活在歷史與語言的邊界，存活在種族與性別的極限，我們才有資格傳譯其中的差異，把差異轉為某種團結。最後我要從班雅明的文章〈譯作者的任務〉裡引用一小段文字。許多人翻譯過這段文字。現在，我希望我們可以從民族的邊緣，帶著城市的感覺來閱讀這段文字。在人民的外圍，我們進入文化的跨國播撒：

　　陶瓶的碎片要合為一體，碎片與碎片之間的邊緣必須處處密
合，但是碎片本身的形狀可以完全不同。同樣的，翻譯追求的
也不是要讓譯文本身接近原文的意思，而是要帶著執戀，處處
關心，配合原文表達意義的方式來架構自己，讓原文與譯文都
能以碎片的面目出現，共同指向那更偉大的語言，就像陶瓶的
碎片各自是完整陶瓶的一部分[10]。

---

[10] 巴赫提（Timothy Bahti）與班杰民（Andrew Benjamin）為我譯出這段常被許多人討
論過的文字。德曼（Paul de Man）解讀班雅明這個複雜的陶瓶圖示，提出其中涉
及配置文化差異的一種方式。我要強調的就是這部分。

　　（班雅明）並不是在說碎片組成一個整體，他說的是碎片就是碎片，而且
基本上始終是碎片。碎片互相並列湊合，永遠不會構成一個整體（Paul de
Man, *Resistance* 91）。

探討梅密及後殖民之協力問題[*]

荷米・巴巴（Homi K. Bhabha）著
蘇子中譯

翻譯穿越過的是不斷變化的連接體，不是抽像的身分認同或
類似的領域。將事物的語言翻譯成人類的語言，不只是從無聲
譯到有聲；也是將無名譯成有名。

——瓦爾特・班雅明（Walter Benjamin）《關於語言本身和人類
語言》（"On Language as Such and on the Language of Man", 1916）

如果想要瞭解殖民系統，就必須先瞭解它是不穩定的，而且
它的平衡經常受到威脅。

——愛爾拔・梅密（Albert Memmi）

愛爾拔・梅密（Albert Memmi）一生致力於描影（shadow）受
壓迫者的苦難。正如同杜博依斯（W. E. B. DuBois）一樣，他對世
界性自由的渴望受到了「有色界線內的有色界線」（the color-line
within the color-line）的考驗而降低，那是一種召喚出一種令人不安

---

[*] 原文篇名為 "The Question of Solidarity Today: Rethinking Albert Memmi"

的「平等」的必要性，將同樣失去或缺乏權利與再現的不同團體聚集在一起，而團體之間卻對彼此所宣稱的「歧異」與自尊感到陌生。杜博依斯與梅密之間的聯結在於某種政治的與詩人的信念：對於自由與公理光輝正面的描繪也只有在生命的歌頌者遵從奧登（Wystan Hugh Auden）的建議時，能發揮它們提高生命的功效，「學習去畫條謹慎的界限，／發展、瞭解、細緻的分辨」（learn to draw the careful line./Develop, understand, refine）（1568-572）。在《被支配的人：朝向人物畫像的備忘錄》（*Dominated Man, Notes towards a Portrait, 1968*），這本梅密對於一連串現代壓迫——黑人、被殖民者、猶太人、無產階級者、女性、家僕——的省思裡，主要包括了序言、簡介與評論。〈完全的反抗〉（"A Total Revolt"）是對包德溫（James Baldwin）的《下一把火》（*The Fire Next Time*）法文版的介紹性文章；《黑人文化與猶太特質》（*Negritude and Jewishness*）則是獻給森格霍（Leopold Senghor）；〈暴君的辯解〉（"The Tyrant's Plea"）是對西蒙・波娃（Simone de Beauvoir）女性主義的凝思，波娃的女性主義因她對沙特（Jean-Paul Sartre）的愛而複雜化與妥協；《工人是否依然存在》（*Does the Worker Still Exist*）這本書呼應了他較早的著作《被殖民者是否存在》（*Does the Colonial Exist?*），抗拒著名一時的「勞動的終結」論述，並提出勞工階級的「中產階級化」其實更是倚賴外力的狀況，尤甚於女性、黑人、外籍勞工的困境，也就是一種《新奴隸》（*The New Slave*）。梅密希望這些「『不完全的素描』能導出『我們這個時代的受支配者』的未來畫像」。雖然序言與簡介實在只是初步與應景的寫作，缺乏文章或專文的長篇大論，梅密利用了這個文類的片面性與爭論性。他擁抱這兩種文本的片面風格，利用這些形式去觀照需要將其文字或內文「翻譯」的「異國」主題，以及陌生前提。在梅密的手中，以他最喜愛的比喻來說，前言變成一幅畫像：一種賦予那些失去臉或被剝奪內在的人形體或存

在感的方式。前言，如果算是一種小文類，變成了一種銘刻受壓迫者力量的方式，一種以書寫作為認識少數族群權利的方式。

　　我們現在已經學到，受壓迫的人們看起來頗為雷同。除了他們獨特的特性和個別的歷史，被殖民者、猶太人、女人、窮人展現出某種的家族相似性：全部背負著一種負擔，這種負擔在他們的靈魂留下同樣的傷痕印記，也同樣地扭曲他們的行為。相似的苦難常常產生同樣的姿勢，同樣的痛苦表達方式，同樣的內在抽搐，同樣的具反抗性地同樣苦痛。（Memmi, *Dominated* 16）

梅密指的到底是哪一種的「相似性」？論及受殖民者、猶太人、女人和窮人都擁有一種「相似的苦難」，馬上就能引起一種情感感同身受的幽魂。能展現出一種模糊受壓迫特性和苦難歷史家族相似性的意義究竟會是什麼？今日，我們反對這種「假普遍性」，以及沉溺自我的本質主義，就像我們質疑那種立足於或超越歷史破碎敘述的含糊描述與粗暴選擇之外的膚色盲目或文化盲目的人權論述的公正性那樣。今日，反對以受害者故事敘述，以及「在地」資料提供人作為自我呈現的團體，似乎是失去了權威與作者身分，就如同用過我現在這個同樣講台的前輩提出了那個擾人的問題之後：「從屬階層能發言嗎？」然而，想要建立一種家族相似性的慾望正是抗議的共通語。當布希（George W. Bush）硬要干預，或是布萊爾（Tony Blair）扮演丹・達爾（Dan Dare）[1]，於是受壓迫者的大軍，不顧他們的策略利益與地域政策的判斷，戴上了戰爭與道德憤怒的面具。

---

1 譯註：五〇年代打擊外星大壞蛋的英國漫畫英雄，*The Times* 在二〇〇〇年代推出丹・布萊爾（Dan Blair）漫畫挖苦首相布萊爾。

同時，在西方，全世界成了美國新媒體戰爭的舞台，在這之中，亞歷·費雪（Ari Fleischer）成了我們新的致命傷，複誦著曾在總統辦公室演出的木偶戲。壓迫者的聲音與平等的訴求同樣是某種的「家庭相似性」，其中相同點「突然出現又消失」，造成了維根斯坦（Ludwig Josef Johann Wittgenstein）所謂的「模糊化概念」。雖然將他們規究為神的憤怒或被剝削者的憤恨是很吸引人的，去考慮「倫理」經濟學家阿馬蒂亞·森（Amartya K. Sen）有系統的論點是比較清醒的做法。他主張儘管在經濟上嘗試去做出一個「基礎」的平等，但總是有「殘留的或（內部）的多樣性，造成平等與不平等在排列上的模稜兩可」（Sen 132-33），使得他們會抗拒一個精準的說詞，而這說詞不應該阻擾我們進一步發展，試圖「捕捉曖昧而非失去曖昧」（Sen 48-49）。這使得我們要再次以維根斯坦的語氣問，「以精準的圖畫來取代模糊的圖畫是不是永遠比較好？」

　　以「家族相似性」之名，身分、利益與命令的「模糊化」是個剷平自由之地的過程，以作為合理原因的範例。這樣的論點針對的是政治道德性與模仿能力，就如同顯現在梅密不斷使用畫像這個比喻一般——《殖民者和被殖民者的畫像》（*A Portrait of the Colonizer and the Colonized*），《一個猶太人的畫像》（*Portrait of a Jew*），《被支配的人：朝向人物畫像的備忘錄》（*Dominated Man: Notes Towards A Portrait*）——用來捕捉壓迫的變換特性，同時素描出未來自由與平等（複數）的願景。雖然權利的道德性倚賴立即的與共通的對「個人」作為人類主體的「認同」，權利的保護與分配是一個仲介過的、模擬性的論述，關於人類個人性的「相似」是如何被有命名的宣言或協定規範：這個文化的作為是否符合一個「國際」協商出的「人性」的形象才能受到保護？以移民或難民的身分為代表所做要求是否滿足一個為「權利」所保護的個人性條件？這個「傷痕」的形狀是否符合「凌虐」的痕跡或那傷是自己弄的？這就是「人的模

仿」的手段所造成的「相似」——在符合政治與法律的呈現下——成了自由與平等的奮鬥中一個必要的因素。

我相信，梅密的畫像語言所關心的是「相似」的條件，它可以同時是順服的基礎和反抗與解放途徑的跳板。模擬再現的權力遊戲，它的道德曖昧與政治反轉，是「相似」惡魔般形式的一部分，是任何壓迫者或「非合法特權人士」所需要默認的：「他承認戰勝他的正是他所譴責的形象。因此，他真正的勝利絕不會降臨：現在他唯一需要的是將它記錄在法律與道德中。為此，他需要使別人信服，即使他無法使自己信服」（*Colonizer* 52）。在這權力高點的面具滑動或分裂中，浮現出了一個在錯誤統治心理監視管理下的模糊，一個錯失的節拍。相似性，在另一方面，能引導受壓迫者到一種「類似協同團結」的狀態，一種平等的姿態和一種用來反抗極端或二元對抗與反對的再現機制，並且追尋一種家族相似性的形式，這回應了維根斯坦家族相似性概念的結構：也就是，將解放作為「一種多種選擇中的參考，使人能夠超越這種……完全接受，以及完全否定虛假的問題」（*Colonizer* 33）。

在這模糊的鏡像廳堂——或有人認為是道德迷宮——我想要提出一個在平等模擬再現中的「差異」。容我建議，在基礎的層面而言，在創造被壓迫者家族相似性的過程中，「相似性」有兩種模式：「相像」（being a like）與「看起來像／行為上像」（looking/ acting a like）。「相像」是一種，就如詹明信（Frederic Jameson）所言，基於「平等感的共通性，以及對於平等無法壓抑的要求」的同盟身分主義和本體主義的形式。相對的，「看起來像／行為上像」則較少身分主義的成分，而是發言上的與表演上的操作；它是受到模仿機制的驅使，一種「非感官的相似性」，如班雅明所言，「為了成為和表現像別的東西」（*Seeds* 66-71）。相異於辯證性的「認同」概念所提供的相像昇華性與歷史性敘述，「看起來像」所表達出來

的是一種符號與銘刻的操作，「由人所生產」，一種出現在「瞬間顯像」的相似性，就如同維根斯坦用來形容家族相似性中「重複與交錯」般的家族特性。「看起來像」是一種「類似」協同團結，整合了「相似性」，「在某一點上」一種局部的身分確認或是一種「瞬間顯像」的身分確認（我稍後會再討論這種佛洛依德讀法的群體身分認同）創造了一種群體精神，一種像相似的「相似」，一種同胞感。「看起來像」比較不是基於「原因的身分認同或等同化」而更是基於造成既定事實，全然是在修辭上與對話上的意義而言，為了一種少數族群感「在平等中享有差異的權力」，巴里巴（Étienne Balibar）精闢地將其定義為「一種平等，並不是差異性的中和（平衡化），而是自由的多樣性的條件與需求」（*Masses* 48）。「相像」與「看起來像」並不是相對立的；它們有時候會與對方重疊；但它們就似一種衝突性的接觸存在——一種同時是對抗的與貼近的關係，也以班雅明來自阿卡迪斯計畫（Arcades Project）的詞來形容，如同一種「溝通性的矛盾」。

支持「相像」最忠實的論點，如同一種非隔離少數團體利益的貫徹，在詹明信的韋勒克（René Wellek）講座《時間的種子》（*The Seeds of Time*, 1994）中展開。小團體政治的「系列性」創造了一種無限退化的自我意識，在這裡跨團體的氣憤將一種「好名聲的脅制」強加在其他團體上，同時想像自己是「受其他團體壓迫的少數（該團體也如此覺得）」（*Seeds* 66-71）。只有在以現今民主要求極端平等成就「司法上的平等普通化」時，一種「通用身分在大致上受到確保……而只有在該身分的基礎上差異才能轉化成一種政治系統」。自從韋勒克講座之後，詹明信強化他對於「差異政治」之提升分析概念結構的掌握，經由一全新對於黑格爾（G. W. F. Hegel）的《邏輯》（*Logic*）的閱讀與投入，這是他視為歷史發生不可或缺的全圖。在這個辯證中，他認為，我們所要到達的點，乃經由「身分與

非身分的身分認同，在短暫重要的揭露中揭露了反對是一種矛盾，並提供了『歷史發生的全體鳥瞰或地圖』」（*Culture* 76）。小團體政治的烏托邦主義被導引脫離或離開了賦予現在工業模式權力的「匿名性」，以及統治與壓迫「對於較大較分散人口統計所有的負面與批判力量」。小團體試圖組成我所謂的「相似協同團結」（看起來像而非相像）會導致，在他的觀點裡，對分離主義文化身分的肯定（＝差異），一種矛盾的身分「同時建立於協同團結和疏離與壓迫之上……依賴原始或部族凝聚力的意象……在文化上被折射在族群、部落、世代、村落的圖像中……摒棄中心主義與地位主義的則是它想像自己所否定的烏托邦主義最純粹的表達」（*Dominated* 39）。

詹明信的圖像化隔代遺傳，內部通婚般的聯盟影像，完全不像梅密家族相似性的畫像，這畫像建構在將少數團體的差異性作為「有變數的動態概念」上。的確，詹明信的「小團體本身」一詞正相對於梅密少數社區「鄰近」的精神，其尋求權威而非主權以作為「自由的多樣性」的一部分。梅密所追尋的方向在平等的協商上，既不會提升二元差異，也不會容納價值的相對論或是個人或文化容忍上的多樣化——那透明的自由道德著眼穩定地尋求一種共通人性，梅密尋求家族相似性是對少數「狀況社區」的追尋，這一詞來自《黑人文化與猶太特質》（*Negritude and Jewishness*），該書迷人的提出「相似性」在大部分被壓迫者的情況下是一種「區分的運動，本身允許虛假並限制完整性被處理掉，而認定黑人（或猶太人）的現實的幾種面向」（*Dominated* 14-15）。而一個區分的運動如何能避免自己成為一種乏味的多元論？「分辨」是一種人種上的還是分析上的詞？「區分的運動」彰顯什麼樣的，對不同平等與利益的發音？讓我從梅密文章中提供一個範例：

　　對我而言，能指出在大部分受壓迫者的狀況下有一定的相似

性的假設就夠了。當然，這些平行並不排除每個字（描述猶太
人與黑人的身分認同）的特定意義，主要是因為，在相同點之
外，在條件上與傳統上的差異是極為重要的。對猶太人的壓迫
並不同於對黑人的壓迫，也不同於對被殖民國家的壓迫。另
外，對每個黑人的壓迫也有別於對黑人整體的壓迫。具備這些
觀念與共通工具之後，需要黑人自己來列他們的清單。我們只
能提出問題：要如何定義黑人奴役內容，或更精確的，從現在
開始，賦予每個黑人奴役事件意義？如果大家同意我所提議
的，黑人奴役只是每個黑人對他群體中集體人格配合的程度，
我們可以看到的是這是一種本質上有著數個變數的動態概念。
負面的與正面方面每次會扮演何種腳色？我們是否能以發現猶
太人合作效率的方式發現黑人的合作效率？

家族相似性的論述開始於在受壓迫者——猶太人、黑人、被殖
民者、回教徒——之間的相似性與平行性的假設，並以轉喻的方式
移動到這些團體裡頭或之間「一種區分的運動」。其目地在於避免
一種身分主義或本質主義的關聯——「猶太人的壓迫並不同於黑人
的壓迫……而且……每個黑人所受的壓迫也不是和全部黑人受到的
壓迫一樣」。這並不意謂著分辨的過程視其最終來源是個人經驗和
主體。這種信仰削弱沙特對梅密其實頗具啟發性的閱讀，在其閱讀
中沙特認為梅密缺乏「系統」而只見「狀況」，梅密對結構與矛盾
的描寫「生澀而主觀」。梅密很恰當地回答了這個指責，「所有狀
況都決定在個人還是在社會？」調節兩者，並同時為他們發言的，
是語言與敘述翻譯性的運動，兩者作為類似性與家族相似性符號瞬
間顯像的傳遞者，這過程「並不會為了平等的利益中和差異性，而
朝自由的多樣性移動」。這種解放性的語言的調節製造了一種非感
官的類似性（班雅明），出現在不對稱的、阻斷式的「互為主體

性」，第三詞彙，這狀況既不會被個人所掌握，也不會被社會所收編。它所依賴的不是個人也不是社會，而是將兩者導入發言的分裂行為，經由此分裂類似性差異的瞬間顯像突然出現又消失（維根斯坦）；就是在這個「相似性」的裂縫中——語言的與歷史的——個人透過論述網絡的具體呈現，就如同「社會」在瞬間顯像中彰顯，那些非同時性捕捉歷史流動的歷史記憶「天體」——「從前」，並啟動了班雅明在〈歷史哲學論綱〉（"Theses on the Philosophy of History", 1940）所描述的唯物主義干擾插敘法的方法，「在現在的時間中」。梅密的解放式身分認同的語言遊戲——它的區別、定義與差異——小心謹慎的進行著。梅密「劃分」黑人奴役與猶太性命名的每個面向，與維根斯坦家族相似性理論的方法一致，認為「名字僅彰顯了現實的元素……我們在複合物中看到其組成部分……我們看到整體的改變（毀滅），當其組成部分保持不變……這些是我們用以建構現實圖像的材料」。經由「分割」的過程，擁有著「數種變數的」梅密畫像製造了一種相似性的動力學（*Dominated* 35）；為了要完成家族相似性，梅密寫道：「必須將黑人奴役的概念分割，就如同我有義務分割猶太主義的概念」（*Dominated* 35）。而這或許是他在對斡旋機制的創造力與平等性最具論見的見解，而這些見解來自同樣是處於壓迫和歧視狀況的社群。

　　這種「分割」不光是一種枯燥、定義性的操作。因為語言質詢性的角色對於「種族」命名／族群宣言或種族歧視污名的曖昧兩可和對立的語言操作是相當重要的。惡意語言與家族語言，雖然他們代表政治光譜上的對比極端，僅管他們宣言式的意圖，經常是基於一種類似神話的倒錯與不定的前文。梅密在提出以下論點「黑人性，不管它的表象如何，並不相對應一個種族社群，而是一個具條件性的社群，這社群也就是在種族神話前文下的壓迫條件……黑人的族群反應相對於白人族群的指責。我們在大多數被殖民者找到同

樣共通的且可能是臨時性的反應，被殖民者發展成了反制殖民者族群鄙視的假族群協同團結」。為了破解這種兩極對立——種族主義與殖民主義的傳承——梅密主導了一種論述性與心理性的「分割」過程。分割一方面是主體清楚區隔，該主體受到族群絕對主義或本質主義的牽制——作為壓迫的後果；另一方面是解放的機制，具文化差異平等的，該機制構成家族相似性或是相似協同團結性，是具渴望的而非烏托邦的，是聯盟的而非遺傳的（詹明信）。在極端的一端，有黑人文化或猶太人文化的身分主義形式，此形式假定不管是怎樣地域與人口位置的差異，黑人或猶太人的社區是一完整的超越性社區成員。這種意識訴求的是烏托邦或會突然變為宗教基本教義或族群國家主義的離散思想和理論。同樣地極端化傾向的部分是猶太主義或黑人主義，因為他們以神聖或有機的觀點來看待猶太或黑人文化，著重於保存與宣揚傳統教育、正統習俗與既有的價值觀。在這些價值觀下是一社區內在觀（*Ethics* 158），在最佳情況下，作為一「完全無法分割」和自我包含的好生活。但梅密的第三種也是他所偏好的「區分的運動」，並不將文化兩極化也不會統合化，則要求雙重的認同——「一個猶太主義或黑人主義的協同因素。身為猶太人或黑人身分認同的權衡，由身分認同的「負—正」脈動的持續瞬間顯像所構成——一種在相似性符號中的差異脈動——允許了曖昧兩可與競爭對立作為爭取平等與身分的基礎，不管這基礎是源於性別歧視或階級排斥。這種身分認同的模式，作為一「情境社區」的「係數」，允許社區之中與之間平等的關係——多數認同或少數認同——這樣使我們可以「超越完全或子虛烏有的虛假問題，超越完全接受或完全否定的虛假問題」（*Dominated* 38）。

梅密所描寫的身分認同正負脈動是一種差異上與論述辨別上的運動，這運動在梅密「家族相似性」概念的核心（作為看起來與行動上相像的一種形式）回應了維根斯坦的「家族相似性」。維根斯

坦寫道：「我們可以看到相似點出現又消失，一種相似點重疊又交錯的複雜網絡；有時是整體的相似，有時是細節的相似」。相似點線索的「不在場」或消失重新出現在不完全轉喻的鏈上，而這還不代表相似性或辨識上的失敗。相似性或同儕感只能存在於享有差異的平等上，在此之中，框架或細節，標準與個案，都是一種「審議」的過程，判斷的「中止」，經由聲稱相似性的詮釋與審問來允許身分認同的發生。這種方法會阻止即刻的，具同理心的身分認同嗎？它會使自發性進退兩難嗎？不會。它只是試圖預防以未經檢驗的真實「自然主義」規範作為基礎。它同時預防了枯燥的自願主義去發展出一嚴肅而虔誠的隨意做出判斷的道德主義。我轉向維根斯坦的「反—本質主義」是為了繼續致力於接合非感官的接縫，非認證主義的相似性，為了續保扭曲與整理思緒的運動，開啟與更新這個網絡的運動，以構思一種相似性或相像，並非建立在正或反之間的「本體論」，也不是依據詹明信式對最終矛盾揭露的啟示。在那些「看起來像」卻又不見得相像的團體中其生活世界的重疊與過度限定創造了具「多樣化的指涉參考」及「一種無法避免具有變數的力本論」的可能性。作為一種共享條件下的社群，類似協同團結的力量既不在於「共通特質解除」也不在於某種存在其思緒中的東西——維根斯坦（也許）會說：「現在，你只是在玩弄文字。」「辨別的運動」的力量，作為一種少數族裔的模式，在於它拒絕「讓虛假的或充滿限制性的統一為了承認黑人（或猶太人）現實的幾個面相而被拋棄」（Jameson, *Culture* 76）。因此，在這所有概念無法避免的原動力之中，甚至在它們定期的死亡與「必要的替換」之中（*Dominated* 39），存在著倫理的命令，要彰顯在發聲與示範的爭鬥之間不公正與不公平的問題，在此，族裔或團體的身分認同從情感式的認同被分裂出來，創造出一種由寫作的瞬間顯像點所提出具困難的自由所屬的測試基礎：「在平等中享有差異的權利」：

「作為一位作家，我必須寫下所有事情，即使是能拿來反對我的事情。」（被殖民者）為何能如此痛恨殖民者，卻又能如此熱情地欣賞他們？我需要在我混亂的情感中放入某種秩序，作為我未來行為的基礎。如果我沒有試著在這眾多的事實中找到一點完整性，將它們重新建立為能為彼此回應的塑像，我就沒辦法使我自己信服，且將對自己的努力感到失望……身為一位作家，我必須說出所有事情，即使是能拿來反對我的事情……我怎麼能允許我自己，在我對個人經驗的關注下，描繪出敵人的畫像？這是我從未做過的自白。我就如同瞭解被殖民者般的瞭解殖民者……因為這種矛盾心理，我深深明白影響這兩種人生命的矛盾情感。

我為何會欣賞那些剝奪我自由的人？你能享有自由而不去想像你的敵手也從困住你倆的力量中獲得自由嗎？受壓迫者的社群能渴求獲得平等，而不會有那問題多端的、對話式的矛盾溝通，「為彼此負責」的責任？這就是梅密身為馬格利必安區（Magrebian）猶太人的自身經驗，活在「痛苦和經常的曖昧」之中（*Colonizer* 14-15）。身為突尼西亞人，他被剝奪了公民權；身為猶太人，他受到比阿拉伯人與回教徒更受寵的待遇；身為知識分子，卻支持被殖民者，他成了流放者，「某種殖民主義的半雜種，瞭解每一種人，因為我完全不屬於任何一種人」（*Colonizer* xvii）。從這樣「家族相似性」的背景，少數化下的有限個案幾乎變成一個「多數」的狀況，梅密為了再現的公平與平等將個案的起草加以戲劇化。但是公正的普遍性又是怎麼樣呢，特別是在審議的條件是如此愛恨難分又如此不穩定？自由的語言能否「從不同基礎聚集，或是在不確定其適當的基礎的狀況下聚集？」（Sunstein, *Case* 13）這種達到平等的方法，在某些方面就像憲法律師所描述在不完全理論化的協議（incompletely theorized aggrements）下所要求的「概念的衍生」方法。這種協議與論點展示了凱斯・桑思坦（Cass Sunstein），憲法理論家，所描述的「多元社會下判斷的獨特道德」（Sunstein, *Legal* 50）。在憲法極簡主義中有許多爭端：太依賴集中、先例與一種謙卑的虔誠道德主義，以及對「多元」的尊重，而失去概念性提升的制高點，則頂多「修復」不公平的現象，甚至會給予緩刑，而不會給予改造。即使如此，對於轉型性，不對稱性，以及審議行為「過程」的重視，呼應梅密的堅持，當「家族相似性」同樣出現在文明社會與公領域的「非正式」日常中，「家族相似性」必須從「差異下不平等」的審議，甚至是矯正及行為的判斷方式中浮出。

　　日常做法的前中心性，對梅密而言，與有組織的事件，以及機制化意識的「長歷史」同樣是重要政治行為的歷史時間點與場域。他不斷的申論，雖然「日常生活的小小壓力」較不會導致概念或敘述的終結，而且這些壓力的影響也比較開放，它們仍然如同「決定性的發現」一樣具啟發性，在倫理感知上與政治行動上，就如同任何「偉大思想（或體制）的變動」一樣（*Colonizer* 25）。在這方面，梅密先行預期了經濟學家阿馬蒂亞・森作品的重要層面，他對倫理學與社會正義的重視使他認為雖然「描述性的同源性很明顯地吸引了許多道德哲學家……」（Sen 132），殘留的多元性，以及隨之而來的模糊曖昧是「部分不一致評估」的「交錯」所造成的後果。「不確定性」的功能在這個對抗不平等的掙扎中是既實用又有原則的；「等待toto」或是「協定下的完整」，如阿馬蒂亞・森所言，「在實際操作下也許不是精巧的策略」（Sen 49）。梅密對於他所描述的由「第一原因」（first cause）──不論是利益動機或是伊底帕斯情結──所造成的分析式論點有更具有原則性的反對，這個第一原因經由掏空日常接觸的政治──倫理連貫性與便利性而達到「最終分析」（the final analysis）的神聖土地。梅密的畫像為了「倫

理」的立論點而奮鬥著，再以此論點來提出對著作式或經驗式的「我」的不贊同，好去談論差異的爭端或是分離。這不能歸咎給一種移位的倒錯的自戀，其中作者要求一種罪惡感的鞭打，一種以黑色皮鞭鞭打罪惡感的快感，作為一種短暫如語言遊戲的道德自虐。切割舌頭的壓力，強迫在不對稱協調的狀況下質疑平等性，「變成能為彼此呼應負責的畫像」，企圖要要求一種差異性的平等時，去想像「模範」的構成；什麼樣的倫理認同能存在於一種共通性，且此共通性主要是由對不公平與不公正的依賴所造成的情況？

　　畫像的詩學（poesis of the portrait）是一種對其他人情形的干涉或召喚，一種類似者的協同團結，在其中，他者的臉以動態且具表演性的姿勢「進入」，就如利維納斯（Emmanuel Lévinas）所申論「朝向他者的方向……不只是我們文化（或政治）表達作品的共同合作者和鄰居，或是我們藝術產物的客戶，而是對話之夥伴……一種為任何文化表達姿態所需要產生的存在」。這種有目的性的畫像比較不是身分或事件的「塑造」或模擬；它是一種企圖要干預「事件的原動力」或是尋找一種「動態的模式」（Memmi, *Colonizer* ix-x）；而從似乎「無情依賴」的兩極化關係或二元條件之中找出倫理斡旋機制的動態運動。這個形象的戰爭就肆虐於梅密對壓迫與自我異化的畫像的中心。「就如同中產階級提出無產階級的形象，殖民者的存在需要殖民者的影像被提煉出來。這些影像成為藉口，沒有這些藉口殖民者與中產階級的存在將讓人覺得很震驚」（*Colonizer* 79）。但以影像作為藉口，「對整個國家而言很普通的影像，模糊的策略考慮」都因著日常接觸的震驚所破碎──「突然，這些人不再是地理或歷史布景的簡單構成要素。他們在他的生命中占了一席之地」。倫理上的衝擊並不是來自他者的「差異」，相反地卻是來自突然，憑藉著突然「相似性」或是某物或某人的近似，「看起來像」，卻又不實質「相像」，在日常生活占據了一個空間。我們再一

次看到相似性的「瞬間顯像」，其中顯現出非感官的相似點；瞬間顯像个會討論平等的智性觀念——種族主義者仍然抱持他的信仰——然而日常操作的突然與無法駕馭的範例改變了行為的立場，或至少倫理約定的條件。梅密的典範「畫像」是遠古修辭傳統的一部分，亞歷山大‧格利（Alexander Gelley）描訴這傳統為「模擬效應」，一種對談的形式——對假想聽眾或接受著發言——他「此聯繫的不是再現的技巧，而是行為的形式，倫理轉變的目標」。倫理的轉變——同盟的或敵對的——創造了突然而權宜的，作為一種對談權利的入口。倫理轉變主張敘述的權利，要求建構能解答彼此案例的權利，並在其他人的道德與政治生命中占了一席之地。一種存在的衝擊開啟了倫理的「對談」。「相似性的瞬間顯像」或相似性在自由與平等語言之動態分類中如何浮現，則在梅密於1968年一篇關於全球倫理與外籍勞工生活關係的文章中曾經詳加闡述。該篇文章以梅密的反思作結，論及什麼是「到達確實是共通的權利與道德；也就是說將整個星球視為一真正的單一社會」（*Dominated* 137）。以外勞為例，一種「普遍性」的對談架構與梅密自由與平等的言說是非常的相關。帶著某種反事實的嘲諷，以及他對區別分辨的厚愛，梅密提出的問題是，將外勞單純視為無產階級的一分子是不是最佳的做法。他的「雙重負擔」——身為外國人與工人，在種族、經濟上都受到歧視——至少能在部分上減輕，將他變為「單純的勞工，享有同樣的權利和責任」（*Dominated* 137）。但是這樣的將一切簡化到「階級」會使倫理的爭議，因消除了他雙重身分——工人與外國人——所具差異的決定而未受到檢驗。讓外籍勞工不再是「外國人」，就失去了經由「外國化」的對談所創造非歧視的世界性社區的過程；就像對鄰居的倫理責任，如利維納斯所說，這鄰居必定是意識中不合時宜的存在。「意識與其鄰居的約會永遠是遲到的」（*Collected* 119）。

　　「你自己曾經當過外國人嗎？」梅密問他想像中的對話者，
「你會否認自己也許會是一個外國人嗎？」然後他會發現，我
們全都是永遠潛在的外國人。這足夠提醒他，屈辱，受苦與反
動，在不同程度，不同形式下，是我們大多數人的命運……。
（Memmi, *Dominated* 138）

　　經由反事實的選擇而達到一個對自由的想像訴求——免於屈
辱，苦難與種族歧視的自由——不能僅僅被視為一個修辭上的問
題。這樣一個反事實的自由修辭「作為一種讓人完成所欲求選擇的
有效權力」（Sen 69），依阿馬蒂亞‧森的建議，是一種自由語言和
觀念的必要價值。「這正是反事實選擇的角色變為相關——的確中
心的——的地方……能依自己判斷、渴望與選擇去生活，對個人的
自由是一大貢獻（不光只是個人的福祉與成就，雖然也是如此）」
（Sen 68）。反事實的語言形式——一個人在有選擇時如何做出選擇
——阿馬蒂亞‧森認為是「合乎一種廣泛自由的概念，而不是僅被
視為召喚某種獨特而遙遠的自由概念」（Sen 68）。對談對平等的要
求——具體展現在以外國人作為對談的對話提示之中——出現在種
族歧視與階級分裂之間的交錯點。這需要一種能回應彼此間的「權
衡」，以及出現一種新的「關係」，一種近似要求「在平等中享有差
異權力」的身分認同。當然，這並不是外勞自己發聲，也不是對談
的代理人。我們不應該對這種言說感到害羞或防衛，因為以巴里巴
的資格，雖然光靠他者不能達到權利與再現，沒有他者無人能解放
自己。因此，非國族主義者的「外國特性」，在移民法方面，與在
權利論述中的反種族階級意識方面，被說成了「第三詞」——也就
是差異相同性的瞬間顯像，身分認同的正負極——經由此處，一種
跨文化，跨主體的分辨運動就動起來了。它切開了國族人民的入籍
看法，與階級平等就可以中和外國人的文化與性別差異的想法。一

種對於享有差異中平等的權利的反事實論述，現在浮現於梅密的想像、日常對談。

　　將近似性與相對性作為道德場景內在結構的發現所帶來的「震驚」是梅密著作裡不斷重複的比喻和主題。這種思考一種「在平等中享有差異權利」的需要在倫理上的揭露，以一種需每日對權力道德生命重新界定的方式出現，也就是日常生存需要的寂靜恐怖。梅密對那些「小殖民」，亦即「既非殖民者又非被殖民者」的少數團體，有一種罕見的興趣，即使是法農（Frantz Fanon）與沙特也不能分享這種興趣，少數團體在某些方面擁有今日西方國家中少數族裔所有的矛盾文化命運。移民、難民、家產被剝奪者與流離失所者，嚴格來說都不是「小殖民」。然而這些人也像小殖民一樣住在一種「中間世界」，在那裡被鼓勵同化：「忘掉過去，改變共有習慣，熱心地接納西方語言、文化與習俗」（*Colonizer* 15）。但是，梅密指出「雖然這些人被希望能發展相似性，他們不被允許能達到相似的地步。因此他們活在一種痛苦與經常性的曖昧之中」（*Colonizer* 15）。殖民國對於「完全相似性」的策略性挫折感呈現出了該殖民國所提出全球性「進步」承諾的道德與政治腐敗性，也就是統治正當化之中深藏的不一致性。現今由國家管控的「相似性」或侵吞機制，作為一種在該殖民國移民遷入與定居之條件，要求少數團體將他們的差異「自然歸化」，進而使他們能同意甚至能為國家中多數民族的制度化操作所消滅。我們今日所見證到的是一種奇特殖民價值和文化相似性操作的「迂迴」／間距，每每以一種錯置而轉譯的形式出現在後殖民具文化多元的世界。今日的少數團體要求「相似性」的分裂與滑動應該要在政治——道德的領域被認可；在這個基礎上，他們要求「由人類學差異所過度決定的公民權」，如巴里巴所言。這包括以下意涵：保存／更新祖先過去的慾望；將習俗或集體習慣置於新國家法律範圍的慾望；要求取得一種部分的西方文化和習俗

且具衝突性關係權利的慾望；僅在部分和公共場合使用西方語言。
這些少數文化的市民所要求的部分身分認同的「權利」，在對話式
或對談式社區的創造上，需要一「痛苦且經常性的曖昧」的衡量標
準。最近幾星期這議題受到了前所未有的重視，也就是對有色人
種，特別是「中東」裔美國人，的種族側寫事件。受到這種惡意誤
認，卻又幾乎受到遺忘的犧牲者，是一位印度錫蘭教教徒，他遭到
一狂囂白人種族優越主義者以美國愛國主義之名而謀殺，只因為他
穿著厚頭巾而被認為他是賓‧拉登（Osama bin Laden）的手下。美
國中西部人，東岸人，以及其他西方人，都必須認識到這個事實，
那就是保存公民權的舉動，需要在身分認證上有一種「痛苦且經常
性的曖昧」。「接受價值多元化的真理之後，緊張便不可避免地伴
隨而來」，法律哲學家約瑟夫‧雷茲（Joseph Raz），在《公共領域
中的倫理》（*Ethics In The Public Domain*, 1994）一書中針對「多元文
化主義」的論文裡適切地論證「這是　種缺乏穩定性的緊張，在兩
種觀點中沒有確定的妥協空間，其中一種觀點認可對立價值的有效
度，另外一種則對之極為反感。兩種觀點中沒有平衡點，沒有能使
兩觀點交集的正確且可行的單一平衡點。兩者永遠地、不時地易地
而處」（180）。這種現代的緊張感與我從梅密引用的結語，在價值
觀上與判斷上相呼應：「如果想要瞭解殖民系統，就必須先瞭解它
是不穩定的，而且它的平衡經常受到威脅」（*Colonizer* 120）。

　　不論梅密是在描寫殖民權力關係的乖張，還是在他評論西蒙‧
波娃一文中描寫性別關係的複雜，梅密認為是一種對差異的近似或
是親近──「這裡許多團體，每一個都忌妒自己的面相，在一起生
活」──而不是極端或是二元對立的距離，造就了能獲得自由的條
件。霸權式、壓迫式的權力經由一種概念上和倫理上的距離賦予自
己權力，也就是「經由置入兩個不可收拾的對立人物」的方式。但
是這種「距離」是辯護性的自我合理化空間，罪惡感的管理，以及

焦慮的顯現；這是一個在權力與權威中極度不確定和碎瑣的空間。經由揭露這種位於權力檯面上主角之間的曖昧發言位置，強者與弱者都必須至少部分地承認「一種互相依存關係」。

　　絕對不可以將相互關係誤解為共謀的關係或是和諧的關係。梅密所論及的「相互關係」是曖昧的「雙重性」或是敵對的雙重性的斡旋機制，要比「不可收拾的對立」兩極所指派的人，更是充滿了矛盾、衝突或是對次等團體的反抗持開放態度。雙重性反抗「距離」，並以貼近衝突的範圍與「一起」生活的行動，來採取其解放的手段。歧視與支配創造了團體或個人「必須以他們所有的權力來否認被殖民者／被壓迫者，在此同時他們的存在卻無法脫離這些人」（*Colonizer* 54）。當然，這是一種非常不公平也充滿不確定的依賴，但對沙特和梅密而言，不承認這樣的「節骨眼」為一種解放或囚禁的空隙點，就是否定壓迫工具中的異象。敵人─受害者，次等團體，受壓迫者──也在戰鬥的意識形態中被完全地「影像化」，「一種不真實，也沒有條理的特徵描述……此特徵（強迫）被殖民者給予他那困難重重且不完全卻又無法否認的提升」（*Colonizer* 89）。從「一起」生活的界限和極限中存活下來，梅密在相對立的「距離」轉變成一種圍繞在不平等謎題邊的身分認證運動的不完全而雙重的點取得了他的「位置」，這也是一種自由的困惑（aporia）：「換句話說，不是他（壓迫者／殖民者）不再認得（受壓迫者／被殖民者），就是他不再認得他自己了。」這就是將自由作為一種不完全相似或是相似性協同團結過程的令人不安條件──「看起來像」而不是「相像」。就是為了這個原因，梅密才說：「如果我沒有花這麼多努力試圖在這多元的事實中找到一致性，將他們重新建立為可以負責回應彼此的畫像，我就沒有辦法說服並滿足我自己的努力……身為一位作家，我必須寫出所有東西，即使是能拿來反對我的東西……。」

　　反對殖民壓迫的訟案，或是對免於歧視的互惠自由請求，對照「在差異中享有平等」的權利，永遠是一種再現的案例。如梅密在其他文章中所言，「要瞭解這裡沒有願望的問題，而是宣誓口供者的問題」（*Colonizer* 146）。我現在要探討的跨文化跨主體性的不完整建構檢視了「個人」與「團體」之間的分離，這是一種對權利與自由討論的一般說法。建立跨主體領域的重要性，如前所述，已經由巴里巴精湛的解釋過「人類幹旋機制的價值來自於這個事實，就是沒有人能夠被他者解放，但是也沒有人能不靠他者就能解放自己」。

　　將「相似性」的權利作為對平等中含有差異的要求，包含兩種雙重身分認證。首先，這裡有對於帶有文化價值的不完全的（或具間際的）身分認證要求──我們的與對方的──這要求不允許我所描述的「分辨運動」達到平衡。因此，在多元文化社會我們必須以我在多處所提及的對談精神慢慢前進──也就是憲法裡未完全建構好的契約；梅密對少數族裔身分認同所做的分割；雷茲的價值多元化的緊張。第二方面，在不同團體之中與之間有著「部分」的相似性──「看起來像」──它必須容許地位、階級與權力層級化所產生的曖昧、矛盾與反抗，為了創造互相與互惠的幹旋機制而必須發言與調整。這兩種具相似性的畫像──雙重認證與部分結盟──相對於二元與極端對立的代表人物，提出了一種「家族相似性」。類似性或是同儕感則因為「該主體視他自己如同他者所見──使他能夠在既充滿類似也充滿弔詭的對談和互為主體雙重情勢上支持自己……」而化為可能。因為類似性或同儕感「迂迴進入本身豎立在對他者的想像關係的脆弱架構裡，且依附在那極端的不確定性上」。不用說，雙重性不是關於在想像領域中的「配對」。我這裡建構的雙重性，其中主體視他自己「如同他者所見」，是一種團體效應的過程。是「不確定性」令人不安的那一刻挫敗了「二元」的肯定確

認，而超越了自給自足「配對」的不斷重複之外，而朝向對談的「第三空間」。這就是相似性在論述的符號中「瞬間顯像」的空間，而猶太人或黑人身分的切割，舉例而言，允許家族相似性經由結合自己以外的政治或利益去開啟新的同盟關係。這也許會增加內部的曖昧，或是對於「基本」平等去要求的多元性，但同時也可能增加對浮現的標準與不確定價值的協商承諾，沒有這些「同盟」或是相似結盟，就沒辦法形成「新的關係」，同時自由的多樣化也就無法達成。

這種對談斡旋機制的形式已由佛洛依德在《群體心理學與自我分析》（*Group Psychology and the Analysis of the Ego*）中論〈身分認同〉（"Identification"）的一章提過。佛洛依德將群體「認同」描述為一種「感染或是模仿」──一種相似性或是「看起來像」──其中「本我在某一點上必須和他人感知一重要的類比」。這樣的類似關係，不需要一種「先前存在的同情心」，但是需要一種處於「該點」的身分認證／同盟關係。共同特質越是重要，這種的部分身分認證則越成功，這也可能代表一個新的關係的開始。所以該點並非原創也非單一的，它是開創一明白表達和具同盟性「新關係」的部分身分認證的軸心。在此點，本我感知了與他人的類比，而該本我永遠不單純地是那得為自己尋找解放或權利的，（回想起巴里巴）也不單是專為了不可獲缺的「他者」。這就是，以維根斯坦的話而言，在相似性作為一種複雜的網絡時，「突然出現又消失」的點，但不論如何家族相似性仍然能以「如同我在指某一特定的點」的方式展現。

凱撒琳・西卿琪（Kathryn Sikkinky）在她對於人權網絡制度化文化的重要研究裡指出「原則議題網絡」，該網絡包含數種斡旋機制──個人、非政府組織（NGO）、國際組織、國家機關。將人群帶往聚集於「原則議題網絡」的是「對特殊目標的焦點；該目標組

織透過特定的原則議題組成，不論是支持人權，反對墮胎，反對環
境破壞等等」。「新關係」形成於在群體之間與之中，其所在之
點，也是次等族群爭取人類權益權利運動的地點，「經由協調描述
性與規範性的命令……要求裁定」。一個類似協同團結絕對不能被
「化約成一個共同主體的模型」，如巴里巴所警告，因為它「不是原
來身分的回復，或是在權利平等中差異的自然歸化，而是作為在無
先例與模型下平等的生產，它本身就是差異，單一性的互補性和回
饋性」（*Masses* 56）。手頭上的案例，平等中的差異，自由的多樣化
——就好像一束線一樣。而這條線的力量在於其纖維的重疊……當
我們以維根斯坦的方式將纖維纏繞編織在纖維上。

　　從這複雜的網絡的基礎上，一起出現了「新關係」的必要性與
不確定性，易碎性與力量：黑人特性與猶太人特性之間的「協同合
作」；由回教徒與猶太人分享的「條件社群」；或是為了「外國」
移民勞工或女性生產或難民權利，定義反事實自由的「分辨運
動」。簡單地以數字、疆界、停滯的統計來描繪「少數」絕對不是
恰當的。少數族群的命名，是一種描繪「新關係」的抽絲剝繭與追
蹤，要求能在「特定的點」上敘述與結盟的權利：那個點是部分的
也是雙重的，而可能是微小的或邊緣的。然而，如同杜博依斯昨日
所言「沒有任何一個人類團體是微小到可以讓人以視它為一個零件
為由而忽略它」（*Darkwater* 89），又如同安東尼奧‧葛蘭西
（Antonio Gramsci）明日會說：「零件的哲學永遠先於整體的哲
學，不光是作為它理論上的預示，而是作為真實生活的必然性」
（Forgasc, *Gramsci Reader* 337）。

後殖民批評與知識分子
——訪談巴巴

廖炳惠著
林志瑋譯

　　廖炳惠（以下簡稱廖）：我主要關心的問題是關於流離知識分子所扮演的後殖民評論家的角色。很多人說你到第一世界的學院任教，暗示著那是後殖民論述的開端。對於做出這樣批評的人，最主要是阿里夫‧德里克（Arif Dirlik）、派瑞（Benita Parry）、阿瑪德（Aijaz Ahmad）等人，你是否願意簡單做個回應。

　　荷米‧巴巴（以下簡稱巴）：炳惠，首先讓我解釋一下，有很多不同的評論是針對像我這樣的印度裔學者，絕大多數的專業生涯是花在西方學術機構。我首先是在英國，後來到美國之後，仍一直和英國互有聯繫。如你所知，我在倫敦大學仍有個客座教席。在這麼眾多不同的評論當中，我們應該做些區別；廣泛的批評主要是針對西方工作學者，相形之下顯得享有巨大的特權。並非任何地方條件都很差，主要是像在我祖國印度，必須忍受資源貧乏窘境的學院中人。

　　廖：或者，較廣義的來說，是整個第三世界？

　　巴：現在人們往往把它叫作後殖民世界。我十分關切，我對那

樣的狀況感到關心和同情。我不相信資源需要如此隨意專斷地被分配。我認為論述權力中心（西方大學）在塑造我們的知識和知識財富、行動和決策上，擁有如此支配性不是件好事。我不認為世上事情如此被區分有何意義，因為你現在看到對美國大學與歐洲大學評價上的區別和劃分：歐洲大學通常工作條件差，沒有很好的財經來源；所以我很同情也很瞭解那種批評的由來。然而，我們應該瞭解處理這種評論的方式是兩面的：其一，傾向更全球和國際化脈絡對資源的重新分配的普遍要求；其二，強調國家政府本身及其政策上對大學的援助。因此我認為應有這兩種回應，拿美國學院經濟作為全球資本主義下的代罪羔羊是無意義的。

廖：然而這卻是大多數人的看法。

巴：沒人否認這樣的事實。從很多形式看來，掌握知識的人有某種權力是千真萬確，但我想還有更複雜的面向。我認為，該有人去對種種政權施加壓力；尤其是利用國際間的壓力和國家本身內部的壓力來推動第三世界政府，來使教育有更多資源。這些政府可能有其他的優先考量，並以「我們的經濟已崩盤，非常的嚴重。我們要搞福利嗎？還是要考慮沒飯吃？或是知識重要？」那是個真實的問題。但在這些經濟體下，不管外在環境和條件真的受到限制，不管極限造成困難，文化與教育的領域裡資源顯然是極未受到應有的注意。有一種批評矛頭指向那些利用本身在西方世界優勢的學術地位，對第三世界的問題大放厥詞的人，為自己爭取知名度的人，不論是個人資源代表性，或是藉由將自己化身為第三世界主要代言人的專業信用。他們參與西方世界學術機構也從龐大的專業利益中得到好處。在他們自己的國家裡，他們不一定會提供任何資源給自己國家的研究人員或那些提供大量民族志資料的研究機構。

廖：用人類學的行話來說，或多或少是當地的資源提供者。

巴：我知道這樣的用語，但我並不想用這樣的詞彙；我再重

申：我們可以拒絕成為資訊提供者。而且我認為就兩方面來講，這樣的措辭是很有問題的。首先，是有人採取這種論述立場；但是其二，也有人獻身給黑人或白人、第一世界和第三世界，而且長久以來花費許多時間與生命的資源，貢獻他們手邊所有的資源，研究那些國家。所以我認為我們應該做些區別；現在就這兩個情形而言，我認為我們應該對個人因素和體制因素加以區分。以我為例……

廖：但這兩種也是有關聯的吧？

巴：他們是有關聯，他們同屬於體制且各自獨立；但是如何去思考他們的關係才比較是重點。為什麼一個印度學者成為西方世界有份量的聲音和他的作品和出生地，如印度、非洲或加勒比海，有很大的關係。當然並不只有如此，我想說個體和體制的相互作用很複雜。給你舉兩個例子，第一個關於批評離散或後殖民的知識分子的例子和這一個例子是不同的。第三個批評是根據這些知識分子代表著兩個世界或多重世界，以至於兩邊落空只代表自己的事實上，而有超大都會發言位置，在那個層面上，可以再拿東西出來批評。另一層次，為什麼及該如何批評知識分子或學院中人？為何去批評藉由做科技整合，如學科的關聯，地理上的關聯，跨越不同知識體制或研究領域，在意識形態上希望提出一些關聯並提出整合的人？所以就每一種情況來說，每當有評論出現時，是各有其不同的緣由；但也各有其細微的問題需要深究。在真的去問個問題和真的質疑之間，真的想要創造，發現資料，將自己和一連串的問題加以彼此認同；或者只代表自己，展示自己，和從針對較無特權的位置所認定的特權地位；這些是很複雜的相互問題，我說的是有時候機制或多或少和個人彼此交織成為相同問題。因此，開始有人身攻擊的討論；我覺得是很遺憾的，因為那不允許，甚至禁止人們繼續探討下去；只剩下被宣告有罪的人。

廖：或是感到妒嫉的人。

　　巴：對，或是妒嫉的人，而且我覺得這樣的辯證無法深入問題核心……

　　廖：就都會文化這點來說，我想請教你是否願意就薩依德（Edward W. Said）對離散的知識分子的見解做些評論。他不但在《知識分子論》（*Representations of the Intellectual*, 1994），《流亡之反思及其他論文》（*Reflections on Exile*, 2002）中指出知識分子都是「無以為家」，也在他的回憶錄，《鄉關何處》（*Out of Place*, 1999）裡面也批評阿拉法特（Arafat）提出的政治認同或國家認同的主張。他想維持自由自在，並且能批判自己的國家，儘管他也以論述奮鬥，參與巴勒斯坦的獨立運動。

　　巴：我沒有仔細讀過相關資料，我還是不要討論細節。但我認為以他的情況來說，他是有自由的權利從事批評的。任何人當然有權利享有自由批評的權利，而且我認為他對這個目標奉獻犧牲。現在他不願靠近掌權的人並保持距離，我認為他有相當的權利發表自己的意見，況且他不是唯一如此從事批評的人。就他跟我說的，反對他的人藉由禁他的書和其他方式來回應是很令人感到遺憾的。但我想不管他對都會文化或殖民文化對位觀點為何，這些觀念都不該淹沒他曾為巴勒斯坦的權益力爭，但卻遭到詆毀，此一事實及他在美國已變得非常不受歡迎的事實，他有影響力是另外一回事。

　　廖：那是為什麼他總是提到自己是有點無以為家，也在他的新書《流亡之反思及其他論文》裡兩三次引用阿多諾（Theodore W. Adorno）的話，「即使安身，也要不以家為家的漂流感，此一必然之道德感」。換一種方式解釋，評論家勢必要在兩個世界的中間地帶遊走流動，卻不屬於任何一邊。

　　巴：嗯，他們是在這兩個雙重的世界裡遊走。我認為他們出入兩邊並非兩邊落空，反而是同時屬於這兩個世界。有人認為如果你屬於或住過某地，一旦你有待過另一個地方，你就有多過一個的國

家法律和歸屬單位去效忠。這是千真萬確；然而，你也可能只是擁有複雜的關係脈絡。所以我自己不會認定這為無以為家，而是「處於許多不同資源中的位置」。

廖：這就是我覺得你為什麼提出具雙重並模糊的策略，討論人們在雙重世界的中間地帶遊走的方式。

巴：是的，我的意思是說你不一定要真的住在一個地方（或是國家），因為你知道的，你的一生，你可能不會認同一個國家；你也許住在一個正和另一個國家交戰的處所，因為戰爭和宗教在現在都是和民族國家同等重要的議題，你也許會在國家的範疇下思考，但大多數的時候你以一個小於國家的範疇來思考。你想到你的社群或家庭、知識環境或是專業歸屬。所以有人不再用愛國主義的字眼，來描寫那些有多重社會脈絡的人。但事實上這些情況下這些人並不是叛徒，他們只想要有多重認同。就某方面來說，現在要沒有多重認同及社會脈絡、不住在多重的管轄區是愈來愈困難；而我認為這是這兩百五十年以來整個世界所採取的方向。

廖：的確是如此。順著這個方向，不曉得你是否願意就你對克里佛（James Clifford）評論，再多做演繹？我想你討論到了文化「戀物」的用途；即使離家或從另一個地方返回家園，總是有個無以移動的政治性經濟。人們總是沒有辦法那麼自在地搬家或漂泊。

巴：因此，我不認為我們應把世界只想成「移動」、離散，認定它們是這個時代的主要概念，或是跨國都會文化在生活或生命中是必然的核心形象。我從不喜歡以這種方式思考，因為我比較強調如何看這些多重的互動，著眼在多重的相互作用。

廖：就你剛才談論全球流離分子的觀念，我們先回到文化戀物和「不動」的問題。

巴：我想現在文化上的流離失所和文化流動等等的當代論述，這個流行的戀物現象是非常無害的；再多做些說明，首先，這些課

題強調的重點是以在西方文化機制裡的大課題來談論，不管是在哪邊的大學裡或是其他地方的運動。我不知道在中國大陸，或在台灣、孟買是不是總把離散文學的課程放在一起；如你所知，也許有幾個地方的英文系會這麼做，因為目前他們已經有很多這類的書出版。首先，大學裡才有這種問題，才會思考這個問題；你拿起報章雜誌，沒有人在討論關於流離分子的文化族群；事實上，他們甚至避免這樣的主題，因此我認為只有在大學才會做離散文學的。

廖：在台灣，有為數不少的學者從事研究亞美或華美文學，已漸成主流。

巴：我認為對這個新興離散文學的運動如此關切是因為有很多的變數。對特定情況要求精準是件好事，尤其是美國學院裡的狀況。在過去十至十五年間，美國處於人口流動的運動裡，大學體制越來越多元；大學都喜歡並找尋多元觸角，諸如墨西哥和拉美、亞印、非美的學系。一旦開始創造根據數據設計課程，諸如有關運動、文化流離失所、殖民主義、奴役制度，或後奴役制度、種族、性別、性本質的主題都將變成重要的議題；所以學院對於這些活動只是順水推舟。這些議題在我們的生活中很重要，因為它們遠超過世界歷史，目前受到很多的討論，因為它們已經成為主要教育和教學上的……

廖：在日常生活中也非常顯而易見。

巴：而你認為三十幾年前在非美學院成立之前，黑人女同性戀在你的生活中也可見度高嗎？沒有，她們在生活中的能見度是很低的。但是當開始有知識分子，開始有人在做正面積極的教育，並呼籲大學學生該有更多的黑人時，才開始有內外壓力推動成立非美學院；而我們必須知道這點，不是說整個世界必然地更具有流離性。也許是在二次大戰後才開始如此，我不知道正確的日期；國家議題是這些議題之一，更詳細地說，它從大學的層次考慮到了國家相關

學術的問題。就國際間的議題來看更有流動性，從二次大戰後人們就對任何跟「移動」有關的問題越來越有興趣，因為隨著資本主義的發展來看，人其實製造更大的影響；譬如奴役制度是如何產生的。因為在後戰時期我們有環球資本的流動，有了很多經濟難民、有經濟因素的移民所帶來的離鄉失土的人口；雖不像二次大戰是進入到一個全球性的戰爭，但通常是帶著不確定性的。政治不穩定和暴政或疆界被打破息息相關；新疆界開發不僅是為了新自由主義經濟因素，也是為了多數曾經政治動亂不安、充滿問題的新興國家而考量。我認為天然災害也扮演重要的角色：饑荒和貪得無厭的政府。也因為是政治經濟全球化市場的發展與新自由帶動的發展關係，現在很有可能去想像新詞彙討論，而我們討論它的方式正在發生；在同時也有另一種人權論述的重要議題，在全球發展問題上提出平衡點的考量日益顯著。因此，從這個角度可以清楚地看到，你若要思考國際民主社會的發展，也會將人權的發展列入考量。不過人權大多數是有關弱勢族裔；所以我比較喜歡講的不是離散運動到離鄉失所，而是少數族群化（minoritization）的時刻。不想跟國家認同的少數族群，有可能為新生的弱勢族裔；弱勢族裔不認同國家，在某種形式上去除國家的約束成為政府，在世界上成為一新國家。

廖：在一直惡化的處境，主流文化光說不練，把弱勢族裔更加以弱勢化。他們採取戀物的詞彙對弱勢團體稱許，但同時也加強種族刻板印象。

巴：是的，任何形式的差異和抗拒都可以被挪用、再現，和刻板印象化。也就是說，那意指著沒有政治或社會的承認或認同的形式；無法被挪用、剝除及規範化。當然我們是這麼做，而且該注意哪邊沒做到。

廖：一個通範性的問題，涉及到我們要如何思考這種刻板印象

和探究視覺的再現體系。如在〈誤將符號當神蹟〉（"Sign taken for Wonders", 1994）和〈遠古之音〉（"Articulating the Archaic", 1994）等等的評論中所提到的恐懼、焦慮和模稜，對刻板印象、戀物或凝視的使用或挪用有進一步思索。稍早，你在〈誤將符號當神蹟〉裡以拉岡（Jacques Lacan）式的思維，來思考戀物模稜作為發展抗拒性策略的方式。

巴：你提的問題應該是在問：如何抗拒被刻板印象化或被挪用？這個問題沒有通泛的解答。針對社會刻板印象或政府的挪用，一方面來說是在抗拒成為國家需求的那種弱勢；那便是創造一個新的分歧的國家。弱勢族裔所施的壓力總是要成為個小國，將自己再現的像個小國，在他們自己的小國度裡是完全可能將自己納入所謂的公平政治涵納自己的政策。此時你該如何抗拒？我只能以具體例子回答而不是給一個通泛的答案。

廖：這是你回到十八世紀殖民史料的原因嗎？

巴：是的，這是對抗拒之處理和思考的方法。

廖：談談你最近對杜博依斯（W. E. B. Du Bois）的興趣，特別是他有關於「雙重意識」的概念；你願不願意演繹你如何將模稜和分裂的意識拉上關聯？

巴：我對杜博依斯在這方面對雙重或分裂意識的想法和興趣，源自於我自己的理論和杜博依斯著重在種族方面的抗爭和模稜的議題上，之前我對時間性在主體建構的角色感興趣。就你所知，我對模稜是認同形構的形式非常有興趣，我認為那是我們如何建構主體。現在我感興趣的是在某種方式裡，媒介關聯的模稜可以是一種團體的形式：道德團體、社會團體、想像的團體；因此對我而言，在杜博依斯的雙重意識裡，重要的一點不僅僅是他所說的雙重意識是關於那個根據要當美國人和當黑人的雙重分類；重要的是在特殊掙扎的雙重運動裡，一個更內化的運動和一個同時可以更強化外在

的效應。而這正是杜博依斯所冀望的和他所說的「堅忍」。怎麼在我的社會歸屬、我所從事的工作、我所屬的世界和社群、我跟民主文化公平聯結在一起的族群之間形成關係並找出平衡點；之外，還有我一直渴望的文化自由。換句話說，就是我該如何處理社會歸屬和自主性的問題？這個渴望我認為是相當重要的奮鬥掙扎；這個追求就是你現在看到大家所稱的流離或全球公民權。在國家現象和國際現象裡面同等重要；人們就他們今日越來越住在國家裡這方面來說，仍舊是可稱為市民；他們納稅，或多或少遵循法律，運用教育系統的資源並從中獲益，並需要從國家普及媒體文化來獲得自己的影響力。每個人都各居其所；而同時以一個文化公民來說，他的文化公民身分和政治公民身分未必為兩回事；那僅代表一般正常的事，假使你是個印度籍的教授，住在印度，但心中想著世界文學，這就是我腦子裡想的分裂意識。我想的是很不一樣的東西，也和弱裔族群相關；我想的是你住在一個國家，一個文化裡，但你的族群感卻建立在其他地方，譬如說自己是個同性戀者，自己的性別取向，也可以以你的特殊興趣作為根據，如：生態；那讓你的價值更勝於你所能觸及的通範國家文化。我把這個分裂意識看作是杜博依斯被翻譯的雙重意識概念的面向。我說的是杜博依斯的雙重意識見解並不只是與非裔美籍和美國人身分的問題那麼單純的因素有關，有關的是當個非裔美籍本身就是個問題；當個美國人本身也是個問題，你想在社會脈絡裡有所歸屬的渴望，和歸屬過程中的疏離感，兩個渴望總不斷地掙扎；這有點是受文化影響後，在社會體制裡明顯可見的結果。

　　廖：所以你是在談不同的迻釋、翻譯和疏離感，就某程度是有點屬於辯證式的思維；你談及如何運用外在有效的媒介機制來採取行動。那解釋了你注意抗爭運動和抗爭運動的概念。之前你談論過像中介和認同心理機制等想法；在那個時期，拉岡、法農（Frantz

Fanon）、佛洛依德（Sigmund Freud），尤其是德希達（Jacques Derrida）都扮演著重要的角色；而之後你討論時間性和主體性時，你便轉向海德格（Martin Heidegger）。

巴：時間性對我是非常、非常重要的議題；即使現在思考世界如何在全球化和地方文化失所，它仍舊很重要。我們目前的論述、分析工具和策略裡，有很多可以衡量全球化，但總是文化圖像或地理性的想像；舉個例子，詹明信（Fredric Jameson）對此寫過一個很精采的觀念，他談論過在某種晚期資本主義的思考模式，即使當一些事物變得和全球性權力帶來的壓力一樣互通，你仍可以體會、理解有整體感和整體的文化邏輯；這個論點是他重要的原因。我覺得我們忽略掉有關時間性的議題；時間性的論證告訴我們，在我們會稱作全球化的每一個時刻裡，有一刻是屬於去—國家化或後—國家化，即使當我們用去—國家、後—國家和全球化這樣的詞彙，我們該注意的還是在特殊的時刻；也就是說，我們正在談論的不是某種形式的轉變，反而是在轉移的時間中事物如何移動；我認為這是個很重要的觀念。

廖：套你自己用的詞，轉移（transition）或轉折（liminality）？

巴：沒錯，抑或我們如何發展有關政治，有關市民社會，或有關學科訓練的論調，抑或我們如何思考轉變過程的權力；轉折和轉移，兩個都很重要；所以我認為時間性在我們思考過程中常常受到忽視，但卻是非常重要。

廖：是的，然而很多人批評你沒有讓事情清楚可見或是在政治上較有效；舉蓋茲（Skip Gates）來說，他在他的〈批判的法農學說〉（"Critical Fanonism", 1991）對你在此點就稍有微詞。是否就政治層面上做些回應？

巴：我承認我一直對認同策略感到興趣，不論是心理策略或政治策略，各種形式的媒介機制，這些都不是立竿見影或是立即就顯

而易見的運動形式。所以我不認同透過那些容易箝制人的思想的經典文本或脈絡來建構思考。基於某些原因，我想在日常生活中比較不容易被查覺卻依然重要的事物裡，找到媒介和改變的意義；這是我比較感興趣的，因此我對細微的差異和緊靠的張力有興趣；因為那是那些重要、緩慢卻充滿問題性的改變起源的地方，和我關切的重點。那些問題比較難見因為沒有那麼多人寫書來討論；因此也比較不容易看出它們如何改變這世界。

廖：這也是你對立體空間藝術系統和新興的藝術形式感到興趣的原因嗎？

巴：如你所知，像利維納斯（Emmanuel Lévinas），我總認為藝術帶來的改變比較模糊不清；是這種模糊的互動關係影響到我們所看到的歷史和現實，但事實上卻是力量所在。沒有錯，我對晦澀哲學觀有興趣。真的很好笑，幾天前我走路去拿一杯咖啡，然後走回我學校裡的辦公室，有個學生跑過來問我：「我可以問你一個問題嗎？」我回道：「可以啊！我是荷米・巴巴。」她說：「我因課業需要開始讀你的作品，去年秋天開的專題課程；很多人在教和研究你，我現在可以說是重新再讀你；我剛離開圖書館要去買咖啡，然後就要開始讀你的論著。」她非常地謹慎，並謝謝我寫的作品所帶來的啟發，和我想出的想法。然後她又說：「可是你知道嗎？我一定要問你一件事，你腦袋怎麼會那麼靈活運作？你天生如此嗎？」諸如此類的問題。所以我想我對事物的興趣表面上不純粹是顯而易見或隱澀的，而當有人說，對我來說，事情不是這樣，或是這樣有什麼差別，我並不感到焦慮。有人在問這個人的興趣是什麼是很重要的問題；我沒有更進一步地世故思索也不會困擾我，因為那是一個充滿問題的陷阱。

廖：你對走捷徑，就是事情的立竿見影並沒有很大的興趣；你常提到利維納斯，而哪些思想家是你常提到的或是覺得對你的研究

有所助益的？

巴：這是個困難的問題；我必須要寫個回憶錄或是把我放在書架上十幾年的書拿出來翻一翻才能回答這個問題。不過就你所知，我最近發現康德（Immanuel Kant）很有趣；我也一直覺得德希達、海德格、拉岡、傅柯（Michel Foucault）、佛洛依德，和法農都很有意思，但是我並不想這樣地一一舉例，而是給你一個通盤的原則。我覺得不同的哲學家都大異其趣，而我從作家裡也學到很多的思辨和哲理的思考，像童妮‧摩里森（Toni Morrison）、康拉德（Joseph Conrad），和幾本薩爾曼‧魯西迪（Salman Rushdie）寫的書；另外像奈波爾（V. S. Naipaul）、威爾森‧哈里斯（Wilson Harris）、德瑞克‧沃克特（Derek Walcott），和詹姆士‧喬伊斯（James Joyce）。我發現作家藉由把問題呈現出來讓你做理論上和思辨上的思考，在其文字世界裡，問題不是存在於該如何處理，而是幾乎存在字裡行間。你看見，你也必須看見問題，因為缺了問題你就無法瞭解事件所在；他們不給你鑰匙，但是他們開門；所以他們不給你鑰匙，卻給你鑰匙孔；你自己要打造鑰匙。

廖：所以讀者需要自己探索並深入事情的奧祕，他們必須找方法開啟一些可能性；但你不真正談音樂，我知道你談合成藝術、繪畫和視覺影像。

巴：沒有，我不談音樂，因為我那方面的專業素養不夠；我沒研究音樂也不玩音樂。我聽很多音樂，但我想你要真的瞭解你所做的東西的語言；語言不是指論述，而是要瞭解整個運作的指涉架構；我不認為我對音樂懂那麼多。你寫音樂評論，也研究音樂，而我沒辦法讀樂譜。

廖：對啊，讀譜很難的。

巴：你怎麼學會讀譜的？

廖：我參閱一些音樂學者的著作；我試著把他們的觀點放進我

的作品裡。

巴：我的兩個兒子都會拉小提琴和大提琴，他們對音樂都有很大的喜好。我家那個讀哈佛的老大自己有個每週一個小時的電台節目，可以談一大堆不同種類的主題。我只知道他一聽到音樂時，可以馬上知道哪一段該怎麼演奏和音調的高低起伏在哪；當然，我也能不信任那些不把符號當成指涉，對其所評論的文化形式沒有一個真正感覺和實際表演經驗的人所做出的評論。你知道我在說什麼吧；我可以讀一大堆有關威爾第（Verdi）的音樂，我也聽他的音樂，我相信我也可以寫些東西的。但那不是我處理文本的方式：我想要真正瞭解語言的深層架構。

廖：你所提出的閱讀理論，特別是仔細地閱讀事物的要求很像德曼（Paul de Man）的閱讀理論。

巴：是的，最近也有別人跟我說，我們處理事情的方式有些相似的地方。

廖：也許跟奧爾巴赫（Eric Auerbach）也很像。

巴：是的，還有德希達。

廖：你有感覺到這種閱讀策略逐年來日趨式微嗎？

巴：我不知道，我昨天才在教傅柯和德希達；我才在說不管你同不同意德希達的議題，他仍有很大的力道，而且他是個很細心的讀者；說他是個飄浮空中的書呆真是個錯誤。

廖：大錯特錯。

巴：他讀東西讀得很仔細，你也許不同意他某些論點或處理文本的方式，但是你必須承認他讀得很仔細。如果你讀傅柯，你會發現一個很細膩的作家；一個理論或理論的文本是不該有寫作程式的，全部是人文寫作。你如果讀不出寫作的暗喻、寫作的符號和其比喻，你就會搞不懂他談的理論。這也是為什麼我從不教一些替德希達做縫補、解釋工作的課，我從不這樣教課。

廖：你從沒教過批評理論導讀嗎？

巴：如果我需要教這門課，那樣我教不來；學生要學著看出整個文本是如何建構、形成和整本書的暗喻為何，因為我不喜歡學生只會引用或重述書中說過的東西，他們不能只翻譯，不能轉變書，他們不能運用文本共事。

廖：要現在的學生這樣想有點困難，他們現在比較喜歡電視、漫畫和視覺文化……

巴：嗯，還有很多事要做；我真希望你昨天有來上我的課，真的、真的很有趣。有兩次我在讀東西，其中一次在讀傅柯的《詞與物》（*The Order of Things, 1971*）的結尾，另外一刻在讀德希達評海德格和傅柯，我在教學生閱讀本身即是翻譯，然而卻又不是全盤的翻譯，而是部分的翻譯；從引用到重述。

廖：的確很有趣，在這種尋找對等和把不同的版塊拼湊在一起是很班雅明式（Benjaminian）的。現在你搬到哈佛，接下來的主要計畫是什麼？

巴：在那有許多很棒的人，我很期待和他們共事。

廖：巴巴，很謝謝你的時間。

本次訪談是在國科會補助之「旅行理論」下執行，英文稿仍校訂中，將另外出版。

回應荷米・巴巴

「部分認同」與弱勢結盟

邱貴芬

　　本篇回應分為兩部分：第一部分先挑出荷米・巴巴（Homi K. Bhabha）最近論述的一些關鍵概念，作為討論的基礎；第二部分則進入回應的部分，細部談這些關鍵概念所牽涉的議題和問題。

一、「部分認同」（partial identificaiton）與弱勢結盟

　　巴巴的近作大致圍繞著幾個問題，基本上呼應了西方人類學最近的一個轉向：以往人類學的田野調查以「第三世界」尚未「開發」的「原始」社會作為田野調查的重點，現在西方人類學者認為，開始轉向西方社會裡的「第三世界」，著眼於第一世界多元文化交流當中所產生的一些畸零地帶和其弱勢居民的權益問題。「移動」（mobility）是「全球化」的一大特色：人口、資金和資訊的大量快速移動讓現代社會充滿動能，而隨著這些動能所衍生的問題是當前文化研究的一大課題。我想，由於巴巴本身的移民身分，他最感興趣的一大議題就是第一世界都會裡來自不同文化背景的社群如何在一種他所謂「親密的差異」（intimacy of difference）的狀態下相處。這種狀態構成了全球化空間裡都會人日常生活的空間。這樣的空間

裡相當重要的角色是弱勢族裔——移民、難民、離散族群。這些群體對「現代性」的經驗與全球化時代資金和人口的大量移動有密切關係。巴巴注意力的焦點就是在這些都會弱勢社群：他們的權力，以及這些不同社群之間彼此間建立弱勢認同的可能。巴巴最近的論述有一些關鍵概念：

一、跨國想像：巴巴認為全球空間的重整需要處理跨國人口和文化的移動，「在地」的概念已無法局限於「國家」的範疇，都會城市已是全球化時代最關鍵的場域。

二、全球化時代的人物：在這樣流動不停的全球化潮流當中，移民、難民和離散族群可謂全球時代的代表人物。因此，巴巴認為當代的社會和政治討論已無法再以「階級」為唯一的能動主體。一種基於其他形式壓迫（如：性別、種族、族群等）的所謂「社會差異的政治」（politics of social difference）已然浮現。

三、弱勢認同（minoritarian identification）：這些全球都會空間裡的弱勢社群應該有巴巴所謂「平等中的差異」（difference-in-equality）的權利。我們必須注意多元文化主義的一種迷思：也就是弱勢社群總想朝主流社群靠攏的這種誤解。意識到弱勢社群具有「平等中的差異」的權利不僅僅代表我們須承認我們日常生活中「異質」（otherness）的存在，也意味著我們意識到政治公民權和巴巴所謂的「文化公民權」（cultural citizenship）之間的落差。換言之，即使個人取得了政治上的公民權，他可能仍未有「文化公民權」。巴巴認為政治公民權依然大多以「族國」和「國家」作為協商對象，然而「文化公民權」卻經常是「以社區為中心的、跨國的、離散的、含混的（hybrid）……」，我們需要面對的難題是如何處理一群同時居住在同一地理地點但同時處在不同文化和傳統時間與空間的公民，他們政治公民權和文化公民權之間的落差（"Unsatisfied"）。

巴巴這次在文化研究國際營的演講〈探討梅密及後殖民之協力

問題〉("The Question of Solidarity Today: Rethinking Albert Memmi")
大致上就是想要探索都會公民彼此之間建立一種所謂「弱勢認同」
（minoritarian identification）的可能性。巴巴援用愛爾拔・梅密
（Albert Memmi）「家族相似性」（family likeness）的概念，認為遭受
不同形式壓迫的社群，如黑人、受殖民者、猶太人、無產階級、女
人和家僕等等應該可以結盟而創造能動力，爭取平等（"Question"
4）。但是，不同文化背景的弱勢族裔要如何產生結盟關係呢？巴巴
認為先決條件是這些被壓迫者本身要先經歷一種所謂「主體分裂」
的過程，這種主體分裂分出兩種不同的主體性：一種是奠基於絕對
性的本質主義式的主體，來自於壓迫產生的效應；另外一種主體性
則是能夠創造「平等中的差異」的解放性能動力，這種能動力構成
了弱勢結盟的基礎（"Question" 10-11）。

在這主體分裂的共乘當中產生了巴巴所謂「部分認同」（partial
identification）的可能。弱勢族群即使有所差異，也可以選擇「看
起來像／行為上像」（looking/acting alike）。巴巴此處的討論重點鎖
定「看起來像／行為上像」與「相像」的區分。「相像」式的認同
是建基於擁抱個體相信具有本質共同點的群體，而「看起來像／行
為上像」則較不是認同式（identitarian）的而是宣告式（enunciatory）
和表演式（performative）的行為（"Question" 5）。後者不是要泯滅
差異，訴諸完全認同，而是爭取平等中的差異的一種手段。

二、「相像」和「看起來像／行為上像」

以上簡略挑出巴巴在文化研究國際研習營演講裡提到的幾個重
要概念。這中間最關鍵性的大概是「相像」與「看起來像／行為上
像」的區分。弱勢社群當然可能不需「相像」作為先決條件，而可
以「看起來像／行為上像」一樣來彼此聲援。幾年前女性主義團體

為同志運動「站台」的情況應是這種表演式認同最佳的演出。那次街頭同志運動主要訴求在抗議社會的恐同症。由於華人社會家庭壓力相當大，許多同志決定要戴上面具集體「現身」。許多女性主義者和關心同志權利的大眾也同樣戴上面具到場聲援，只見現場到處都是戴面具的「同志」，分不清誰是誰，當然也無法區分誰是「真正」的同志，誰不是「真」的同志：不具同志身分的人戴上面具表演同志抗議，聲援同志在這社會與其他人「差異中的平等」的權利，活生生地演出巴巴所謂不「相像」卻「看起來像／行為上像」，透過部分認同創造弱勢結盟的可能。

　　不過，部分認同並非都是如此容易產生。我想真正的挑戰來自於當對方的利益與自己的利益衝突時，弱勢族群之間的部分認同和弱勢結盟要如何產生？其實這才是人生最常碰到的狀況。而巴巴未再進一步探討這種利益衝突時弱勢結盟狀態的種種爾虞我詐，似乎讓他在這篇演講當中所提的這些觀念顯得有些老生常談，未能再開闢一些創新的思考空間。

　　巴巴區分「相像」和「看起來像／行為上像」，並認為前者是一種以認同為基礎的較不具基進政治意義的結盟形式（identitarian form of affiliation），經常與基本教義派和族群式的國族主義結合。「看起來像／行為上像」較不建基在身分的訴求，重點在於提出某種訴求（making a case）。我認為這樣的談法似乎是二選一，鼓勵我們拒絕「相像」的認同，趨向「看起來像／行為上像」的（部分）認同模式。但是，我們都知道，一個人的認同往往是多種模式並存，我認為「相像」式的認同其實和「看起來像／行為上像」一樣，召喚認同時其實都意在達到某種訴求。以台灣為例，在日常生活中我們大概不會吃飽飯沒事幹把「我是台灣人」或是「我是中國人」或是「我是女人」這樣的身分認同掛在嘴邊，會抬出這樣的身分，往往是在某種特定場合想要召喚這樣的集體認同來做某種訴

求，達到某種目的。我不認為「相像」式的認同如巴巴所說的，是一種原始或是本質主義式的認同。我認為認同都需要召喚，而召喚認同也就是演出一種認同來做某種訴求。就這點而言，「相像」和「看起來像／行為上像」並無基本的不同。我認為兩者真正的不同點，關鍵在於對歷史記憶的不同態度：歷史記憶在「相像」式的認同裡扮演重要的角色，而「看起來像／行為上像」式的認同恰恰相反，必須要極力淡化歷史記憶，不同背景的社群才得以建構「部分認同」，達成結盟。宣稱自己是巴勒斯坦人不見得是把某種所謂的「巴勒斯坦本質」投射到這樣的身分認同裡，而可能是面對歷史記憶在這樣的身分認同形成過程中的無可擺脫之重要性。換言之，如果建構「看起來像／行為上像」式的認同需要壓低歷史記憶的重要性，「相像」式的認同卻往往以歷史記憶為重要的元素。

談到這裡，我不得不注意到巴巴最近有關認同的理論裡，歷史記憶似乎份量相當輕微。如果我們承認，歷史記憶是後殖民理論裡一個相當關鍵的議題的話，為什麼這位後殖民理論大師有關認同的理論會把歷史記憶剔除在他主要的探討範疇之外？我當然瞭解，歷史記憶對建構巴巴所說的「部分認同」和弱勢結盟通常不會具有什麼正面的效應，但是這並不表示說，歷史記憶就該被揚棄，或是說以歷史記憶為重要成分的認同就是較落伍反動的認同方式。要真正深入探討認同的複雜性，恐怕不得不面對個人的歷史記憶和個人的部分認同衝突矛盾的狀況，也就是個人「相像」和「看起來像／行為上像」式的認同如何在衝突矛盾當中進行協商的問題。底下我將以三個例子來探討這個問題的複雜性。

巴巴鼓吹部分認同，促使人可以擺脫本位主義，為他人的利益著想。不過，實際的人生情況證明這樣的理想多麼難以實踐。2002年4月份的一期《時報》（*Times*）雜誌透過對以巴雙方幾位母親的採訪，暴露了中東地區以巴衝突的棘手難解，恰巧可以印證在歷史

記憶如此血腥沉重的地區，談「看起來像／行為上像」式的部分認
同不僅未能觸及問題的癥結，而且要求過高。在刊載的眾多訪談和
故事當中，有一位巴勒斯坦極具女性主義意識的母親承認她無法再
與過去她曾密切合作的以色列人權工作者維持任何結盟關係：

> 莎曼努力想不恨以色列人，但是她已減少她與以色列人權工
> 作者的接觸，因為「他們不會瞭解巴勒斯坦人數十年來的煎
> 熬。」「他們想要維持他們國家的傳說，卻想要我們放棄我們
> 自己的。」她擔心她的下一代將對以色列會懷有無可控制的怨
> 恨：「他們心裡有更多的憤怒。」(*Times*, April 19, 2002, p. 16)

　　這個例子印證我前面所提出來的看法：與其說「相像」式的認
同建基於某種本質，不如說歷史記憶在這種形式的認同形成過程當
中有不可抹滅的重要性。而誰又能要求對方拋棄這樣的認同呢？在
中東這樣的衝突情境中，巴勒斯坦的母親如何與以色列的弱勢團體
結盟？是要以色列的弱勢團體放棄他們的以色列認同還是要巴勒斯
坦人放棄他們的巴勒斯坦認同？放棄這樣的認同意味放棄歷史記
憶。對那些因戰火遭受喪親失偶之痛的人而言，遺忘歷史，放棄這
樣的認同，可能嗎？

　　這樣談認同問題，並非排斥「看起來像／行為上像」式的認
同，因為就如先前所提的台灣同志運動裡所展現的一樣，這種形式
的認同促成的弱勢結盟的確是民主社會進步的一大動力，但是上述
以巴戰爭的例子卻又提醒我們，許多時候認同議題其實複雜得多，
而且「相像」式的認同並不能以「落後反動」或是斥以「本質式的
認同」一語概括。另外，部分認同最終目的在於實踐「平等中的差
異」，但是這一部分牽涉的問題還需進一步深入探討。約翰‧康瑪
若夫（John Comaroff）在與巴巴的一次對話中就提醒「平等中的差

異」兩面刃的曖昧之處，強調「平等中的差異」往往是衝突的來源
（"Speaking" 36）。康瑪若大所舉的例子是南非一個獵殺女巫的例
子。一個被控殺害一名他認為是女巫的男人在受審時振振有詞地答
辯，他相信巫術的存在，而根據這樣的信仰，女巫對人類有害。憲
法賦予人民這樣信仰的自由，這不僅僅是文化權利也是宗教權利
（37）。換言之，這個殺人犯所訴求的正是巴巴所說的「平等中的差
異」這樣的權利。在這個情況裡，主張「平等中的差異」並無法用
來化解衝突，反而製造了更多的衝突。提出這個例子，不在否定主
張「平等中的差異」在某些情況可能創造的對民主社會產生正面影
響的動力，只是要指出其實所有的藥方都有其正負面的效應，許多
理論和概念在實際應用時所牽涉的問題都非常複雜。

　　最後我想要引用的例子頗能展現巴巴所說的「部分認同」和
「弱勢結盟」在實際歷史情境當中所涉及的曖昧、衝突、不同形式
認同的協商（而不是單面式認同），我想我們必須意識到這中間的
隱而不顯問題，檯面下鴨子滑水的動作，才能避免以理想浪漫的說
法簡化認同問題之複雜性。這個例子是台灣在地的例子，主要議題
是巴巴相當關切的外籍勞工權益。巴巴討論容忍差異的重要性，主
張民主社會公民應有承認「平等中的差異」之胸懷，他強調外籍勞
工的問題不能簡化為「階級」的問題，必須保留其「外來者」的部
分，因為唯有透過與「外來」異質的對話，才可能創造出一個不具
歧視態度的都會社群（"Question" 18）。接下來要談的台灣外籍勞工
權益爭議例子讓我們看見「看起來像／行為上像」式的認同建基於
「相像」式的認同所主張的權益，而階級平等的訴求如何透過他
（即巴巴所說的 "foreign"），我的劃分才得以實踐。

　　先提一些實際數據作為討論基礎。據估計，目前台灣外籍勞工
約有三十萬人左右，台灣原住民人口也不過是這個數目。這種跨國
外籍勞工潮湧入台灣加劇了台灣底層勞力市場的競爭，原先許多本

國勞工因無法與廉價外籍勞工競爭而失去工作。這不是台灣失業率逐漸爬升的全部因素，卻也是部分原因。勞工陣營力促政府統一設定最低工資為月薪台幣 15,840 元，表面上看來台灣勞工陣營是以階級為考量，不分彼此照顧本國和外籍勞工最基本的權益，因為如果不設最低薪資的話，外籍勞工遭剝削的情況會更加嚴重。這樣的情況下，本國勞工似乎擱置了本身「相像」式的認同和身分，透過階級認同，與外籍勞工達成弱勢結盟，超越了「狹隘的」國家認同的疆界，為外籍勞工謀福利。不過，事情當然不是這麼簡單，這樣的說法可能模糊了認同問題的複雜性。台灣勞工陣營如此照顧外籍勞工的例子是否也一方面基於保護本國勞工的立場，規範外籍勞工在台灣勞力市場的競爭力？一般而言，來自東南亞的外籍勞工在台灣的收入往往高出他們在本國的收入甚多。以越南為例：一位越南工廠勞工在越南的月薪大約是美金 45 至 50 元，台灣政府所設的最低月薪為台幣 15,840 元，相當於美金 450 元，換言之，大約是他們在本國勞力所得的十倍。台灣政府規定外籍勞工最高可在台灣工作六年，也就是說外籍勞工在這六年內的收入相當於他們在本國工作六十年（幾乎是一輩子）的收入。在此情況下，即使是低於最低工資的工作，對許多外籍勞工而言仍有相當大的吸引力。設定最低薪資讓僱主成本提高，減低雇請大量外籍勞工的意願，既是一種管制外籍勞工人口大量增加的方法，也間接保護台灣勞工在勞力市場的競爭力。

上述這個例子不過說明，現實情境裡的「部分認同」或「弱勢結盟」可能不是如我們最先舉的台灣同志運動的例子一樣，透過單純地拒絕「相像」式的認同來實踐；最具挑戰性的是像台灣外籍勞工權益這樣的例子，我們在這情境中看到不同認同交鋒折衝的複雜狀況，「相像」與「行為上像」兩種認同互相衝突、作用而產生出來的一種「弱勢結盟」和「部分認同」。階級結盟並不建立於取消

國土疆界，反而是強烈的國土疆界意識促成了這樣的「差異中的平等」。由於許多東南亞國家的政府直接或間接鼓勵設立各種勞力輸出的仲介機構，以便利用勞工在外國的所得扣稅，以及收取相關機構的手續費和稅金增加國家收入，在此情況下鼓吹消弭國家疆域的概念是輕忽了國際勞力市場的複雜性。台灣外籍勞工適用最低薪資的這個例子讓我們看到了「部分認同」雙面刃的曖昧之處：一方面台灣勞工要求不分本籍或外籍勞工通通適用最低薪資的規定，似乎是階級認同的展現，但另一方面我們也可解讀，這樣的「弱勢結盟」或許出自一種強烈的領土概念，他我之分在這中間扮演相當微妙的角色。「部分認同」是一種穿梭於階級和國家認同衝突之間的手段，有其深沉的利益考量和自我保護的意味在內。

在以上的討論當中，我試圖以實際例子印證理論，從中挖掘議題的複雜性。陳芳明教授曾在一場座談裡提到，關切後殖民問題或是從事文化研究的人，沒有人會為理論而理論。在文化研究的場域裡，理論的產生是為了切入現實情境，深入剖析其中問題的複雜性，無法與現實情境印證的後殖民或文化理論只流於空談。以上所舉的幾個例子試圖說明「部分認同」和「弱勢結盟」的可能空間。同志「現身」的例子最符合巴巴所提出的概念，諸如「部分認同」、「弱勢結盟」、「差異中的平等」都可以在此找到最佳的支援。但是，在人生的許多情境裡，我們其實是處於各種形式的認同錯綜複雜的交纏脈絡，不是任何時候巴巴所提出的這些概念都適用，中東以巴衝突境域內的認同問題，以及康瑪若夫所舉的南非獵殺女巫的例子在在都提醒我們這些議題的複雜性，以及這些概念所產生的效應之不穩定性。我認為「看起來像／行為上像」與「相像」式的認同並不能簡單地區分為前者有正面的政治意義，後者就是本質式保守反動的認同模式。兩者真正的區分在於前者是隨機流動的，後者卻往往是歷史記憶累積形成的。我瞭解有時候必須暫時擱

置集體記憶，才能讓弱勢結盟順利產生，但是這並不意味一定要頌揚「看起來像」式的認同而貶抑「相像」式的認同；我認為這樣做極容易淪為忽視受壓迫者的集體記憶，架空了壓迫結構形成的物質歷史。

台灣外籍勞工的例子提供了我們檢驗巴巴所關切的全球化資金和勞力流動所帶來的新都會空間的弱勢社群問題。這個例子所顯現的「行為上像」和「相像」兩種認同的瓜葛糾纏讓我們看到了弱勢結盟當中一些相當深沉的問題，應該對我們進一步反思巴巴所提出來的全球化都會空間裡「平等中的差異」與「差異中的平等」（equality-in-difference）這些問題的複雜性。

感謝中興大學行銷系王宏仁教授與外文所研究生林佑貞在本篇論文初稿撰寫期間提供寶貴資訊和數據資料，如果這些資料和數據的詮釋有錯誤或不妥之處，當然是我個人的責任。

跨文類與跨文化的中介及協商

廖炳惠

荷米・巴巴教授（Homi K. Bhabha）今天所發表的這篇有關梅密（Albert Memmi）的文章相當複雜，在提出問題之前，我想我應先說明，巴巴與我於 1991 年在普林斯敦時就已認識，之後我們一直保持聯絡，對於他的思路，我能夠以他今天所說的「看起來像」（looking alike）的方式來瞭解，所以底下的發問，基本上並非對他的見解提出大問題去質疑，而是提出一些小問題，希望他能做進一步的澄清或演繹。首先，是有關文類的問題，在這篇文章裡，巴巴將梅密一些較不正式的文章，如評論、導論或序等，與他主要的批評著作，也就是有關殖民與被殖民者、有關非洲黑人政治運動，這二種較大型、正統、為人熟知的論述，來形成一種對話與互補的關係。梅密對他人做評論、導讀、撰序的過程裡，從他人裡面怎樣發現自己？在文類上，我不知道巴巴教授是否想透過這些比較親切、不正式的文類，來提供一個新的管道，讓我們重新瞭解梅密廣為人知的理論、政治性發展？也就是說，在文類與敘述形式上，比較非正式、非系統性的思想，如何在跨文類的協商與表達上，與我們所熟悉的梅密殖民與後殖民理論，形成一種關係，而這種關係又如何讓我們重新瞭解梅密？這是我的第一個問題，也就是跨文類的問

題。

第二個問題是在這篇文章裡，巴巴用了許多學者的見解，尤其班雅明（Walter Benjamin）有關「擬仿官能」（Mimetic Faculty）的文章，去描述所有被壓迫的人種在政治的道德與模擬的官能上，希望藉由存在與意象的相似性，共同合作互補，並透過同情和默契，在各地形成共同的拒抗，以及互相的支援。在這個理論架構底下，他運用了班雅明的擬仿論，特別是有關不同的符號能夠形成共同的意旨（signified）部分。他也運用了語言哲學家維根斯坦（Ludwig Joset Johann Wittgenstein）有關語言的論述，經濟學家阿馬蒂亞·森（Amartya Sen）有關社會正義與「倫理機制」（ethical agency）的關係，以及巴里巴（Étienne Balibar）的政治理論，特別是有關共通性的「異雜性」（diversification），以及各種不同文化的「特殊性、互補與互動」（complementarity and reciprocity of singularities），來強調被壓迫者「敘述的權利」（the right to narrate）。巴巴運用法律、符號學、語言哲學、政治、經濟與倫理這些面向，透過眾多跨文類的論述，來強調不同的文化，因為彼此相似的符號性結構，能夠產生倫理上的共鳴，而這種共鳴並不會壓抑他們的特殊性，也不會因此抹煞他們的差異，在這樣的論述底下，他重新闡揚梅密的觀念。我的第二個問題就是，這些跨文類的論述如何去支撐這種架構，因為很明顯的在法律、倫理與政治的面向下，都各有不同的時間與操作邏輯。在這樣的架構底下，班雅明有關於「雷同」（semblance）的符號學觀念，如何與阿馬蒂亞·森的倫理機制，和巴里巴放在不同族群與國家文化裡的架構產生關聯？

因此，我的第二個問題，基本上是在強調文類的問題，也就是在文類本身的機制底下，如何形成跨文類的協商，而跨文類的協商又如何引導跨社會、跨文化、跨國家的不同弱勢、被壓迫族群間，彼此產生共通感覺的結構。在跨族裔、社會或階級、地方的奮鬥案

例上，我們不妨注意六〇年代時，美國境內猶太人與黑人的緊密結合，在美國社會形成一種多元文化的聲音，但到了七〇年代，猶太人與黑人間，因為經濟條件及階級的差異，形成明顯的內在衝突、矛盾，彼此互不信任，甚至不再合作，原初的多元文化視野為之萎縮。梅密是跨黑人與猶太人的混成人士，且在他的思考與運動架構底下，黑人與猶太人是非常重要的論述根據。另外一個例子是女性主義之間的論述，第一世界中產階級的白種女性與第三世界強調膚色、帝國主義與權利的女性主義者，逐漸將目標放到珊卓拉·吉伯特（Sandra Gilbert）、蘇珊·古巴（Susan M. Gubar）、艾萊恩·肖瓦爾特（Elaine Showalter）這些學院中的白人女性主義代表，發展出第三世界女性主義論述，彼此從「看起來像」到內部不像，相互鬥爭。另外，又因同性戀與異性戀的性別取向問題，墮胎與反墮胎、色情與反色情的倫理道德議題，引起許多內在的衝突，這些問題不只在倫理與政治上，也就是所謂的追求社會正義的面向上，彼此有很大的出入，在敘述的邏輯及形式上，也都有巨大差別。在台灣的例子是原住民、客家與福佬的弱勢族群論述，在同樣都是被邊緣化、被擠壓的論述底下，有許多原住民，或是以某種借屍還魂方式再現的統派觀念，重新以弱勢的姿態，攻擊所謂的「福佬沙文主義」，這些同樣號稱是被壓迫的論述，因為歷史條件的差異，有許多看起來是「雷同」的敘述方式，被用來壓抑其他弱勢族群，這是我的第二個問題。

　　第三個問題是巴巴這篇論文，以及在台灣發表的其他兩篇文章，非常類似的地方是在強調「敘述的權利」，我的問題是除了敘述之外，怎麼樣被聽進去，也就是「被聽到的權利」（the right to be heard）。在這樣的論述結構底下，語言、主流媒體及各種政治、經濟的機制，如何與梅密所描述的這種弱勢族群形成一種關聯，而這種關聯又如何形成一種新的關係，在所謂真實生命的必要性底下，

強調各部參與的哲學（philosophy of the part）。而此種論述是否有一種跨文化、跨文類、逐漸成立、可以廣為運用的機制，讓弱勢族群的敘述、聲音，以及政治掙扎可以被吸收、被聽到、被大家逐漸擴充？以上是我的第三個問題，我想就簡單以這幾個問題來拋磚引玉，請巴巴針對這幾個問題做進一步的說明，謝謝。

關於〈探討梅密及後殖民之協力問題〉

廖朝陽

　　班雅明（Walter Benjamin）在一篇題為〈論模擬能力〉（"On the Mimetic Faculty", 1966）的文章裡提到一個比喻，講的是本文提到的「非感官近似」（non-sensuous similarity）。他說：「如果我們把一個東西在各種語言裡的名稱擺成一個圓圈，再把這個東西擺在中央，我們就必須探討一個問題：這些名稱相互之間通常是完全不相似，但各個名稱相對於位在中央的指稱對象而言仍然會有近似關係」（335）。這個比喻與我們的討論有關，是因為班雅明的視覺想像恰好點出了所謂「特殊項」（one point）的觀念基礎：「特殊項」是某一「部分共有」的性質，可以成為近似（semblant）認同的基礎。以「特殊項」為基礎來營造團結的說法特別有意思，因為它可以幫助我們解釋班雅明這個奇怪的比喻，再由這個比喻回來看本文引出的一些相關問題。

　　在班雅明的比喻裡，所謂「非感官近似」是一種存在於語言層次的關係，卻以超出語言的現實為依歸：名稱各殊，要靠具體可見的事物來維持近似性。本文擴大應用這個觀念，用來指弱勢團體之間的「家族類同」。這樣的擴大立即引起一些問題：班雅明強調「非感官」與「感官」近似的區分，卻在比喻裡面以具體的視覺安

排（圓周與其中央）來表示「非感官」近似中實體的感官性，使得他的說法充滿雙向牽引（ambivalent）的張力，意思也趨向複雜而難解。那麼「特殊項」之說引用了班雅明的框架，是否能對感官、非感官之分維持某種雙向的曖昧性？梅密（Albert Memmi）說，近似是「差別的移動」，顯然是把家族類同擺在抽象的（由差別構成）語言關係裡面，但是他也說「差別的移動」作用是要否定大一統，承認多變的黑人經驗的現實性。這樣的處理似乎承認了差別與事物實體之間保有圓周、中心的相對位置，也維持了感官與非感官之間糾纏難分的關係。

但是在另一方面，我認為本文似乎有意淡化這個部分，使非感官經驗的非感官性趨向簡化。例如，梅密說，黑人特性「只是」每一個黑人符合「團體的共同人格」的程度，多少還是接受分歧與共同之間並非對立關係。本文的解釋則是明確認為受壓迫者之間「近似或可比對關係的假設」只是起點，必須「走向」團體之間「差別的移動」（以免淪為詹明信 [Fredric Jameson] 所謂「初民的或部落式的內聚力」）。於是「語言與敘事的轉譯移動」成為「載體」，近似性則成為「符號化的」閃動，是由語言關係承載、支撐的附加物。這樣的構想與事物在中央，名稱在周圍的比喻顯然已經有重大的分歧。

當然，本文並非完全否定語言、符號以外的層次，例如有些段落也說構成經驗「閃動」的近似關係可以啟動「日常生活實踐裡的突發的，不馴的例示」。但是按前文所說，這種近似關係既然必須符號化，這裡的不馴到底有多大的強度就是很大的問題。整體來說，「特殊項」的說法有一部分似乎點出了班雅明比喻的重點，但是文章對這部分只是點到為止，反而花了許多篇幅闡述語言主導下現實的流動性，帶進其他的問題，也模糊了比喻裡一直很穩定的部分（實體居中的位置安排）。表面上看，這也許可以解釋為對象複

雜所以需要複雜的處理，其實這也可能表示本文在該清楚的關鍵地方沒有想清楚。

　　從這裡我想再討論一下把「近似差異的閃動」視為「第三項」（third term）的講法。第三項或第三空間指向游離於兩端之間的中介性，指向非本質、不確定、「主體互參」（intersubjectivity），這是大家耳熟能詳的講法，並沒有太大的新意。但是用班雅明的理論框架來與第三項「互參」，立即又會引出一些問題。大家都知道，班雅明講語言並不只是把語言當成中介，而是含有絕對化的主張，要追索「純粹語言」、「萬物的語言」。他說：「語言是萬物的智慧存在……語言用來溝通，而它所溝通的正是智慧的實體，也就是說，是一種本身就含有溝通可能的東西」（Benjamin, "Language" 320）。班雅明顯然認為，溝通並不像第三項那樣，總是介於兩者之間而與兩個端點保持距離，而是過程內含於對象，中介與實體難分。本文採用比較符合主流理論的「正確」說法，在第三項與第一、二項之間一刀切下，然後把本質、穩定主體、「嚴肅虔誠的道德主張」這些容易引起主流理論追隨者不悅的標籤推到牆的另一邊，不但有把班雅明單向化、庸俗化的嫌疑，在政治實踐方面能有多少效力也令人懷疑。例如，所謂「未經檢驗」的「自然化真實準據」有害無益當然沒有問題，但是理論除了這類防禦操作之外真正要面對的還是可以「檢驗」的真實準據，以及是否有標準、有哪些標準可以用於這樣的「檢驗」。本文的立場並不允許這類問題出現，因為任何相對穩定的標準都會立即形成垂直提升，也就是走向「超越」、「固定」、「本質化」、「總體化」，不合「差別的移動」只能在水平向度不斷傳代的要求。

　　也就是說，「第三項」的說法已經呈現出某種理論架構的濃縮、刪節，而且在我看來，本文最有可能產生意義的部分正是那些未能出現或未能完整出現的部分。在處理個別觀念的時候，本文並

不缺乏維持複雜度所需的曖昧性，但是在整體方向上，絕對排除本質、超越與總體的立場也排除了本文理論架構進一步進行「局部」擴充的可能，反而使「第三項」的想像固定在一個符號化的，閃動（或移動）不定的防禦軌道上，無法產生新意。於是距離成為「自我將自己合理化，控制罪惡感，表達焦慮的防禦空間」，因為距離、觀念距離、（二元）對立、不自由、絕對權力之間通通「沒有距離」。這倒令人想起班雅明對「風致」（aura）的形容：「不管多麼近，還是覺得有距離」（Benjamin, "Work" 222）。這樣的觀念操作真的可以發揮抗拒權力統治的政治效用，不會淪為空間恐懼的症狀、「風致」化的理論背誦嗎？

總之，本文認為鄰接、並置關係可以確保批判論述的正確性，所以空間（甚至時間）的平板化總是有益無害。這應該也是本文引用班雅明另一句話的用意：「翻譯向前推演，穿過變化的連續漸層，與同一與近似的抽象觀念無涉。」那麼這樣的連續漸層是否排除了進出時間的垂直跳躍呢？本文的答案只能是肯定的。就在這裡，本文的時間想像似乎回到一個比較抽象，強調水平延伸的立場，與另一篇講稿延續〈播撒民族〉（"DissemiNation", 1990）的說法，反對「性質統一，內容空白」的現代時間形成對照。以空間來說，幾篇講稿裡提到的「別的地方」雖然是具體（有內容）的處所，重點卻顯然不在其（隔絕於「第三空間」之外的）內容，而是抽象的水平代換關係，所以也不會指向班雅明式的救世主層次。

也許這樣的理論細節總是可以再次「翻譯」，得到「來生」，但是這裡想指出的是：這樣的平板想像也有可能壓制變化，對觀念的自由開展產生嚴重的限制。「超越的觀點必然有害」是一種訴諸超越觀點的判斷，「本質就是帝國主義」也是一種本質化的裁決。這些操作就像是在理論戰場裡進行分區掃蕩，卻總已違背「連續漸層」的訓示，顯出標舉流動、雙向牽引、局部性的理論立場也有其盲點

與局限。比較起來，我寧可相信一個比較像理論烏鴉的本質化觀點會更貼近問題的核心，更能指向反本質、反超越的其他方式。班雅明想像歷史聯結的「閃動」，並未以時間過程中點對點的鄰接關係為對象，設立隨機取樣的抽象空白，在平板化的並置空間裡進行排列組合，而是認可救世神力可以有微弱的殘留，垂直於下，使時間成為召喚救世聯結的過程。這個救世神力如果不是來自時間的「黑洞」，至少也指向某種「形狀」不一樣的時間。

　　班雅明的救世想像含有猶太傳統的特殊性，當然不能當成普世真理，但這並不表示特殊性一定要排除在「第三項」之外，阻擋在「差別的移動」這樣的堅硬高牆前。本文把現在看成一個「歷史時間的標示」，所以現在不可以「排拒互相矛盾的道德問題、焦慮或失落的情緒、無可通聯的社會狀況」。其實如果要突破這樣的現在，我們需要的正是一個垂直透視的觀點，甚至是一種肯定多重意義層次相互保持距離的寓言想像。這樣的傳奇（romance）想像不會排拒非理性的障礙，只會把這些障礙放在（有內容的）時間新形態裡，形成新的意義。這不是為本質化而本質化，而是接受生存的條件，可以視為反本質的另一種方式。當我們接受妥協，希望取得行動能力，我們也會想要問：這樣的局部操作是否符合「大局」的要求？這是自然合理的層次跳躍，照班雅明的想像來說是一種對救世神力的開放。班雅明也認為翻譯不是無窮無盡的水平移動，不是各種局部位置的點閱（更不是多元文化論那種不斷複製「到此一遊」的數量誇示），而是要以「純粹語言」的召喚、拼湊為基底，讓具體的內容在差別中一代一代的「進化」。討論弱勢團體的團結如果不能正視這樣的平凡要求（用平凡的話來說就是「為理念結合，而非利益」的要求），恐怕說服力是會大打折扣的。

亞洲與西方

主體與／或「主体」（shutai）及文化差異之銘刻^{*1}

酒井直樹（Naoki Sakai）著
廖咸浩譯

　　如果邊泌（Jeremy Bentham）關於生命的理論，對個人裨益有限，那麼它對社會能有何貢獻？若一個已經獲致一定境界的精神發展及在這種境界中經由別的方式可獲提供的維持力量，則此理論可以為之訂定規範以確保其物質利益。但它對一個社會的精神利益無任何裨益（除了偶爾成為一個更高教條所用的工具），而它也不足以單獨支撐其物質利益。以一己之力即能使物質利益存在，使任何一群人成為一個社會，唯國家性格而已。就是這個東西，使得一個國家的企圖得以成功，另一個國家則失敗；一個國家能瞭解並追求高尚的目標，另一個則在卑鄙中打滾。使一個國家的偉大能萬世不朽，另一個則快速衰亡

---

* 譯註：本文中引用眾多日文關鍵詞彙，譯文中特將日文原文標出，以供讀者參考。

1 原文篇名為 "Subject and/or Shutai and the Inscription of Cultural Difference"。這篇文章本來是一篇講稿，原題為〈文化差異之分析及名為日本之內在〉，宣讀於1992年5月17日在奧瑞岡大學亞太研究中心舉辦之「理論與亞洲」研討會。本文早期版本的譯文曾發表於 *Jôkyô*, Vol. II-3, No. 10 (Tokyo Jôkyô Shuppan-sha, 1992)。

……一套法律與制度的哲學，若不立基在一套國民性格的哲學
上，誠可謂荒謬至極。

——約翰·史都渥·彌爾（John Stuart Mill）

　　從一開始，我就必須強調，亞洲研究與理論之間的關係基本上
是政治的。所謂政治指的是，這個問題的問法必須能夠明白的指出
（而不是遮掩或消解），這個問題得以被說清楚的社會條件其本質是
具衝突性的。要能清楚呈現這個問題，總是必須經由衝突的凸顯
——這早已是自明之理，本不待於此再加贅述。然而，我必須斗膽
再次提起，因為我認為所謂「非政治」的「理論應用」的說法，可
謂於今尤烈。過去數十年來理論的努力分析，暴露了迄今我們仍須
在其中過活的社會及知識形構中的種族中心主義及歐美中心主義；
面對著這些明目張膽、無法否認的事實，我們比任何時候都更容易
被誘惑而相信主流論述的邏輯，以為未經利益中介的妥協與整合是
可能的，而不知不覺把我們在身遭所目睹的衝突與各式各樣的不公
不義，加以淡化甚至隱形。在這種情況下，一般所謂的理論可能會
被引為權威，並以彼之名來壓抑上述問題，以及一種可茲提醒我們
正受困於某種歷史窘境的焦慮感。而且，理論也可以把學院中關於
亞洲的討論加以絕緣，以致有關亞洲研究的學生與其研究對象之關
係的種種揮之不去的問題，似與前者毫不相干一般。

　　理論常被變成一種不會困擾我們，或不會讓我們不安的東西。
它不但沒有在我們與亞洲的認知關係中，揭發焦慮的所在，反而會
把那些可以促使我們對亞洲研究專家的發言位置進一步檢視的問
題，加以消解或靜音。

　　因此，為了不忽略理論的政治性，我們對亞洲研究之為一群特
殊學院領域的組合，以及個人在其中的參與，必須不斷的提出問
題：對布赫迪厄（Pierre Bourdieu）下列所描述的位置——「事先已

設定為位置客觀且也能客觀觀察的觀察者所據的位置，在此他得以有如一個舞台管理般把客觀化工具所提供的各種可能性任意加以耍弄，以便把客體任意拉近或推得更遠、放大或縮小，把自己建構時所用的規範，有如在一場權力的夢幻中」（31）[2]。——我們必須持續質疑。把觀察者的發言位置予以問題化，就是提醒自己，研究的對象並不是客觀的存在於觀察者之外，而且即使只是要單純的描述，也會需要觀察者一定程度的參與。這種認知關係下的對象，或時枝誠記（Tokieda Motoki）所謂的「觀察的立場」（日文：「観察の立場」），只有在「主觀介入的立場」（日文：「主体の立場」）（Motoki）的基礎上才能產生。對觀察對象的觀察，總是由觀察者的「實踐」所伴，而且，除非學生與此對象有一個實踐的關係，他／她也無法與之形成認知的關係。

　　所以，我的構想是，理論的意義應朝向「以提問來喚起」而非「以答案來解決」（evocation by questioning rather than settlement by solution），也就是荷米・巴巴（Homi K. Bhabha）所謂的「反覆停頓之重複」（the repetition of iterative stoppage），而非「共時性中的身分的固著」（the fixity of identity in synchronicity）（"Postcolonial" 59）[3]。這個構想的基礎是，理論向來都在一種雙重的方式中運作：它向來都利用任何對文化差異的描述中必然隱含的基本曖昧，並且以叉開

---

2 布赫迪厄把理論與實踐之間的區分，加以問題化：「因為理論——這個字本身就有此意——是一種誇張的演出（spectacle），只有在演出舞台之外的觀點，才能對之有所瞭解，所以其距離可能不應在一般所認為的所在（即不同文化傳統之間的距離），而應在兩種與世界的關係——一是理論，一是實踐——之間的鴻溝中去找」（14）。我想要用一種明顯與布赫迪厄的方式，運用「理論」這個詞。

3 關於同時性（simultaneity）與共時性及在他者的他者性（alterity）中的反覆（日文：反復）有何不同，威廉・海佛（William W. Haver），"The Body of this Death: Alterity in Nishida-Philosophy and Post-Marxism," Ph. D. Dissertation (Chicago: University of Chicago, 1987) 有精采的說明。

的舌自報姓名，好似它已被某種類似沙特（Jean-Paul Sartre）所謂的「不誠懇」所掌控。

在這個認識論與實踐的交叉點上，布赫迪厄關於「實踐的邏輯（意義）」（logic [sense] of practice）所作的論述，似乎與日本戰後的現代哲學與語言學討論中所呈現、如今已成典型的主體觀，有所衝突，並且對後者內在的盲點能予以揭露。

布赫迪厄有關於「工作成品」（worked work）與「工作模式」（working mode）之區分。在文化與文化差異的分析情境中，我也想嘗試提出一個類似的、關於主體的兩種要素（determinations），也就是「主観」（shukan）（即認識論上的主體）與「主体」（shutai）（即實踐主體或實踐之能動者）。雖然「主体」是否能被置入主體性的一般意義之下，仍然具高度爭議性，迄無定論。

「主体」是以新語彙的身分被引進日本的知識語彙。是subject、sujet或subjekt的翻譯之一。其他譯法還包括「主語」（shugo）、「主観」（shukan：認知主體）、「主題」（shudai）、「臣民」（shinmin）等等。我特別要強調的是，把「主体」譯回英文時，其意義往往不等於subject。這個從英文譯入日文，再譯回英文的循環——subject→「主観」或「主体」→subject——無可避免的產生了一些多餘（surplus），而且是無法以日文及英文中主體觀之不同可以輕易解釋。換言之，因為日文的「主体」一詞本來就不是一個「日本的」主體觀念，主體就無法安置在跨國翻譯的「對等經濟」（economy of equivalence）中。就此而言，「主体」一詞並不臣屬於日文或英文的統一體：它自始就是一個混雜體（hybrid）。正是因為這個混雜性，使得個別主體（subject）在自我建構時，必須將「主体」予以否認或不承認（denied or disavowed）。「主体」的混雜性是個別主體被建構的過程中所不可避免的，但是卻在此建構的過程中被塗銷及不承認。就此而言，「主体」的混雜性即是其不可再

現性（unrepresentability）。這個原因，加上其他原因，使得我一直試著要把「主体」譯成「發言的身體」（the body of enunciation）。在這個翻譯中，subject 這個字得以被避免，以俾能讓人注意到 subject 這個字所涉及的某種形上學。雖然主體性的這兩種要素——認知主體及「實踐主體」—— 並不能被視為兩種最基本的觀念（definitive conceptualities），但這種實踐主體與認知主體的相對差異（differential distinction）的區分，也就是一種與主體一體成形、且其結構可被以多種意義或方向來描述 —— 如朝著經驗與超驗（empirico-transcendental）之別及實體與本體（ontico-ontological）之別的方向——的差異，我相信是足以用來解說在亞洲研究的演出性中，理論所具的政治性。

此外，「認知主體」與「實踐主體」之間的差異，並非單由戰前日本哲學的論述所決定。相反的，早在一九二〇及三〇年代，如何區分這兩種主體性的意義，就已是關於實踐與知識的一個政治問題[4]。鑑於此一區分的不穩定性，我將探討日本戰前哲學論述中所

---

[4] 西田幾多郎（Nishida Kitarô）在解釋康德（Immanuel Kant）時，提出了「主体」（即實踐主體）這個詞。在一九二〇年代初期，他發表了一系列論文，細論判斷主體、自我意識（日文：自覺）及意志。後來，他的焦點慢慢從意志的主體轉移到了行動的主體，遂必須處理認知主體與行動主體之間，在根柢處的不同。雖然認知主體是經由與其再現對象之關係來設定自己，因此可以被理解成伴隨每個再現的「超越性自我」，實踐主體則被理解成一個實體（entity），因為實踐本質上是社會性的。實踐主體唯有將自己對其他實踐主體展露（in exposition to）（同時接觸 [exposed] 與相對 [opposed]）時，才能存在。亦即，實踐主體間的任何關係，都不能被化約成自我（ego）與其意識中的一個再現之間的關係。換言之，在社會與實踐的關係中，我們不可能與另一個獨特的生命（singular being 或日文：「個物」）相遇時，只感覺對方是一個再現的對象。我們不可能在與他者相遇時，只感覺到它的他者性（otherness）（*Nishida Kitarô Zenshû* [《西田幾多郎全集》], Vol. 6 341-427）。然而，我們必須強調，最終而言，西田沒有真正區分這兩種「主體」，主要是因為一種宗教的傾向：因為這個傾向，他無法抗拒能把矛盾化為和諧、把獨特

提出的主體性問題，與我們所面對的理論及亞洲研究問題兩者之間可能有何關聯，並嘗試經由閱讀日本哲學討論的文本，來穿透這個問題。

這個關於主體、也同時內於主體性的區分，使我得以處理在共顯（articulation）文化差異時的雙重時間性。基於這個雙重時間性，我們可以證明，關於文化差異的描述，總不外把學生與其研究對象之關係中的某一個特定的發聲位置，予以承認及核可。描述文化差異，就是建立一個特定的發聲位置，以供學生從彼來觀察此一差異。但我一定要再三強調，我們遭遇文化差異時，一定會遭遇到人；我們絕對不會在一個真空社會中經歷文化差異；而遭遇其他人，便意味著與彼建立社會關係。因此，關於文化差異的描述，總是與銘刻及制定特定的社會關係相攜而至，而且此一關係必然會包含此學生本人在內。而且，也就是經由雙重時間性，文化差異的描述才會是一個文化生產的創造行為。在這個程度之內，我們可以說文化差異的描述生產並制定文化差異。

故我們必須在本質上必然是社會性的實踐中，才會遭遇到文化差異。那麼，關於其描述就總是延擱的、事後的（posterior）行為，因為，文化差異若要能被掌握成一個描述對象，必先被理解並轉化成一個現象（phenomenon）。學生描寫其觀察的社會世界的某些面向時，總是展開了一個（表意的）過程，或李歐塔（Jean François Lyotard）所謂的「演出」（performativity）；在此過程中，學生的立場（即一個基本上是想像出來的發聲主體）在被呈現（represented）或被正面設定（thetically posited）時，會參照這個詳

性化為整體化的普遍主義（totalizing universalism）及哲思性人文主義（speculative humanism）的誘惑。此之所以我想要把我對實踐主體的翻譯與西田或和辻哲郎（Watsuji Tetsurô）的加以區隔。

細觀察、科學陳述的描述中所建構出的客體，而其建構過程又恰是此一立場被呈現的過程。正如克拉瑞（Jonathan Crary）論視野建制（regimes of vision）的歷史演變時所言，觀察文化差異的認知主體也是一個遵守者（observer）。他遵守建制的規則，因此便也是一個受制於此等規則的主體（Crary）。但設定（posting，在筆者之論證的脈絡中也可稱為「固著」[fixation]）一個觀察／遵守之主體及建構客體，兩者可謂並非發生在同一個層面上。

就此而言，我們必須要指出，我就「實際遭遇而以其原生面貌呈現（或更精確言之，以其原生性重複[originary repetition]呈現）的文化差異」，以及「描述出來的文化差異」兩者所做的區分，並不等同於原初認知與其在描述中的二度呈現之區分。因為這樣的文化差異既然內含不均等性（incommensurability），就不會以其原初的面貌成為我們的認知內容（percept），也就是現象學意義上的認知：我們不可能認知文化差異，除非它已經是一個明確的描述對象。以儒家的詞彙來說，文化差異事實上是被以「情」的方式遭遇，「那會動人的」、有點像拉岡（Jacques Lacan）的「真實」（the Lacanian reel），是無法以「理」、也就是表意的共時性來捕捉的[5]。

---

5 宋代新儒家所謂的「情」（諸如慈悲、羞恥、謙遜、端莊等），其定義乃是「人性」（宋儒謂之「性」）的外顯，因為「人性」是「心」的原則（宋儒謂之「理」）。「情」是「人性」的運動（movement）。「心」則是「性」與「情」的主宰。而「性」、「情」、「心」又可以進一步解釋如下：「『性』是在運動之先。『情』則已在運動之中。『心』則同時包納『運動中之存有』及『運動前之存有』。」如此，「情」就被界定為「會動的東西」。只要「性」或「理」在本體論上的優先位置能確保，「情」就是一種普遍共有之「人性」的外顯，那麼，「情」從一開始就是發生在主體之間的。然而，如果「性」與「理」的優先位置被否決（這在某些十七及十八世紀的儒家論述，尤其如伊藤仁齋[Itô Jinsai]所寫的某些文章中，曾有此種主張），那麼把「情」界定為「向來在運動中」就有極為不同的意義。當「人性」被界定為植基於會變遷的社會習慣中的一組範疇時，「情」所有的先驗的

換言之，我們遭遇文化差異時，它是以一種無法客體化的焦慮之「情」（feeling）或「域外感」（the uncanny）的方式出現，而在由快樂原則主宰、並已空間化的時間構造中是無法加以掌握的。基於上一理由，它就必須在「發聲方式」（enunciation）中來共顯（articulated），並且加以壓抑，以使之看起來像是一種良有以也（determined）的文化差異，儼然是實體（entities）間的明確差異。既然被賦予了「原生」（originary）而非原初（original）的地位，文化差異在一般性的文本中，就必然被視為一種重複，也因此不能迴避共顯（中）之政治（politics of and in articulation）。

在文化差異被轉化成一個與研究客體有關的現象的表意過程中，真正發生的是與文化差異在實踐中的非共時性遭遇被凍結，並置於對之凝視、觀想、確認的人——亦即認知主體——之前。同時，認知主體也因為在自身與現象化後的資料之間加入了某種距離與抽離，而得以讓自己隱身成為普遍客觀的保證者。認知主體從實

社群內在性（a priori communal immanence）就被剔除了。相反的，相對於「人性」被視為社會習慣的「共時系統性」（synchronic systematicity）及可以讓「情」以「人性」的條件被理解的思想範疇，「情」則會是一種無法在人性的共時空間中被捕捉的「運動」。那麼，「情」就必然是無法解釋的。但伊藤仁齋卻宣稱，「情」就是應被想像成一種靜止的原則所無法捕捉的「運動」。換言之，「情」可以在其「無法解釋性」中被想像。如此，「情」就被定義成了德勒茲（Gilles Deleuze）定義下的差異。「思想必須要能思索差異，也就是那與思想完全不同、卻又把思想給了思想、讓思想思索它的東西」（227）。差異嚴格講應該是「無法解釋的」這個事實，並不讓我們意外。差異可被解釋，但唯有在那些差異易被取消的系統中；這只是意味著差異本質上就被牽連了（implicated），其存在便是牽連。故就差異而言，能解釋就是取消，或驅除建構它的不平等（228）。在這個關於牽連的問題中，「情」這個觀念顯示出其與「可感的」（the sensible）的議題有親密關係。（柏拉圖 [Plato] 認為）可感的性質或關係，本身並未與一種位於主體內、作為這些性質源頭的相反性甚或矛盾性分開。然而，雖則這種性質中的反面—可感物（the contrary-sensible）或相反性可能建構典型的「可感生命」（sensible being），他們卻

踐關係中抽離，而變成了一個抽象的主體，一個在觀察現象時必備的形式條件。在此，必然有人會問，「主体」，或曰實踐的能動者，是否能被涵蓋在主體性的範圍之內，因為實踐主體或「主体」當然不能與認知主體等同。後者是現象性（phenomentality）要成立時的本體論之必備條件（requirement）。而且，文化差異的描述或確認，其發生必是一種實踐，是一種發聲（enunciation），並不會在對之凝視與現象化的人面前具體有形。因此，表意的過程便不應與外顯（externalization）及異化（alienation）混淆。因為後者可以追溯或還原到原初的認知。沒有任何的文化差異是以原貌出現的。若沒有表意的過程，文化差異本身就不可能以存有物（being）之間本體化的差異這種面貌出現。文化差異的發聲，總是會動員現有論述中的各種互不相干的片段，並把它們以一種新而隨興的方式共顯；即使是藉承認差異與區分之名予以再現，這也無可避免的會展開一種「存有之共同」（being-in-common），也就是儂曦（Jean-Luc Nancy）所

絕對無法構成「可感的生命」（the being of the sensible）。構成「可感的生命」的是強度（intensity）之差異，而非性質之相反。性質上的相反，只是強度的反映，但此反映卻因為將之在「外張」（extensity）中解釋，而背叛了它。是強度或其差異構成了「可感性」（sensibility）的界限。就此面貌而言，它便具有該界線的弔詭性格：它是無法察覺（imperceptible），亦即無法「感知」（sensed）的，因為它總是被一種會將之異化或與之矛盾的性質所覆蓋，總是在一種會將之翻轉並消除的「外張」中分配。在另一層意義上，那就是只能感知的，或是界定可感性的超越性運作（transcendent exercise），因為它讓人感知，並藉此喚醒記憶且推動思想（236-37）。

　　如我們在第三章中所見，和辻哲郎的倫理學所假設的本體論上的優先元素，與新儒家的人性觀近似。新儒家所定義的人性是一種本質，其定義有如和辻哲郎所稱的「主體位置的關係」（日文：間柄）。在他的《倫理學》（*Rinrigaku*, 1931）一書中，和辻哲郎試圖把可感的「情」加以袪除，而把他的倫理學完全建立在主體間的共感（sympathy）之上。

謂的「共有主義」（communism）[6]。也就是說，我們遭遇與表達文化差異的實踐，也可以是賴克勞及莫菲（Ernesto Laclau and Chantal Mouffe）所謂的「共顯」（共顯表達）（articulation）（Laclau）[7]。

　　在「媒介」（mediation）關係中，組織及被組織的片段都是整體中的必要部分，「整體」則超越也包含前二者。而賴克勞與莫非所論及的「組織」（organization），其中的片段則是整合在一種「隨機且外於片段的」組織方式中（94）。這是「一種建構及組織社會關係的**共顯實踐**（articulatory practice）」（96）[8]。共顯實踐所納入的片段，不能被化約成一個封閉而建構完成的整體中的一部分。「任何一個整體的不完全性質，必然使我們放棄把下述的前提作為分析領域：**社會**是一個縫合且自給自足的整體」（111）[9]。於是，我們就不可能抽取出社會關係可被完全固定（fixed）的必然法則，也不可能確定一個社會關係是否全然內在於或外在於一個社會或文化的整體。同理，我們也不可能把文化差異理解成兩個建構完成的文化統一體或社會之間的差異。因此，文化差異的經驗之所以可能，完

---

6 見 Jean-Luc Nancy. "Literary Communism"：「如果社群是『在生產之前設定』，那並不應是以一種先於工作存在、且等待啟動的『共同存有』（common being）的形式，而是有如一個獨特生命存在的『存有之共同』（being in common）。這意味著，社群賴以形成並在其中得以分享的共顯，並非有機的共顯（organic articulation）（雖然馬克思 [Karl Marx] 沒有其他的描述方式）。這種共顯無疑對獨特生命有極為根本的意義。這些獨特生命之所以為獨特生命，因為彼此交疊共顯（articulated upon one another），因為他們沿著推力、撕裂、扭曲、機遇等方向散播與共享，而這些方向所形成的網路則又構成他們的「存有之共同」（being-in-common）。而且，這個條件意味著，這些獨特的生命對彼此而言，就是目的」（75）。當然，**翻譯**便是這種共顯的一個好例子。

7 參見儂曦在註8對 "articulation" 一詞的解釋。

8 強調為原文中本有。

9 強調為原文中本有。

全是因為「每一個整體的不完全本質」。也就是說，文化差異只有
在共顯實踐發生的過程中，不會再被視為內與外之差別時，才能被
意識到。

但我們也必須強調，「在批評社會是由必要的法則所統一起來
的整體這種觀念時，我們也不能只是把元素間**關係**的非必要性質加
以突出而已。因為那樣的話，我們就會保留了各個元素之**身分**
（identity of the elements）的必要性質」（96）[10]。於是，共顯實踐總
是發生**「在無法完成固定身分的場域中」**，在**「多元決定的場域中」**
（113）[11]。而且「既然每一個主體位置之論述本質（discursive
character）之確認，與拒斥主體之為一原生與創建之整體（originative
and founding totality）息息相關，那麼，最後應廣被接受的分析觀
點應是，某些位置相對於其他位置時，須被解散、去整體化，或去
中心化」（115）。因此，共顯實踐之能動者的主體位置既然不能被
理解成一個完全自知的主體，其共顯就必須是一個去中心、破中心
（caesural）的實踐。

然而，常見的是，亞洲研究中進行文化差異之描述的能動者，
總把自己塑造成一個已確立的身分，譬如說一個相對於亞洲人的西
方人；他／她被預設成具有一個完全外在於、分立於其觀察領域的
主體位置。就此而言，西方人的身分被提出，正是為了作為普拉特
（Mary Louise Pratt）所謂「接觸區」（contact zone）──也就是說學
生遭遇與觀察文化差異的地方──中的帝國之眼（Imperial Eyes）
的擁有者（Pratt）[12]。顯然的，與這種分離的自我塑造異曲同工、

---

10 強調為原文中本有。

11 強調為原文中本有。

12 普拉特用「接觸區」（contact zone）一詞，來指涉「殖民遭遇發生的空間，在這種
　空間中地理與歷史上原本隔離的民族開始接觸，並建立起持續不斷的關係，且這
　些關係往往又涉及脅迫的狀況、種族的不平等，及無法控制的衝突」（6）。

相互呼應的是亞洲人關於自身亞洲身分的本質化。

　　經由這種方式，我們也面對了文化差異的共顯中所涉的雙重時間。這種兩個時間之間的矛盾正是巴巴談「時間性」時所強調的。時間性讓文化差異之共顯「獲得通往政治想像的社會運動的象徵入口」（58）。而巴巴依法農（Frantz Fanon）之意所言的「時差」（time lag）——即在象徵與符號、共時性（synchronity）與斷裂（caesura）或驚風（seizure）（但並非共時性）等兩者斷裂性的重疊（interruptive overlap）中，所產生的一個反覆的、質詢的空間（59）——使我得以繼續喚起大家對這兩種時間性的注意。但我寧願稱之為「反覆的、質詢的連續時間」（iterative, interrogative duration），而不稱之為「反覆的、質詢的空間」。作為「包含連續（succession）、融合、組織、異質、質的區分，或種類之別等在內的一種內在多樣性」（38），柏格森式（Bergsonian）的連續時間（duration or duree）更能充分表達文化差異之呈現中所固著的文化身分之穩定性，及文化差異獲得共顯的發聲時間，兩者在根柢上無法相容的經驗。文化身分之穩定性與發聲時間之不相容，正如空間與純粹的時間延續之不相容（因後者與並置、比較、互為外緣 [mutual externality]，及任何的外張 [extensity] 觀念都不相容）（75-139）。這也就是說，雖然我們可能在任何時候區分認知主體與實踐能動者，但它們一定讓人覺得是彼此重疊，但又絕不會合一。認知主體會在共時性的空間（性）中出現，實踐主體則總是企圖逃離這種空間性，且也絕對無法為其自身所掌握[13]。實踐主體總是帶著出竅的（ecstatic）時間

---

13 下面這個段落可以讓我們更充分的瞭解，為什麼需要區分實踐主體與認知主體，才能提出文化差異發聲的共顯功能，並彰顯其與依據文化本質主義所再現的文化差異有所不同：「自由是具體自我與其行動之間的關係。這個關係無法界定，正因為我們是自由的。因為我們能分析東西，但無法分析過程；我們可以切割『外

性。換言之，實踐主體絕對無法被當作一種自我的鏡像般討論。因此，我認為，雖然上述二者常被以同一個詞彙稱呼，實際上卻屬於兩個不同的領域，而且認知主體是在空間中建立，而實踐主體則在時間之延續中感知[14]。

　　就此而言，巴巴的介入具有關鍵性。因為他毫不含混的指出，把文化再現的空間中所銘刻的身分加以轉化的可能性，便是在文化差異的共顯中之發聲表演（performativity of enunciation）所內含的可能性。除非主體性形塑與轉化的各種議題被當作瞭解文化差異的必要部分，否則我們便無法為了使固定的身分移位，及提倡另一種文化差異的共顯方式，而提出特定的理論、促成特定的政治干預。當身分被視為是永恆而超越歷史的，同時諸如前殖民主人與本土奴僕之間的位階關係被想像成，是因為一般經濟或政治發展而產生當

張』（extensity），但無法切割連續時間（duration）。或說，如果我們堅持要分析，就會把過程變成一個物體，把延續變成外展。藉由切割具體時間這個行為，我們把它的分秒都置入了同質空間（homogeneous space）中，於是我們就以『已經做好的』（the already done）取代『正在做』（the doing），而且因為我們開始把自我的行為加以刻板印象化，我們也必會目睹自發動力固定成毫無動能、自由變成必然。如此，則任何對自由正面的定義，都勢必造成決定論……每個期待對自由加以說明的要求，都在不知不覺間回到下列的問題：『時間能夠被空間充分的再現嗎？』而我們的回答是：可以，如果你處理的是已逝的時間。不可以，如果你處理的是在行進中的時間。那麼，自由的行為是發生在行進中的時間中，而不是在已逝去的時間中」（219-22）。

14 根據西田幾多郎的看法，柏格森式的時間排除了實踐主體的社會性定義，因為實踐主體是在與其他實踐主體形成對比關係的情況下，獲得自己矛盾而分裂的身分（日文：矛盾的自己同一），而柏格森式的時間缺乏如此的社會與空間的面向。西田幾多郎認為柏氏未能顧及實踐主體的社會與開展（expositional）之性質（5-84）。在西田幾多郎對空間重要性的強調中，並沒有對重複性（iterative）、叩問性（interrogative）的空間、共時性空間（the space of synchronicity）三者的差別，有理論化的探討，雖然說在許多地方，他的論證的確環繞著各種不同的空間觀。

前的變異與反轉，這些前殖民主人即使再能自省與反思，也很難抗拒赤裸裸的種族主義的回歸誘惑。當前這種「回歸西方」的文化氛圍無疑是其明證；因為，當他們的「西方人」、「歐洲人」、或「白人」的身分一旦被本質化，他們遲早會覺得四面楚歌，而開始要求承認其種族之道地性，並不斷呼籲回到「被忽略」的傳統、恢復「對西方文明的愛」。彼等認為自己在這個變動的世界中位置有某種想像的變動而產生這種反動的反應，並非意外，也不全然病態。某種意義而言，這是族裔、種族、國族，及文化等各種身分的本質主義的必然副產品。因此，以理論解讀文化差異的共顯中的認知主體及實踐能動者時，最重要的乃是，我們如何才能找到一種批判性的介入，能超越報復性的揭發知識生產中的種族中心體制，雖說這種報復性的解構也許在某些階段是必要的；質言之，此處的關鍵乃是，我們如何設想有一種不同社會關係的共顯能與文化差異的不同共顯一起發聲。

在文化差異的共顯中，與客體的純粹認知性關係，或純粹實踐性關係，都不可能；或者說，我們既不能是全然置身於社會世界之外的局外人，對該社會的投入從頭到尾都是認知性的。我們也不可能是全然的局內人，與之只有單純而盲目的實踐關係。那麼，由於這個「時差」，以及時間的雙重性，內外的二元對立就無法成立。此種對立若能再製，必然要經過一連串的壓抑與否認。如此，則我對共時性與斷裂之間的持續緊張，以及「主觀」與「主體」之間的不穩定的相對差異所做的探討，必能揭示政治介入的地點及我所謂的「發聲移位」（enunciative displacement），後者可將各種身分在文化再現空間中予以銘刻及再銘刻。

那麼，我對於雙重時間的討論，到底與理論及亞洲研究有何關聯？

內外的二元之別的無法成立，應意味著不論亞洲研究的學生，

其國族、族裔、階級，與性別的背景如何，因為接觸到了那些亞洲獨特的生命，而參與了亞洲社會世界，早已使他們涉身於一種實踐關係之中。就這方面而言，亞洲研究的學生只要觀察、試圖瞭解、並說出關於亞洲文本（廣義言之）的各種「決定因素」（determinations），他們就是亞洲人。即使美國的亞洲研究的學生也不能把自己形塑成亞洲社會世界的純粹局外人。但同時，我們也必須強調，所謂的亞洲人也絕不能視自己為純粹實踐主體，為居住在自己的社會世界、並與之共同終始、水乳交融的真正的本地人；因為文化差異的共顯發生的所在，正是本地人與非本地人、亞洲人與非亞洲人，或非西方人與西方人等共時性二元對立（synchronic opposition）被徹底問題化的所在。只有將認知主體與實踐能動者之間的持續緊張加以實踐上的協商──而且是政治性的──才能將文化差異共顯予以發聲；唯有敢於把固著在符號共時性中、推想出來的身分，加以質疑，這些身分才能重新建立──假如真有可能的話。

　　當然，學生接觸到他們所研究的社會世界，並不意味著他們已被那個研究客體中的居民認同的社會所接受或同化。實踐的關係並不排除有衝突的可能。相反的，實踐在本質上是具衝突性的。基於此，為建立國族的自己人認同（national communal identity），許多亞洲國家的人都覺得必須排除所謂的「西方人」及前殖民國國民；他們賦予這些人外人的身分／地位，並犬儒的接受彼等除了「西方」別無身分的事實。（我們是否應稱此為西方主義？）他們以為把西方中心主義加諸他們身上的命名加以反轉後，便能建構國家的神話性主體。同樣的，亞洲研究的學生常常都執迷於強調，亞洲的社會與文化形構，甚至於其生理結構之非西方性格，以說服自己具有西方的身分。但這些身分的特質卻正是在他們與那些社會世界的實踐關係中被質疑。我們難道不常看到，亞洲的文化本質主義心甘情願的內化種族主義加諸他們身上的刻板印象，與羅伯‧楊（Robert J.

C. Young）所謂的「西方之自戀」之間，有一種奇怪的共謀關係嗎（*White*）？

在亞洲文化本質主義與西方之自戀之間的移情與反移情（countertransferential）往來中所凸顯的是，將文化差異的共顯予以發聲的能動主體其模稜地位（liminality）引發了焦慮，從而產生一種想要將此焦慮加以徙置（dislocation）的慾望。為了要能共顯他們所參與其中的文化差異，亞洲研究的學生，有如西歐或北美的亞洲移民一般，必須立足在一種「兩者之間」的模稜位置上，結果他們便發現自己陷身於與研究對象之實踐關係必有的衝突（antagonism）中。我們來想像一下，一個來自殖民國或前殖民國的人類學者，他所工作的地區大部分的民眾都在日常生活中明確體認到，殖民暴力所造成的嚴重破壞是無可置疑的。在這種狀況下，對這位人類學者而言，把自己與研究的社會、文化，或人民的關係變成純粹認識論關係，並以這種「與實踐的觀察者關係取代與實踐的實踐關係」（Bourdieu, *Logic* 34），幾乎是不可抗拒的。正如姜尚中（Kang Sangjung）的研究所顯示，日本公立中學的歷史教科書，複製了最典型的那種西方因自戀而把非西方排除的「東方主義」視角，其目的是為了否認（disavow）因日本過去在亞洲各國的作為必然會引發的焦慮（"Shôwa"）。這種否認很可能會以一種慾望的形式出現：由於西方與亞洲或日本與韓國等配對身分的一般性二元對立所形成的特定實踐關係，產生了焦慮，故企圖加以徙置並藉此繼續複製及固化這些身分。亞洲研究的學生並不是因為在他們「兩者之間」的這種模稜狀態，使他們遭遇到自己身分的危機；他們是在這個關鍵性的「接觸區」的模稜狀態中，被迫面對其「身分即是危機」的事實。正是因為他們陷入了危機，他們才會執意要認同「他們自己的」西方或日本。經由否認焦慮的方式所建立的身分，只能建基在「同質社會性」（homosociality）上。這種身分最終而言只能以負

面的、排除性的方式來建立[15]。由於相信在某個時期總得建立現代
國家以對抗殖民主義與帝國主義的侵害是一種歷史必然，而產生的
亞洲文化本質主義，其與「西方之自戀」之間的相互移情關係，事
實上是植基於對這兩種「同質社會」的要求同時都需要的共謀關係
上。

走筆至此，想必大家都可以看得出，下列這類問題中的陷阱：
「理論是否能、是否應該事先就認清自己的局限，並謹守分際，以
將其應用規範在有相干性的、特定地緣政治的、在地的、歷史的時
點之內？[16]」這個問題中那個看起來是出於謙卑的動作，卻不但未
能強調亞洲研究之實踐的衝突本質，反而將之抹除。若無法注意到
這種危險，便等於忽視亞洲研究之實踐的歷史性、在地特殊性，及
政治性。對於一種理論之有效性的限度及可能性之條件（包括認識
上的，以及歷史上的）這兩者的評估，若無理論的媒介必然無法達
成。我同意理論或某理論性的論述策略的整套系統必須要界定其應
用範圍，而不應被尊為無批判性的「普遍主義」可以到處適用；但
我也不會不注意到「特殊主義」與它所反對的普遍主義之間的共謀
關係。

---

15 讀者也許會注意到，此處的「同質社會（性）」所指涉的批判研究領域與伊芙・賽
菊寇（Eve Kosofsky Sedgwick）在其里程碑之作《男人之間》（*Between Men: English
Literature and Male Homosocial Desire*）所指涉有些不同。我的重點不在以恐同性戀否
認同性情欲及厭惡女人的女性挪用，來建立男性情誼及同質性，而在於藉由把外
人奇觀化（spectacularization of the outsiders）的方式，建立國族、種族，及文化的
同質性。然而，我並不想否認，某種性別區分確在國族、種族，及文化同質性的
建立過程中，強力運作。譬如說，除非我們把性別政治帶入，否則便無法批判的
瞭解西方的身分，因為在西方的建構過程中，這個成分一直都存在著。

16 在奧瑞岡大學「理論與亞洲研究」研討會的計畫書中，這個問題曾被提出。本章
的初稿便是針對「理論與亞洲研究」中的普遍性與特殊性此一問題，所提出的回
應。

　　因此，關於理論與亞洲研究，我們要問的第一個問題是，理論與「亞洲研究」這個主要是地緣政治性的名稱所衍生的一組對象，這兩者間的關係。因為亞洲被界定成典型的非西方，以及歐洲或西方的他者時，所依據的理由在歷史上是負面而具對立意味的，故對理論及亞洲研究展開提問，無可避免的會引出一連串其他問題：關於西方／亞洲這種二分法的排除與分離性質，及這個提問行為一定會涉及的發聲位置（enunciative positionality）。一般常認為，理論總是西方對亞洲的挪用（appropriation），如果不能逕稱強加（imposition）的話。它必然會循著巴巴所謂「圍堵策略」（the strategy of containment）的路徑，就彷彿法律規定般不可置疑（16）。這種看理論的方式，不但會再次強化那種已然近乎宗教性的普遍主義與特殊主義的對立（其政治用途已由學者如凱薩琳・霍爾 [Catherine Hall] 在探討十九世紀牙買加時分析過 [240-76]）[17]，而且也會阻止理論在不同的應用下，達到逐漸瓦解西方與非西方的二元對立及其政治意涵的目的。假如這種關於理論的看法是唯一的選擇的話，我會建議乾脆放棄理論算了。雖然理論確有被一種東方主義式的分工所定性或諭令為西方人的專利，理論的普遍主義與特殊主義仍局限在符號的共時性之中。除非「主體」或實踐能動者被全部吸收進入「主觀」或認知主體，理論實踐的普遍主義或特殊主義都不會是一個重要的議題。

　　在對理論與亞洲研究之間的多價聯結關係提問之前，我的第一步是要避開當前極普遍的、對於理論的定義所產生的混亂。我所要討論的理論並不指涉一組以普遍性（即「普遍一般性」[universal generality] 之意；與無限普遍性 [infinite universality] 大不相同）為根基的論題（propositions）（而與之相對的則是根植在特殊性中的理

---

[17] 霍爾舉證了普遍性與種族之間形成共謀的一個明顯的例子。

論應用對象）。

　　理論實踐最關鍵的是，在普遍主義與特殊主義都無跡可尋之前的共時性空間構成中，各種不同力量的互動。理論實踐必然關心如何明辨那些力量。但我們必須強調的是，我們絕無辦法把在共時性空間構成中運作的所有力量，都納入意識之中；那種敢於號稱能夠全知的觀點，也就是認為所有力量都能被分殊明辨的觀點，無可避免會需要設定一個無私而全知的自我（impartial and omniscient ego）。他被想像成是立足於遭遇文化差異的地點之外。這就是為什麼「實踐主體」因為其本質上的開放性或不完全性，而被認為是在歷史中。而迴避實踐關係則使得「認知主體」在本質上變得非歷史化。因此，理論實踐必須要唐突文化差異的再現，並藉著強調德勒茲（Gilles Deleuze）所謂的這種實踐主體理論實踐本質上的遺忘，以及認知主體在所謂面對文化差異時同樣本質上的偏頗，來共顯揭發再現之中的政治性（140-41）。我所瞭解的理論所要做的是「介入」（intervention），而非對所謂的對象之理論應用予以完全掌握。

　　既然「亞洲研究」被認為是由較小單位的地緣政治名稱——如中國研究、日本研究等——所組成，我衍生自第一個問題的第二個問題，是針對這個領域的構成乃是根據民族國家——通常在想像中被視為是一種同質性的內在——之統一性的這個想法。

　　和辻哲郎所著的《風土》（氣候與文化）（*Climate and Culture: A Philosophical Study,* 1961）一書一直被認為是日本文化史領域中的關鍵性作品之一。從早先在《思想》學刊連載（1929-1934）時，它就在日本讀者間大受歡迎。在很多方面，《風土》一書被解讀成一部在日本文化史的兩線發展——作為學院學科及一種通俗寫作（後者即一般所謂的日本人論或關於日本之獨特性的論述）——上，扮演了決定性角色的經典作品。

　　在《風土》一書中，和辻哲郎企圖要藉由兩個基礎的範疇——

氣候與國民性格——建立文化形態學（cultural typology）。然而，雖然其體制宏大，這整部對於「人」之為一個特定氣候中的居住者，所做的詮釋學與存在性（hermeneutic and existential）的研究，是從一個旅行者的角度寫成。這個旅行者在中國、東南亞、印度、中東、歐洲短暫停留後，從德國返回日本。書中所寫便是旅程中所觀察到的文化差異。在書中，我們可以看到作者在面對外國文化時的驚訝、他好奇的眼光、他的憤怒，以及他對當代國際政治的認知。然而，同時讀者也無法不注意到，作者也希望能建構一個國族敘事，其中的身分是經由觀察日本與其他國家的文化差異，所建構而成。結果，我們在讀過此書後，所得的結論是，所有其他的氣候、文化，與民族，都被視為是朝著一個最後的目標逐漸累積整合中的重要點滴：日本國族的文化認同。有趣的是，《風土》一書似乎是由一個與西方之自戀差別不大的自戀所導引。事實上，只要能有助於把各地人民建構成「自戀、自我強化的他者」，和辻哲郎會毫不猶豫的引用歐洲的研究成果來處理文化、氣候，及與此相關的分析，以饗日本讀者（Young, *White* 162）。他對歐洲的依賴，遠超過學問的領域。他似乎也接受歐洲對非西方的政治態度。譬如說，他分析印度人與自然隨遇而安的（resigned）關係時，便是採取了殖民行政官的視角：「印度人情感的豐富便是來自其隨遇而安的態度。而隨遇而安的態度也同時是一種屈從的態度」（25）。在和辻哲郎證明了印度人的情感豐富是印度文化的一個一般性和跨歷史（transhistorical）的特質後，他強調：

> 即使在晚上的慶典上，在群眾或大隊燈籠遊行的歡樂喧鬧背後，總有某種憂傷無法被掩飾。這種豐富的情感沒有讓我們感到欽慕（如印度之過去一般），反而因為它所造成的缺乏意志及臣服於我們在此目睹的壓迫，而使我們神傷。雖然我們也許

沒有看到壓迫的實際證據，我們覺得印度自己就是一個受苦的
象徵……。因為印度人逆來順受，或說，因為他缺乏侵略性和
做主的性格，故事實上會把我們內在所有的侵略性與做主的特
質引出來……雖然他們的棉花也許充斥在全球市場，印度的逆
來順受竟從不改其志——有其不抵抗與被動服從的政策為證。
（38）

今天，有些人可能很難相信這些話是1928年到印度去的一位
日本遊客所寫，因為他所採取的觀點，是非常典型的英國殖民當
局，以及十九世紀歐洲東方主義者的觀點。毫無疑問的，和辻哲郎
對這些亞洲地區的知識，多半來自於歐洲人的民族志與地理學的著
作。用一個完全是殖民者的觀點來看印度，他似乎很自在。（事實
上，和辻哲郎在寫《風土》時，也不掩飾他是受了歐洲的東方主義
著述的影響。然而，本書的英文譯本中刪除了歐洲論氣候學的章
節，又似乎饒富意義。我會再回頭談這點。）

不過，和辻哲郎又好像也注意到了，日本的泛亞主義者（pan-
Asianist）在其關於被殖民亞洲的著述中，呼籲要把亞洲的民族從歐
洲帝國主義的魔掌中解放，而沒有完全忽略有些非印度人並不願忍
受印度人所受的苦：「到印度的旅客不免會希望印度人能揭竿起義
而起，爭取獨立」（38）。所以和辻哲郎至少承認，他和這個觀察的
對象的實踐關係會在他內心產生焦慮，而且在他與彼的實踐關係
中，他必須要具有一個會要求他做某種政治決定的特別的位置。不
可否認的，這種焦慮與當代印度被殖民的政治狀況，關係密切。然
而，這種歷史特殊性的感覺，幾句之後就不見蹤影了，因為他說：
「印度工人的體力據說還不如中國人，與西人相比則不及其三一或
四一；但不論是這點或其性格，都並非隔夜能改。」和辻哲郎引用
印度自《吠陀經》以降的經典，以及前基督教的佛教修辭，來證明

印度不變的民族性，故其對印度氣候與文化的分析將他與觀察對象的實踐關係予以非歷史化了。此外，他藉由把印度對殖民統治的屈服歸諸印度的民族性，而把自己在與觀察對象的實踐關係中所感受到的焦慮，投射到了對象本身。他甚至站在英國殖民行政當局的角度表示，讓印度人被壓迫的不是英國殖民主義，而是印度人自己的那種歷百世不變的民族性本質。和辻哲郎在此想要製造一個最典型的客觀主義，以把觀察的社會條件完全歸諸對象本身。

他不穩定的立足點及曖昧的身分（非白人及旅客）也是部分原因吧——和辻哲郎必須面對一個存在於他與受英國殖民統治的印度人的實踐關係中的不確定性（undecidability）。回頭我們就會看到，為了消除這個不確定性，他的整個倫理學的研究很快就會專注於此；他被置之於賴克勞所謂的結構的「移置」（"dislocation" of structure）之點，而使得他有了某種自由。然而，就在他獲得了可以打破共時性空間的這一刻，也就是當他可以與印度人認同的時候，他卻選擇與西方認同[18]。

和辻哲郎之後與歐洲的接觸則留下創傷的印記。最初，也就是1927年，和辻哲郎被文部省（教育部）派往歐洲準備修習德文三年。但在德國一年之後，他就因為「精神崩潰」而決定打道回府（Kokoku）。我們猜想可能的原因之一是，他頭一遭從被歧視者的角度遭遇了種族歧視的現實。

和辻哲郎與西方的或英國人的關係，向來都暗藏危機。他的論

---

[18] 賴克勞以徙置（dislocation）來解釋自由與主體性如下：「主體有一部分是自我決定的（self-determined）。然而，由於這種自我決定並不是一種對於本來面目的表達，而是沒有實際存有（lack of being）的結果，故自我決定只有經由認同的過程來進行……。徙置則是自由的來源。但這並不是有明確身分之主體的自由——若係如此，則那只是一個結構的中心；實際上，那只是一個結構上的錯誤——只能經由認同的行為來建立身分」（60）。

文〈美國的民族性〉（"Amerika no kokuminsei"）[19] 及〈日本的神道〉（"Nihon no shintō"）一再重述他對央美帝國主義的強烈譴責。甚至在《風土》一書中，我們也可以看到他對歐洲中心主義明白的唾棄：「我們絕不能接受像黑格爾那種世界史觀，把歐洲人視為**上帝的選民**」（232）[20]（在一九三〇年代末期，和辻哲郎改變了他對黑格爾 [G. W. F. Hegel] 世界史觀的看法，並修改他的倫理學，以便把日本民族國家在世界大歷史中的使命納入其中，見其第三章）。

〈美國的民族性〉開始有一段話，意思是說現代世界的開始，肇因於歐洲相對於非歐地區的軍事優勢。和辻哲郎指出：「在美洲大陸的歷史中，歐洲以其軍事優勢打敗了墨西哥與祕魯的王國，並消滅了大部分的當地人口」（456-57）。在西班牙征服美洲的過程中，「任何手段都不會被認為是殘酷的，只要目的是為了摧毀邪惡的果實和傳播福音。這是屠殺原住民背後的原則」（464）。

尾隨西班牙征服美洲而來的盎格魯撒克遜的美洲殖民，是以一種不同的基督教態度進行的。新教殖民者把信仰視為個人選擇，而不敢為了基督教的緣故殺人。但是，為了殖民新取得的土地，還是必須摧毀原住民的抵抗。就這方面而言，他們除了屠殺原住民，別無選擇。然而，盎格魯撒克遜人需要不同的原則，以便能師出有

---

[19] 根據古川哲史（Furukawa Tetsushi）為《和辻哲郎全集》第17卷所作的序 (Tokyo: Iwanami Shoten, 1963), p. 483，〈美國的民族性〉一文，最初是刊登於《思想》1937年10月號（最近我有機會與編輯《和辻哲郎全集》續篇的米谷匡史 [Yonetani Masafumi] 見面。這些新篇幅中有些文章與手稿，並沒有收入原先出版的全集。似乎有一些文章在全集首度出版時，曾被刻意排除。米谷匡史則確定的指出，古川哲史關於〈美國的民族性〉的資訊是不正確的，該文應該是太平洋戰爭爆發之後所作。因為這個資訊，我必須修改我對此文的詮釋。如今要把任何批判意圖歸諸和辻哲郎的這一篇文章，又更不可能）。

[20] 強調為原文所有。

名，殺得心安理得。根據和辻哲郎的說法是，這些殖民者是以天賦
人權的理由，堂而皇之的屠殺違反和平協議的印地安人——雖然這
些所謂和平協議都是一面倒的照顧殖民者的利益。他們能心安理得
持續屠殺，因為，

> 　　公義與不公義的區分，並不存在於契約關係未成立之前的自
> 然狀態，所以**違反公義**的總是原住民。因此，他們可以**假公義
> 之名**，驅趕及屠殺原住民，並且不斷往新大陸深處殖民。西班
> 牙人雖然以基督教之名屠殺原住民，但後者皈依後，也就不在
> 意與彼混居。相較之下，盎格魯撒克遜人顯得更為**殘酷、無
> 情、惡毒**。然而，他們意志堅定，始終以此態度為傲。一般總
> 是說，只有盎格魯撒克遜人能在美洲建立一個龐大而強盛的國
> 家，因為他們有霍布斯（Hobbes）所言的那種堅定意志。
> （466。原著強調）

　　假如我們接受和《辻哲郎全集》的編者，在第17卷所說的此文
初版日期（近人有謂日期恐有誤差），我們便很難不在其論證中，
覺察到某種寓言性的策略，因為出版日期是設定在日本對英美開戰
之前。這篇文章——也許不自知的——可以揭發殖民情況中的權力
關係所隱含的一般性結構，以及殖民者以套套邏輯（tautological
manner）來合理化其「公義」時的典型盲點。因此，就當時東亞的
現況，以及日本帝國主義外交的歷史而言，「盎格魯撒克遜」這個
詞是可以輕易用「日本」這個詞代換的。然而，我們並不能說，這
篇文章「揭發」了殖民權力關係的一般性結構。這是因為這點並未
成功的說出來。我們也許可以猜測，本文之寫作有意要兼具反諷日
本之作為的效果。但盎格魯撒克遜人與日本人之間可能的模擬
（mimetic）關係，並沒有被注意到。前述的殖民權力關係完全被歸

諸盎格魯撒克遜人的「民族性」。基於某些回頭我會再談到的理由，和辻哲郎所看到的盎格魯撒克遜與日本之間的相似，在整篇文章中完全被壓抑了。和辻哲郎刻意迴避了他批判盎格魯撒克遜人時，可能產生的自我批判效果。

這種刻意的遺忘，往往可以促成國家的團結感。經由排除那些可能會打破集體默契而提到這個壓抑的人，人們就可與所有可能需要否認這種焦慮的人，建立一條認同管道。因此，就建立國族敘事而言，巴巴指出：「就是經由這種遺忘——或不得不遺忘——的語法，一個民族的那種充滿爭議的認同才會浮現」（"DissemiNation" 310）。但我們不能忽略其他可能讓困境中的群體獲得力量的政治效果。「不得不遺忘變成了記起國族的基礎、將之重新拓殖、想像其他具競爭性和解放力的可能文化認同形態。」然而，我很難想像和辻哲郎的刻意遺忘的策略，可能促成具解放力的文化認同形態。

和辻哲郎在〈現代日本與町人根性〉（"Gendai nihon to chônin konjô"）（日本原名：現代日本と町人根性）一文中，對1904至1905年之日俄戰爭以來，日本與亞洲國家與帝國主義的關係，提出了批判的觀點。「在日俄戰爭中，日本把帝國主義將把亞洲的每個角落化為殖民地的矛頭擋開。日本（對帝國主義）本能的唾棄，本足以讓亞洲解放，但卻在這場戰爭勝利後，就此打住。日本自己也加入了帝國主義的競賽」[21]。日本資本主義的發展，也許看起來似乎可以讓「東方的民族」從歐美殖宰制中解放，但其最初並非真有此意。日本人從未認為自己的成就是「將東方自帝國主義解放。一次大戰後，日本對凡爾賽和會所提出的種族平等條款之淡漠，可見一斑」（"Gendai"）。

即使是這麼短的文章，都可以作為例子說明，同時承認模擬關

---

21 In *Watsuji Tetsurô Zenshû*. Vol. 4. 原初以系列文章發表於《思想》，1932年4月至6月。

係與敵對關係的共顯實踐，如何能發生。盎格魯撒克遜與原住民的
關係無疑是敵對的，承認與彼有模擬關係，便意味著承認日本與中
國或帝國內其他少數民族的敵對關係。但和辻哲郎始終沒有獲致這
種認知。而正如我們已看到的，與盎格魯撒克遜及西方的模擬關係
是由另一種體系（economy）所引導。這種體系由一種稱之為「民
族性」的架構所規範與支撐。在此體系中「實踐主體」被完全壓
抑。正因為和辻哲郎堅不承認這層模擬關係，他反而更易受此關係
的負面影響，且不得不更進一步模仿盎格魯撒克遜及西方最令人不
悅的面向。

　　〈日本的神道〉一文與〈美國的民族性〉一文，都在十五年戰
爭的後期的同一年出版。在文中和辻哲郎毫不令人驚訝的更努力地
壓抑前述的「自我批判」之副作用，否則便會破壞盎格魯撒克遜的
「自戀而自我強化的他者」的建構，以及「他們」與「我們」的區
分。我們在這些文章中所能看到的是，為了宣洩對自己國家的殖民
行為所感到的罪惡感，而將之徙置到關於英美帝國主義如何殘酷的
描述上。正如西方人津津樂道「白奴人口販賣」，是用以徙置彼等
對有色人種施以種族主義暴力後產生的焦慮，和辻哲郎譴責英美帝
國主義似也可減輕他自己的焦慮（我們回頭會看到，關於他對中日
戰爭的焦慮，他找到了一個方法來完全迴避。也就是說把自己和全
體日本人描述成中國人奸詐成性下的受害者）。而且，否認與徙置
集體罪惡感反可以強化「日本帝國」的國族情誼，以對抗「英美惡
魔」。就〈日本的神道〉與〈美國的民族性〉二文而言，我們必須
強調，和辻哲郎只是遵循政府的政策來妖魔化敵人。就此觀之，他
對於「白人」帝國主義的譴責只是再一次證明了，日本也涉入了
「紀伯林（Kipling）所謂的『偉大遊戲』之中」，此乃「帝國主義的
優越感情結」的產品──「也就是，讓『他們的』土人互相衝突，
互相反叛，而且，更超乎此的是，他們都在彼此競爭的過程中，把

種族主義的形象投射到其殖民事業的對手身上，以證明自己有傲人的人道氣質」（Balibar 43）。

　　於是，和辻哲郎論文化形態學的著述，讓我們看到了無批判的認同西方與無批判的反對西方兩種態度的奇怪共存。因此，在他於一九三〇年代出版的文章中，和辻哲郎維持著一種反帝國主義的姿態。然而，「帝國主義論述」不只是意見；它也包含某種觀察者的位置或一套規矩，帝國主義的主體位置之體制便是因此而得以成立。很少有人會自稱其意見有種族主義色彩，但種族主義卻充斥在我們生活中的各個層面。同樣的，很少有人會正面為帝國主義或殖民主義辯護，但許多人卻是行動上的帝國主義者或殖民者；因為帝國主義並非成就於狹義的「敘述」（statement）的層面，而是在「論述」的層面。我並不企圖在此確定和辻哲郎這個人內在是個殖民者，或種族主義者；對和辻哲郎的思想體系蓋棺論定，並非我的工作。我的重點在於質問，和辻哲郎雖然採取了反帝國主義的姿態，最後卻常常認同一個特別的觀察或主體位置，唯帝國主義論述能支撐之；也就是說，我的目的是要把反對帝國主義卻無法跳脫帝國主義行為系統的內在動因，公諸於世。

　　也許，1929年版的《風土》一書後來再版時被刪除與改寫的部分（第三章第一節），可以讓我們更加瞭解和辻哲郎內在的這種曖昧。在這一部分，他著手界定中國人的民族性。他指出中國人之所以無法形成一個同質的國族共同體，是因為他們一直無法揚棄他們「無政府的傾向」（anarchistic tendency）。這種「無政府的傾向」明白體現在一九二〇年代外國強權占領了許多中國領土的事實中。然而，他不接受對於中國的政治狀況之歷史性解釋，而偏好從非歷史性的文化特質角度予以解釋。

　　　中國人無動於衷的態度可以用他們無政府的社會情況來解

釋。然而，社會的無政府狀態未必就會產生如他們這種淡漠的態度。從**應仁之亂**（Onin era）時代以來的一個半世紀，日本也處在一種無政府狀態。然而，日本是否也變成了淡漠的國度呢？在日本這一個半世紀的混亂卻能產生一個日本歷史上極為有生命力，且情感特別豐富的時期。（252-53。原著強調）

最後，和辻哲郎把中國人特別無政府的性格，化約成某些在歷史時間中相當具有常性的因素。但他也認為，中國人也因為其無政府的性格，而能成為有韌性的個體，而無需國家的保護也能生存。他們也許無法欣賞細膩的情緒，但：

> 中國人是一實際的民族（國族），他們不會願意欣賞生命的美學化，但日本人是個不實際的民族，傾向於過度美學化人生……假如日本人喪失了他們的統一，而與中國人在個人的基礎上競爭，日本人就不是中國人的對手。而中國人的勝利便意味著人性的倒退。（255）

和辻哲郎對幾個已被日本殖民、有大量華人人口的東亞城市所做的個人觀察，便因為當時中日間毫無疑問具衝突性的關係，而完全籠罩在他的焦慮之中。我幾乎可以確定，和辻哲郎這個日本觀光客被迫必須面對，他與觀察對象間的實踐關係所呈現的令人不安與困擾的事實。不管他喜不喜歡，相對於中國的人民，他必須具有一個特別的帝國主義的位置。彼時反日的運動正四下蔓延著，而日本政府在中國也已經以軍事與政治的方式大肆擴張。然而，他一次也不曾嘗試質疑中日兩者間的對立關係，來回應他與中國的關係所衍生的焦慮。這組對立是國族身分間的對立，兩者間的文化差異便是經此而獲銘刻與本質化。在這方面，和辻哲郎對其他知識分子（包

括曾就上海來討論中日關係相關議題的日本作家與導演，如金子光晴（Kaneko Mitsuharu）與橫光利一（Yokomitsu Riichi）等人）採取敵對的態度。後來，1943年《風土》修訂版出書時，論中國的那章有所修改；他藉此解釋自己的政治立場如下：「我在1929年寫作本章原先的版本時，左翼思想正流行，所以我在論氣候與文化時，必須納入對左翼理論的反駁」（3）[22]。

　　和辻哲郎於1927年2月曾在上海待過（V. 8, 125）。他往訪上海時，1925年5月30日觸發的反帝國主義工運，正如火如荼的開展中。迅速大量占有中國市場的日本紡織業資本，因為上海的日本公司「內外綿會社」謀殺了一名罷工工人，而遭到了中國民族主義運動的嚴厲抗議。我相信我能看出，在和辻哲郎試圖要純粹以中日民族性的不同來描述的現象中，其實有一個雙重的敵對關係——殖民者與被殖民者間，及資本家與工人之間。的確，他只是以觀光客身分來到一九二〇年代上海的，一個前田愛（Maeda Ai）稱之為「具有典型的殖民處境下的工巧（craftiness）」的城市（371）。但只要和辻哲郎認同一種稱為「日本人」的主體位置，他與多數被外交豁免權歧視的上海居民間的實踐關係，就無法不讓他覺得有一種威脅感。在這些關係中，他必然遭遇到被稱為殖民者或帝國主義者的焦慮。這種焦慮來自於直接遭遇到了中國人的共顯實踐。如茅盾在

---

22 也許更有趣的是，和辻哲郎也說明了為什麼必須寫中國這一章：「自我寫下那些觀察以來，中國的狀況已有所改變。最明顯的就是，華裔商人在南洋的影響力已然衰退。這也改變了日本本土軍火工業的現況。即使我們把那些急速的變動列入考慮——滿洲事件、上海事件、日中兩國在國聯的紛爭、改變中的經濟狀況、全球對日本通貨的接受、中國內部的慌亂等等——有好些年，我並不認為我關於中國民族性的觀察有何錯誤」（256）。和辻哲郎對於跨國資本的恐懼，與他對經濟政策的立場息息相關。根據米谷匡史的說法，自一九二〇年代起，和辻哲郎就不斷宣揚國家社會主義的經濟政策。參見 Yonetani Masafumi. "Watsuji"。

《虹》一書中所描述，中國分散的群眾即是經由此而逐漸共顯了他
們自己以對抗帝國主義（*Rainbow*）[23]。提到橫光利一所著的《上海》
一書，前田愛指出：

> 《上海》一書寫成時，那個惡名昭彰的「狗與中國人不准進
> 入」的牌子已成過去。然而，還是只有穿西服或和服的人才准
> 進入公園。還是有一條法律禁止穿中國服裝的市民或觀光客進
> 入。剛進入境外豁免國際社群的日本人所據位置的微妙，在
> Koya 的遭遇中具體而微的展現。此人從未對此制度有任何疑
> 議，卻必須在面對西方人時，承認其自卑感；而在面對中國
> 人，呈現其優越感。（394）

用和辻哲郎在《倫理學》一書的用語來說，作為遊客的他與上
海的住民之間，必然會有一種「社會行動中的實踐關係」（日文：
行為的實踐連関）。和辻哲郎作為一個「人」（person），在他與多數
中國居民的「主體位置關係」（relationality of subjective positions）
中，應是據有了殖民者與資本家的主體位置，而中國人則處在被殖
民者、工人等的位置上。

　　和辻哲郎與「無政府的」中國人不同，而與習慣於國家保護的
「外國人」一樣，決定要據有觀察者的位置，繼續描述中國人冷漠的
態度，就好像他與上海的中國人之間不曾有過實踐的關係似的（V.
8, 127）。即使在和辻哲郎的描述中，1927 年 2 月發生在上海的事也
不難理解。也就是說，原先的隔離政策瓦解了。和辻哲郎報告說：

---

23 Mao Dun (茅盾). *Rainbow* (《虹》). 這本未完成的小說的最後兩章與橫光利一的《上
　　海》一樣，特別談到同樣的歷史發展，以及其對角色意識的轉變所造成的衝擊。
　　這兩位作家幾乎是同時從相反的角度處理中國人與日本人之間亂潮洶湧的遭遇。

「習慣於國家保護的外國人，當他們面對**他們可能要脫離國家保護**的這種可能性時，感覺到一種強烈的恐懼及一種不安全感」（V. 8, 127）[24]。因此，和辻哲郎更加倍的感覺到，他必須完全抹除他與上海民眾的實踐關係，並從一個由認知主體的位置所規範的、被保護的觀點，來將彼等當作觀察的對象／客體來觀察。首先，為了把他自己完全塑造成只做觀察的認知主體，他必須依賴那套區隔殖民者與被殖民者的半殖民體制。而他自己之所以能被納入隔離體制的殖民者這邊，是因為日本國家的確保[25]。第二，「脫離國家的保護」會讓他必須停止認同日本國家體制所指令的主體位置，並且生活在「中國人」當中：這很可能會造成再也無法區分「中國人」與「日本人」，並形成中國民族與日本民族的「無政府的」雜處，而導致兩個種族間的對立瓦解。和辻哲郎並警告說：「我們，一向把我們生活的每一個細節都歸諸國家的這些人，實在無法預測這種狀況」（V. 8, 128）。只要和辻哲郎繼續把社會性的每一個細節，都歸諸國家這個主體的總合體（subjective totality）（就如他日後在《倫理學》中所為），他就必須拒絕尋找一種不同社會關係的共顯方式，以與文化差異的一種不同的共顯方式一起發聲。他所做的是，把任何不受限於國籍要求的社會關係、不被國家所認可的身分，加以醜化及摧毀。

　　在這個例子中，和辻哲郎雖然力圖否認他的焦慮，卻仍被扯入了與其他可能的發聲位置的對話鬥爭中。他不但反「左翼思想」，

---

24 強調為原文所有。

25 把上海說成只是一個殖民控制下的城市是有所誤導。關於中國人參與上海行政管理結構的歷史，請參見 Tonoki Kei'ichi (殿木圭一). *Shanhai*。我們也必須指出，和辻哲郎於 1927 年 2 月到上海時，城裡的許多公園，當地居民都還不能進入。據殿木圭一的說法，到了 1928 年 6 月 1 日，也就是一年四個月之後，所有的公有公園才完全開放（134-35）。

也反對那些因自己與上海人有實踐關係而產生的焦慮時，試圖要面
對而不壓抑焦慮的人。橫光利一的小說《上海》描寫的是華洋雜處
的景象，包括國際資本與群眾運動的行為。後者就如同大水一樣，
把隔離的系統沖垮。橫光利一試圖提出一種政治的可能性：他把書
中主要的角色，描述成把自己從殖民帝國中解放，並與上海的人民
建立各種不同的關係[26]。也許，那時期日本媒體這方面最有意思的
嘗試，是龜井文夫（Kamei Fumio）也名為《上海》的紀錄片。片
中，日本人的觀察者位置被大肆破壞並翻轉，以致主體被要求「跨
界到另一邊」，雖然電影本身約在和辻哲郎遊上海十年後才出品[27]。
我在小說《上海》與電影《上海》中看到的，是一種想把不同的社
會關係加以共顯的企圖，而和辻哲郎是無論如何也要將之阻絕的[28]。
因此，在彼時和辻哲郎所稱的左翼思想中，我們仍然可以看到一種
知識分子的態度：勇敢面對因為日本國家與此一大陸之人民的關係
而產生的焦慮，而不去否認它，並且決心要滯留在他們的歷史處境
所造成的基本困境中，而不從他們的文化身分中尋找避風港，雖則
彼時的所謂左翼思想也並非完全不受帝國主義的負面影響。於是，
我們必須要指出，和辻哲郎的《風土》一書所發言責難者，乃是那

26　就這方面而言，對橫光利一的《上海》（*Shanhai*）一書最具透視及啟發性的詮釋，
　　可見諸 Kamei Hideo（龜井秀雄）（122-46）。

27　這部紀錄片記錄的是日本在上海的軍事行為，由龜井文夫編輯，東方公司出品，
　　本片是日本官方的侵華行為的一部分，與日本陸軍與海軍合作製作，用以記錄日
　　本在上海的勝利。然而，我們必須指出的是，觀察者凝視的角度所依循的原則，
　　卻常遭破壞。譬如說，有些鏡頭並不是從日本軍方所喜歡的角度出發，而是從諸
　　如中國難民的角度出發。如此，則觀察主體賴以建立的、區分觀者與被觀者的那
　　個特別的模式，便不斷被翻轉、被質疑。關於日本戰時對敵人與「家」的看法與
　　建構，請參考 Morio Watanabe 的精采討論。

28　關於這個問題，我與前田愛在1981年的談話，使我對橫光利一與小林秀雄
　　（Kobayashi Hideo）的關係有更多的瞭解。我要藉此對他表達遲來的謝意。

些新興的文化與政治實踐，經由這些實踐，知識分子勇敢的面對他們歷史困境的真相。而且，如果需要，他們也隨時願意以仔細設計的文化與知識策略「跨界到另一邊」，並且「看清自己的本來面目，不再逃避真相，並開始予以改變」（Baldwin, *Fire* 10）。

「外國人」與「中國人」的區分的問題核心，不只是從外國來的遊客與住民之別，也是殖民者與被殖民者間的權力關係。不消說，這就是和辻哲郎所謂的，在這個權力關係中與「外國人」認同。但基於他最直接的身分是東方人與日本人，他拒絕承認如果他想要背書日本與西方的模擬關係中的有利面向，他也必須接受其不利面向。經此所否認的這個對西方的模擬慾望，多少經由他對「無政府」混亂狀態與混雜的恐懼所傳達。最後，這個慾望以「壓抑回返」的方式反撲：「中國人比猶太人更猶太，而日本人比希臘人更希臘」（V. 8, 255）[29]。

除了這個奇怪的對比——中國人如猶太人，日本人如希臘人——之外，還有什麼能更清楚的說明和辻哲郎所否認的焦慮之核心？和辻哲郎的反猶太主義最初是發表在一小群日本知識分子之間，彼時納粹仍尚未當道。後來也斷斷續續時有表達，直到十五年戰爭結束。和辻哲郎的反猶太主義最奇怪的地方在於，它是宣示於一個多數人口連基督教教堂與猶太教堂都分不清楚的國度。他的反猶太主義似乎包含了下列三個要點：首先，猶太人被認為是一個「無政府」的民族（ethnos／日文：民族），它所象徵的是國家社群與民族社群的無法合一。而且猶太人的消失也意味著國家社群的理想狀況：國家身分直接等於民族身分（V. 11, 421-42）。和辻哲郎在為戰後美國人帶動的「象徵性」天皇制度找到合法性，以抗拒戰前

---

29 然而，我們必須強調，希臘人與猶太人或希臘人與羅馬人之間的對比，在關於亞洲的著述中已被一再使用。和辻哲郎就此而言並無任何創新之處。

天皇制的普遍王權，就是因為善用這個邏輯。二，西方與東方的對等架構已經建立，若無此架構，歐洲希臘人與中東猶太人的對比也無由對應日本人與中國人間的對比。其三，據說猶太人的商業資本散播「遠超過國家保護的範圍」。而他們假裝同化於他們恰巧居住的國家社群時，他們事實上仍是絕對效忠於他們民族的神祇，並激烈且不為人知的對這些寄居國的神祇不忠。這樣一個關於猶太跨國資本的看法，讓人對那些不顧國界與身分移居的人感到恐懼（V. 8, 55-56）。然而，對和辻哲郎而言，猶太人的形象非常模糊，因此如果他必須在一九八〇年代在論證中把猶太人換成巴勒斯坦人，也沒有必要修改他關於猶太人的論證。因為他把猶太人的名義，用來指稱那些無法建立自己國家，而必須在沒有國家保護的狀況下生活在離散（diaspora）中的人，一如一九二〇年代的中國人。猶太人就是一心要「無政府地」侵入並排除各種把人分隔成各種聚集與區域的界限，並侵蝕現存的穩定的國家疆界。換言之，所有在遭遇文化差異時所形成的實踐關係中可能出現的焦慮，都濃縮到了猶太人這個嚇人的形象上。

　　就和辻哲郎的恐華心態而言，斯拉維・紀傑克（Slavoj Žižek）在《意識形態的崇高客體》（*The Sublime Object of Ideology*, 1989）一書中對東歐反猶太主義的分析特別值得一提。根據紀傑克的說法，「說我們要讓自己掙脫反猶太主義的束縛，學習以猶太人的本來面目待之是不夠的。這樣的話，我們會永遠受這些偏見的擺布」（48）。猶太人這個嚇人的意象剛好可扮演代罪羔羊的角色，讓人們便於把慾望的無解歸因於彼，並藉此把迄未能具體化的焦慮，給予某種統一性。

　　　　反猶太主義基本的詭計就是把社會本質上的矛盾，誤導為健
　　康的社會結構、社會體，與猶太人這個腐蝕前者的腐蝕力量之

間的矛盾。因此,那就不是社會本身因植基於內在矛盾而「不可能」——腐蝕力量被置諸一個特別的個體:猶太人身上,這個誤置(displacement)得逞的原因在於把猶太人與經濟勾當聯成一體:不把剝削與階級衝突歸因於勞動階級與統治階級間的基本關係,而歸因於「生產性」力量(工人、生產組織者⋯⋯)與剝削「生產性」階級的商人之間的關係,如此便以有機合作取代了階級鬥爭。(125)

雖然我覺得對紀傑克書中某些相當教條的關於拉岡理論的應用,有點難以苟同,但他對反猶太主義——雖然我對此在東歐國家的相干性不敢妄加判斷——的透視,卻能幫助我們瞭解和辻哲郎的反猶太主義／恐華心態;我們可以看出一個誤置的過程:以其從「中國人的無政府傾向」民族性出發所描述的文化差異為基石,所得出的對比——生活在「國家保護之下」的西方及日本人,以及「無政府」的中國人——來取代殖民及階級矛盾。

然而,和辻哲郎對這種內在矛盾的否認,基本上是一種反應之舉(reactive act),是由使這種矛盾凸顯的共顯實踐所促成。一個日本觀光客與上海大多數的住民間之實踐關係,尚未被決定為一個殖民者與被殖民者間的關係,或是資本家與工人之間的關係——一直到中國的運動者與日本的左翼將之共顯之後。因此,一定得先要有某種共顯實踐讓它顯影,且其被決定之方式能允許新政治集體的形成,並在最後經此共顯實踐促成現有社會關係的改變。否則,這些實踐關係一直是看不見的,或用和辻哲郎自己的語言就是,「無」,亦即未被本體化前的不存有。

於是,和辻哲郎的否認之舉,所針對的共顯實踐,不只是中國人的共顯實踐,也是某些日本人的共顯實踐。這些日本人不否認,且敢於承認他們與中國人之間的殖民關係所帶來的焦慮;他們深陷

殖民關係之中，但願意努力設法與中國人形成不同的關係。就承認殖民關係而言，在這樣一個共顯實踐中，其分野就與國籍間的分野不同。

　　和辻哲郎關於「主体」（shutai）的觀念，必然意味著在每個「個人」內在，都有一個整體。這個整體是一種共通性（communality），在其中每個人的社會區分都獲超越，而每個人的平等也獲實現。不消說，「這個作為所有倫理組織之上的倫理組織的這個最終整體（V. 10, 128），被給定為民族國家，如此，則在原則上，一個人便不能也不應與那些有「無政府傾向」且沒有生活在「國家的保護之下」，因此不屬此整體的人建立主體位置（a relationality of subjective positions）的關係性（aidagara）。和辻哲郎與上海的那些「無政府傾向」的人之間，若沒有民族國家之間的「國際」外交關係，不會有「人間」（人與人之間）（譯者按：「人間」為日文，但中譯為「人類」）的社會空間。於是，任何國籍不同或沒有國籍的人，就必須被從「人類」的社會空間中排除。雖然，一個人要是有不同的國籍是可以經由國際條約所控制的外交管道，與他人建立關係，而沒有國籍的人，沒有生活在「國家的保護之下」的人，是絕對不能進入「人間」的空間的。和辻哲郎不能以他所謂的「主體」的方式與中國人建立關係，因此他必須把自己設定成一個「超越歷史」的認知主體。正因為他的《倫理學》不只忽略而且還拒絕與沒有日本國籍的人，建立儂曦所謂的「存有之共同」（being-in-common），即非關係性（nonrelational）、非相互性（nonmutual），甚至矛盾關係的社會性，他唯一可以採取的態度，就是作為觀察者─認知主體。假如我們依循他《倫理學》中的邏輯，那麼外國人的國家如果與我們的國家沒有國際關係，我們在倫理上，就必須把他當作觀察的對象。

　　為了把民族國家視為「最終的整體」（ultimate totality），和辻哲郎必須將某些社會關係可獨立形成於「國際」關係之外的可能

性加以泯滅。這種可能性是由中國人所代表，而他也必須先把這種可能性以中國人民族性的論述方式，予以客體化，並以「無政府傾向」之名將之隔離。一方面，他對中國人的描述無疑也反映了一種他第一次海外旅行時就曾感到的不安。另一方面，這也指出了以文化本質主義的論述進行國家社群的建構，與將焦慮徙置的動力之間的互為因果。基於此，我覺得很難把反猶太主義及恐華心態，與對國族文化的討論分開（這點《風土》是很明白的例子）。和辻哲郎把中國人與猶太人的意象，理解成會造成最終（企業形態的）整體之不可能。紀傑克分析猶太人這個嚇人（traumatic）的意象如下：「『意識形態批評』必須翻轉極權政府注視下的因果律聯結：猶太人不但不是社會矛盾的正面構成因素，反而是某種阻滯（blockage）的具體徵兆——這種不可能使得社會無法成為一個封閉同質的身分」（127）。

　　正如拉岡的「大對體」（Other）之無法成立，社會存在的唯一目的，就是證明整體之不可能。在他的文化研究，以及《倫理學》裡，和辻哲郎都必須依循企業體主義（corporatism）的邏輯，從一個同質性整體的假設開始。紀傑克繼續寫道：「社會無法完全掌有自給自足的身分，因為有猶太人存在：它是被自己的矛盾本質、自己內在的阻滯所阻撓，然後它便把這個內在的否定性（negativity）投射到了猶太人身上」（127）。於是，這個嚇人的意象「猶太人」便成了社會的矛盾本質「獲得具體存在」的那個點（127）。從「同質社會」（homosocial）的幻思（亦即渴望能獲得透明的相互認可的同質整體，及兄弟般的水乳交融——後者在和辻哲郎關於 "aidagara"（關係性，betweenness）的觀念，亦即自我與他者間的透明相互性 [transparent reciprocity] 中，表達得最清楚）觀之，「猶太人」看來就像一個入侵者，他把外面的混亂、社會架構的解體及腐敗帶了進來——「猶太人」看來是個外在的積極因素，把它消除了，就能恢

復社會的秩序、穩定與同質（identity）（127-28）。但是，「當然，反猶太主義的『真相』是，我們自身的位置的明確（identity），是經由與此猶太人的嚇人意象的負面關係所構成」（176）。和辻哲郎的恐華心態，弔詭的揭發了他的文化形態學及《倫理學》中所述日本文化身分的「真相」。

就這方面而言，文化形態學與民族性的架構，可用以維繫某種論述系統。有此在手，和辻哲郎對欲否認其文化差異的描述中，論及日本與其對象之實踐關係時所必然出現的政治矛盾，便有正當化之利器。而且同時也可以維持其想要像「希臘人」的模擬慾望。我必須指出的是，這些論述架構在戰後仍然管用。

和辻哲郎對文化差異的討論中可能更重要的是，其關於中國人、印度人，與歐洲人民族及區域特質的描述，總是伴隨著一系列對於日本民族性的論斷。其中每一個特質（determination）都是奠基在，日本人的自我必然是中國人、印度人、歐洲人的他者這樣一個思考架構上。換言之，這些他者的特質是用來以鏡像的方式反射出日本人的自我。《風土》一書包含了一大堆邏輯上的前後不一及關於這些作為對象的民族全然武斷的評價。但因為和辻哲郎據以組織其敘述的主流對話結構（structure of address），這些問題都是可以被忽略的；他只注意日本人與其他國族身分間的對立性及空間決定的差異（oppositional and spatially determined differences），因為，最終而言，他只關心他自己的種族與國族身分的確立。結果，他的每一個對其他民族的觀察，及其對他們的道德判斷，都由一個單一的標準所決定：他自己的種族與國族身分的獨特性（同樣的文化主義[culturualism] 似乎在最近一些論日本的英語書刊中運作。這些書都號稱批判的審視日本社會及文化，但似乎都著迷於強調某種稱為「西方」[而非日本]、但形態不明的個體之獨特性。我們可以在伍夫倫 [Karel van Wolferen] 的《日本国力之謎》[*The Enigma of Japanese*

Power, 1990] 一書中看到這類的文化主義論證方式。但諷刺的是作者相信他自己對「日本人論」式的文化主義非常批判）（*Enigma*）。

《風土》是一個特殊的發聲位置或一組發聲位置上的產物：它是對「我們」日本人在說話，而和辻哲郎絕對不會對那些經他廣泛描述的民族說話。雖然《風土》後來譯成了英文，並在日本之外擁有了相當數目的讀者，他對話的結構本身已排除了日本讀者之外的人。它是從「我們」（we）的位置對「我們」（us）講話。而主詞「我們」是有多重的決定（multiple determinations）：「我們」是一個一般化的、什麼都知道的說話主體；「我們」與和辻哲郎經歷了一樣的經驗；「我們」（因為有共同的文化傳承）共有一種細緻的情懷與相同的好奇心；「我們」所據有的觀點，總是來自日本作為一個有機的整體（日文：有機的全体性）的國家等等。然而，從這本書的開始到結束，那些「對象」人民的抱怨與反駁的可能性早就被封死（foreclosed）。雖然「我們」有多種樣貌，但規範「我們」在對話時的換喻（metonymic）與暗喻（metaphorical）移轉的系統，卻不包含「對象」民族。整個敘述進行的方式，好像「本地人」事實上是永遠無法反駁我們對他們的評論般。而我們也可能看出，和辻哲郎因為排除了那些非我族類的聲音，而享有一種舒適與安全感。然而，正因為此書是對「我們」說話，說話的規範結構（regulative structure）使得作者覺得必須從讀者處得到某種回應，甚至肯定，而也能允許他忽略這個設定的讀者社群之外的人。同時，這個對話的「同質社會」傾向所造成的拒斥（foreclosure），設定並標示了我所說的「名為日本的內在」（interior called Japan）。就此而言，《風土》在其對稱反轉（symmetrical reversal）中複製了一般所謂「東方主義」的對話結構。正如東方主義建構這個稱之為「西方」的主體，《風土》則投射出日本國族的主體性。於是，和辻哲郎與那些他描述文化差異時所論及的民族，雖然在遭遇之處有實際的關

係，卻已被完全納入他與彼等的認知關係之中。而且實踐主體也由認知主體所取代，雖說他始終不斷強調這兩種主體間的差異。

和辻哲郎的哲學人類學是在1931至1949年之間，以《倫理學》之名陸續出版而逐漸發展出其體系。在其中，他也提出「主体」的觀念：實踐主體與認知主體是有所不同的[30]。在《風土》一書中，二者的差別也是一個指導原則；據此，「氣候」這樣一個「歷史社會的觀念」，與自然科學中所瞭解的這個名稱，是很不一樣的。然而，和辻哲郎雖然強調觀察者不是認知主體而是實踐主體，但他完全忽略對社會與文化特質的觀察牽涉到與觀察對象的實踐關係。因為後者也是實踐主體。然而不論他多麼希望避免與觀察對象形成存有之共同，他總是已經在「社會」（the social）中與後者牽扯與接觸。《倫理學》一書中清楚的顯示，他所一再迴避的是「社會」的不確定性。這種不確定性內存於人與他人之「存有之共同」，且無法等同於身分在「共時性空間」（spatiality of synchronicity）中的關係性決定（relational determination）。他運用主體這個詞事實上只做到了一件事：用認知關係置換了實踐關係。在這層意義上，我認為最終而言，和辻哲郎的實踐主體可化約為認知主體，而實踐主體只不過是認知主體的副產品。如此，他的文化形態學建立的不是實踐主體，而是認知主體。這個主體受控於主體位置的關係性（aidagara），以及關於發聲位置的對話結構。這正是克拉瑞所稱的「觀察者」。也就是說，據有已經保留也必然穩定的位置，並以此來「遵守」

---

30 和辻哲郎的「主体」便能維持著主體性的經驗性—超越性結構，雖然他宣稱它的性質基本上是倫理學的而非認識論的。而且他強調實踐能動者須瞭解成「超越性主體」（transcendental subject）（＝整體）；它是內含於個別個體的經驗主體（empirical subject）（＝部分）之中。和辻哲郎的結論是，實踐的主體是整體，亦即，是一個內含於個人的狀態。故和辻哲郎的「主体」無疑是可以譯為「實踐主體」（the practical subject）。第三章對此有更進一步的討論。

（observing）規則的一個主體（*Techniques*）。正是在這個方面，日本人是認知主體；正如西方人相對於「非西方人」是認知主體。我相信稱為西方的這個主體之所以能成立，其不能或缺的條件之一，可見於此處：「西方」是一種具特殊歷史性的主體性，且最能以認知主體來描繪之。於是，在《風土》一書中所建構、名之為日本的「內在」（interiority），本質上其實是西方的。無庸置疑的，「西方」這個觀念必須以歷史上會變動的實踐與認知條件來說明，因為此觀念所指涉之內容，會因局部而暫時的狀況而有所改變或滑動。此外，把這種國族主體之建構名之為日本所特有，也有所誤導。原因之一是，這種欲求無可避免會導致對西方的卓越與特異，大肆強調。在很多方面，和辻哲郎想要達成的目標，是建構一種「相互共感的社會」（society of sympathy）。這樣一個社會的藍本，可以在下列的文章中看到。文章出版後未久，作者就當上了英屬東印度公司的「印度聯繫監察官」（Examiner of India Correspondence）。

　　所謂社群或國家內部成員間的一個強烈而活躍的凝聚原則，我們指的是一種共鳴而非敵意的原則，統一而非分離的原則。我們指的是，生活在同一政府治理下的人，在同樣自然或歷史疆界內的人，有一種利害與共的感情，我們指的是，社群內一部分的人不會相對於另一部分的人他們會自認為是外國人；指的是，他們都會認為彼此的聯通是有價值；覺得他們是一個民族、唇齒相依、榮辱與共；並且不會為了自私的理由逃避共同的不便，而切斷聯通。那些有相當歷史的偉大文明的古代共同體，其成員間之感情有多強，眾所周知。假如有人對此題目有足夠的關注而想要指出這點，則羅馬雖有獨裁者不斷，而能在其廣大而分裂的帝國的各省間，建立起「共同國家」的感情一事，必被引用。在近代，這種感情最強的國家，也是最富強的

國家；如英國、法國，而且有時還與國土及資源成反比，如荷
蘭、瑞士。而英國與愛爾蘭之別；即在於此精神之有或無。
（Mill, "Coleridge" 195-96）

我們很可以說，和辻哲郎只是依循現代化的舊想法，去發掘用
以建立一個共感社群的文化策略[31]。我要強調的是，這樣一個共感
之國在想像中建立起來的方式，是經由把外人設定為觀察之對象、
管轄的對象，故由定義上可知，共感不宜延伸至彼。從以上的引文
看來，其雖然建議含納愛爾蘭人，卻又強調要在「我們」與英國殖
民地的非白人之間，維持足以隔離的距離。同樣的，和辻哲郎在描
繪國族共感社群時，也是先確立共感的「同質社會」的界限。

和辻哲郎的文化形態學是我所謂的「主體科技」（subjective
technology）。這是一組用來創造（poiein）國族主體的文化與政治
技巧，目的在使這個主體能想像自己有能力分擔其同胞的痛苦。但
這種強化的痛苦感覺，只有經由在社群共感的界限外製造觀察對
象，才能產生。

如此，和辻哲郎「就如一個舞台管理般把客觀化的工具所提供
的可能性任意加以耍弄，把自己建構時所用的規範加諸對象之上，
有如在一場權力夢幻中」（Bourdieu, Logic 31）。更有甚者，他不斷
要求他的讀者享受這個「權力之夢」，並試圖以這祕密分享的同質
社會的耽溺之樂（enjoyment）為基礎，建立「我們」的認同感與團
結心。

普拉特分析十八、十九世紀的旅遊書寫，稱之為一種「泛文化
訓育」（transculturation）。拉丁美洲的白人移民，得以藉此自居正
港美洲人以有別於歐洲人，同時又可以在當地的種族位階系統中，

---

31 關於共感與現代天皇制度，請見該書第三章。

維持其統治者地位（111-97）。在許多方面，和辻哲郎不知不覺重複了這種泛义化訓育策略。他對以盎格魯撒克遜之幻當為代表的西方宰制所做的批判，最後反而被用來鞏固日本人面對其他亞洲人時，作為「東方希臘人」的種族優越性。他對日本文化的討論，不斷強調日本人與其他亞洲民族之別，正如十九世紀（或甚至今天）歐洲遊記不斷強調西方與非西方之別。而其人類學也似乎執迷於種族之同質性，並且病態的恐懼難民、混種人、「無政府分子」，以及那些因自國族離散而會逾越殖民者強加於在地人民之種族隔離藩籬的人。

現在我們已經很明顯的看出，和辻哲郎的文化主義試圖要摧毀的是儂曦所言的「交流」（communication）的政治及社會可能性。這種可能性指的是，雖然人與人之間有銘刻已久的文化、種族與國族的差異，但作為這樣的獨特個體，卻仍能藉由共顯（articulate）那些用以說明之模式（modes of exposition），而得以彼此交流；和辻哲郎的文化主義便是用以壓抑此種人際關係網絡之可能性（如茅盾得以在日本居住並寫作《虹》便是得利於此）。我不相信日本的知識界在十五年戰爭後已近半世紀的今天，仍然還沒有從文化主義的傷害中復原。

我們在《風土》中看到的是一種最誘人的「同質社會性」。在這種狀態中我們自己（us）與自己（ourselves）的疊合，是藉著排除「他們」，並將之變成我們沉思凝注之對象。然而，「我們」之身分，也必須根據「他們」與「我們」之間已體制化的差異，來共顯、發聲及形塑。而且，在這種文化形態學中所達成的，是把「我們」再現給「我們自己」。經由文化差異之描述，日本的文化身分才變得可以再現。西方對其與非西方之間的隔離式區分著魔般的堅持，和辻哲郎也亦步亦趨的加以複製。最終而言，那個在文化差異中設定自己的主體，不過就是那個作為認知主體名為日本的內在。

這個日本經由「形塑」（configuration）另外一個國族性格及「我們的」國族性格，來把它自己（we）再現給「自己」（us）。

我對理論的瞭解是，它不只是一種普遍的、不分脈絡的應用某些公式或範疇。而最重要的讓我們瞭解知識構成中的實踐成分，以及認知主體與實踐主體之區分。因此，在文化差異共顯的這個脈絡中，理論就該指向一個能把和辻哲郎的企圖加以翻轉的計畫。這個計畫的目的是要揭發，和辻哲郎想要對我們說話的那個發聲位置其性質乃是「非理論的」。

就亞洲研究而言，我對和辻哲郎的閱讀到底是具有什麼樣地位？它是否以典範的模式發生作用？當然，這種模式無法操作，除非我們預設了特殊與普遍間的對稱關係。我對《風土》的閱讀是隱約體認到，在所謂對文化差異的客觀描述中，實踐主體被化約成認知主體的方式確有一般的普遍性。在我對和辻哲郎在《風土》一書中的發聲（這是在一個歷史及地理政治上的一個或許多特殊狀況中發生）的獨特性，提出駁斥時，我是否要從這個特殊的事例中提煉出某種典範，以應用於北美或日本的亞洲研究？如果是的話，我是否就是讓自己接受了那種從理論的普遍性自負中產生的誘惑了呢？

讓我提醒大家要注意把實踐關係化約為認知關係──即把「情感」化約為「符號的共時性」（synchronicity of signification）──此一行為的含意。在這個化約過程中所發生的是，特殊性（particularity）取代了獨特性（singularity）：文化差異的獨特事件性，被依照既有的認知體制加以固定。在這個將文化差異固定與黏著的過程中，既存的體制被隔離在事件所產生的對話功能之外，並未受到影響。亦即，與「無限性之普遍主義」（universalism of infinity）不同的是，「一般性的普遍主義」（universalism of generality）來自帝國主義對文化差異的銘刻。這種銘刻總是必然把獨特的生命在彼此遭遇時所帶來的改變、轉化，加以抹除。因此，我們必須採取一般性的普遍性

作為我們的閱讀策略，以便彰顯出一般帝國主義殖民主義之運作的普遍性，後者之功能即在於把獨特性化約成特殊性。於是，這樣的化約企圖就必須奠基於一種特別的堅持之上。亦即，不管在遭遇文化差異時到底發生了什麼事，對此事件的描述必須以平常手法為之。本文並非試圖要展示某種註釋架構之可行性，而是要指出否認的否認（denegation）的運作方式，這種方式必然需要把文化差異的獨特事件性，加以壓抑，並且忘記歷史性（historicity），忘記那個在歷時性時間的體系中無法在其可再現之現象性（phenomenality of the representable）中被捕捉到的成分。為了不承認在遭遇文化差異時所產生的不安定「情感」——這種遭遇總是發生在獨特的個體之間，亦即，如儂曦所言的「交流」式的遭遇（這種「交流」必然會使所有的溝通理論有所不足）——普遍主義與特殊主義這兩種對立、但又互相需要的共謀力量，最後終於被擺上抬面。其目的便是為了指出在對於特定文化或民族之特殊性的描述中，理論的普遍主義已經在運作；普遍主義並不是我們可以隨意從文化差異中，刻意予以加入或刪除的。

　　我之所以必須引入認知主體與實踐主體之區別，上述是部分的原因。這兩者之別基本上在於：一般普遍性與特殊性之論述體系可以涵納的成分，以及一旦企圖將之固定於「共時性空間」時便消失無蹤的成分之間的差異。因此，我用實踐主體一詞，來意指要填滿任何一個身分之不可能（尤其是行動之能動主體的身分），也意指社會及倫理行動之可能性其基柢處的不確定性。然而實踐主體並非自由主義人文主義所理解的、具有自由選擇權力的行動能動者，因為它既不擁有自由，也不是天生就有自由。實踐主體所擁有之自由或等同之自由來自它的物質性，因為它是發聲的身體（body of enunciation）。所以，我想，實踐主體只能肯定為認知主體的一種相對差異（differential）。和辻哲郎的文化形態學中所做的事情是，把

實踐主體的這種相對差異的性質加以抹除，也抹除了他自己的企圖
──把這個再現其他國家，並藉此把自己再現給自己的日本主體之
身分，加以關閉。

就此而言，我們必須詢問亞洲研究的學生，他們是否重複了和
辻哲郎六十多年前的作為。這個有點時空錯亂的問題，能超越歷史
及地緣政治場景不容置疑的異質性，把一個化約的事例與另一事例
聯結，故必須被提出以便能奏揭露之功：每當有人拚命要迴避其與
研究對象的實踐關係中隱含的問題、並抹除文化差異作為事件所具
的獨特性時，便有「否定的否定」策略應運而生。我們要加以揭發
者便是此策略運作時其本質上的普遍一般性。

也許《風土》英譯本中的改變──和辻哲郎把最後一章整個刪
掉──可視為亞洲研究此一學科整體的病癥。此書最後一章裡，和
辻哲郎對照以往研究的成果，對自己文化形態學的研究成果予以評
價，並將之置入西方風土學的系譜（自希伯克拉提斯 [Hippocrates]，
經波丹 [Jean Bodin] 的《論共和國》[De la republique]，孟德斯鳩
[Montesquieu]《法律的精神》[L'Esprit des lois]，賀佳 [Herder]《人類
發展史之又一哲學》[Auch eine Philosophie der Geschichte zur Bildung der
Menschheit] 與《人類歷史的一些觀念》[Ideen zur Geschichte der
menschheit]，康德，費希特 [Fichte]《論德國民族》[Reden an die
deutsche Nation]，黑格爾到馬克思及切彥 [Rudolf Kjellen] 的《作為
生活形態的國家》[Der Staat als Lebensform]）。非常清楚的，雖然和
辻哲郎堅持日本風土中所體現的日本民族性，他向來毫不猶豫的承
認風土學源自西方。也就是說，該書雖強調其非西方之源頭及日本
特異性，日本的民族性卻特別的「西方」。在英譯本中所否認的乃
是，現代世界中的「西方」乃日本作者所共有的知識（包括了如外
貌學及病癥學等知識）形式所具之現代性。在這本譯本中，很難不
注意到，在譯者方面有一種否認的姿態：其否認對象乃是，在西方

與非西方皆四處蔓延之文化本質主義所具的普遍性。這個姿態有點像和辻哲郎以前企圖在〈美國的民族性〉及〈日本的神道〉批評英美帝國主義時，要躲避其「反彈」效果一般。《風土》的作者及其譯者，必須否認文化本質主義的互相轉移的現象。而且，也把西方及非西方之區別加以銘刻，好像那是一種本質的、不變的區分。因此我相信，除非西方及其對立面非西方這兩個在亞洲研究中行之有年的分析範疇，其確定性能被質疑，否則和辻哲郎這類文化本質主義會在「東西方」這兩邊都將繼續複製。

　　和辻哲郎文化形態學之文化本質主義與晚近的文化本質主義間明顯的相似，當然並非只是單純的偶然。我在下一章討論會指出，以上兩者都強調東西方二者的對立性區分，都視國族文化、國族，及國語三者的個別的統一為一個對象民族唯三的本質，並堅持其歷史不變性。譬如，新近出版的《日本2000》（*Japan 2000*）就不能被視為不重要的政治宣傳，而予於輕忽，因為只要不加壓抑，多點坦誠，這書所呈現出的就不只是反猶太主義（此正如和辻哲郎的恐華心態，未必真的集中在猶太人身上），還有亞洲研究也從未擺脫的、將實踐化約的過程中對焦慮加以壓抑所產生的各種癥候。而且把這份出版物斥為不負責任的新聞八卦，也是自欺欺人之舉，因為即便是學者的作品，也可能淪為這種種族主義的刻板印象之複製，這點和辻哲郎之學術研究可為明證──雖然和辻哲郎的種族中心表達比起《日本2000》顯得高雅得多。

　　在和辻哲郎的《倫理學》中，對外國人或社會地位未能確定的人所生的恐懼，「及對他人過度敏感的心理」（日文：「內弁慶」──在家為猛獅，出外變怯鼠的心態）獲得了某種理論的說明。就此而言，其《倫理學》中的教條，並無「強硬」（militancy）之外貌（和辻哲郎謂「沙漠類型」才會強硬），然而，它雖有「被動與寬容之性格」（和辻哲郎將此歸入「雨季類型」之文化特質），我們卻不

得不承認，《倫理學》試圖合理化對離散在外無國家庇護之族群
——即今日之難民、移民、外勞等——的殘酷態度，與這種態度一
體兩面的，亦即，對那些試圖接近「我們」，想與「我們」建立社
會關係、而又忽視國界及國族身分之人所形成的恐懼。由於和辻哲
郎的國族自戀忽略了在國族社群之外建立社會關係的可能性，並且
也拒絕將該社群對外開放，最後雖然他明白的表示反帝國主義及種
族主義，卻仍然對國族社群之內部與外部間的殖民與種族主義權力
關係，給予了背書。所以，他的某些作品似乎可供作反面教材，讓
我們能深入瞭解是何種機制使帝國主義與法西斯的社會結構，得以
經由追求「同質社會」這種自閉性「企業性質」（corporatist）之慾
望，而狼狽為奸。

西方的錯位與人文學科的地位[*][1]

酒井直樹（Naoki Sakai）著

代顯梅譯　潘昱均校譯

　　我不相信只有我一個人對這樣的事情感到疑惑。三不五時，我就想著，為什麼那些祖先來自歐洲的歐洲裔美國人，從未認真的想要建立一個針對他們自己的「民族研究」的學科（ethnic-study program）呢？為什麼那些身處美國大學和學院裡的歐裔美人（European Americans），不覺得這是一個迫切的需要呢？歐洲移民及其後人建立了制度，貢獻了相當的文化成就，創造了美國的富強，為什麼像這樣的知識，沒有辦法以一個民族性的觀點，被視為一個理所當然的學術研究領域呢？

　　人們會想到一些可能的解釋：歐裔美人占了美國人的大多數，一說到「民族性」（ethnicity）這個詞，它向來就不適用於多數族

---

* 原文篇名為 "Dislocation of the West and the Status of the Humanities"

1 這篇文章的某些部分已在好幾個場合中宣讀過了。前半部分於 1998 年 11 月 10 日在倫敦大學哥德史密斯學院宣讀過。「西方的錯位」這個標題首先是小笠原宏樹（Hiroki Ogasawara）提議的，他在該校安排我做這次演講，我感謝他的建議。同時，我也感謝保羅・吉爾羅伊（Paul Gilroy），他的評論使我受益匪淺。這篇文章修改後的版本於 1999 年 2 月 2 日在康乃爾大學宣讀。

群，倘若一旦成立了「歐裔美人研究」（European American Studies）這學科，必將促使我們在「民族性」這個詞的使用上，會產生一些劇烈的變化。或者，還有人會指出，大部分的人文社會科學之所以會在美國的高等教育中被制度化、被實踐，全都出自歐洲人和他們的後代（這些實踐多半關注地方差異的保存，這樣的態度，不但出現在西歐和東亞的實踐體制中，甚至可說舉世皆然）。所以，如果設立了「歐裔美人研究」這學科，它所襲捲的範圍就算不是全部的人文社會學科，也該是大部分了吧！另外，還有人持以下的看法，他們認為，除了「民族研究」（ethnic studies）和「區域研究」（area-studies）二學科外，其他的人文學科通通都是「歐裔美人研究」，因為他們不但由歐裔美人所設立，而且絕大部分都是他們自己在把持著。事實上，不同的是，「民族研究」和「區域研究」用特定的民族名稱和區域地名標註它的研究範圍，而一般的人文學科是不用註明的，就像歐裔美人在美國根本就是不用註明的大多數一般。然而，有別於某些以特定身分或是居住地點為研究領域的學科，人文學科，或說關於人的科學，都關心身為人的某些普遍特性。就以心理學和倫理學來說吧！他們相當程度都關注人皆有之的「普遍」（universal）心理特質和倫理天性。相較之下，「民族研究」和「區域研究」反而將研究對象局限在人類的特定部分。

然而，奇怪的是，「羅馬與日爾曼研究」（Romance and German studies）這描述又很適用於研究歐洲某些地區和團體，但是今天在美國，我們又不把這些研究看作是區域或民族研究。反覆思索下，在「人文學科」（humanities）越趨混亂的規制中，我看到了更多的違常，以及歷史事件的沉澱。

對於歐裔美人為什麼不能作為民族學來研究這問題，我並不認為我能提出什麼快狠準的解答依據。事實上，如果這樣的學科突然出現，我也不會感到驚訝。但是，我也可以料想到，任何要把「歐

裔美人」當作對象做民族研究的企圖都將會遭到抵制的。這些可見的抵制和一個特殊的想像建構有絕大的關係，那就是所謂的「西方」（the West）。

「西方」是一個特殊的建構，因為，首先，它可能只是一個地理名詞，進而引申為生活在那裡的人們。對於「西方」一向有個牽強的假設，認為它最初起於一個有著明確範圍的地理區塊，更進而規範了我們表述知識產物的方式，特別在人文學科中是如此。但是，我既不相信「西方」是一個以血緣為聯結的地理版圖，更不相信它是一個統一的文化社會建構。就如我後面要討論的，「西方」僅僅是我們強加在地理及文化因素上的「本質主義」（essentialist），假藉地理及文化上的一制，幻化為一個整體意念，號稱「西方統一體」（the unity of the West）。

「西方統一體」似乎賦予人文學科某種形式上的一致性。它有助於區別哪些地區、哪些人可以成為「民族研究」和「區域研究」的研究對象，哪些又不可以。然而，西方人一般不認為自己具有「民族學」的特性，因為，我想他們才不會定義一門學科使自己的地位淪為被研究的對象：情形是這樣的，在淪為對象被研究、被認識和被識別之前，西方人期待他們可以用一個主動的態度去研究、去瞭解、去識別對象。並且，針對某個對象（也許正可能是他們自己），他們應該能用自己的方法去觀察、去分類、去比較、去分析，以代替被動的被觀察、被分類、被比較，和被分析。當一群人被分類的依據是因為他們獨特的風俗習慣及本鄉歷史，他們的主體意志常常就被剝奪了。就像，最近很多文章與照片對前南斯拉夫難民的處理態度，他們淪落為只有民族性，被當作「西方」觀察注視中一群緘默、被動與無名的對象——，即使，這個民族也來自歐洲。總而言之，在這種認識論之下，「西方」堅持他們之所以成為「西方」的條件，絕不是出自對一個知識客體特性的認識，而是以

其主體意志及其產能來確定的。

因此，在人文學科中，我們可以發現，人會用兩種截然不同的方法將自己與知識生產相連。當一群人的地域認同、文化認同、國家認同或民族認同，都足以構成一個學科的客觀合理性時，他們才可以加入知識生產的領域。而這群人主要擔任第一手資料和實際訊息的提供者。然而，對於這些資料的處理，他們既不需動用分類系統，也不需要評估方法，更不需要為了闡述一般性的資料而準備一個認識框架。他們既不參與這些工作，就不需要關心嚴厲的批評，也不需要參加知識生產方法的創新。只要他們不必對嚴厲的評論和創新負責任，他們在人文學科中就很少會遇到「既定知識」這個現實問題。也就是說，在學術界存在一種即是現實，它是一種普遍的假說和研究程序，而這種現實非但沒有系統一致性，更不完整。事實上，這些假說與程序正被嚴格地監管及不斷地修訂中，甚至可說，人文學科的持續及更新，其實就建立在這種知識生產方法的創新與修正上。人的科學之所以會不斷進步，正因為這種永不滿足、戰勝自我的行動。在這方面，這科學完全屬於「現代性」（modernity）的層面，像是一個模糊的位置，被米歇爾·傅柯（Michel Foucault）稱之為「人」（man）的東西所占據著。因此，人文學科從人的歷史性因素而來，它只能說是「歷史」（historical）知識的一部分[2]。因此，除非超越了己身所從出的知識性歷史，就不

---

[2] 米歇爾·傅柯演繹海德格學派（Heideggerian）所說的「有限性的疑點」（problematic of the finitude），在對「人類」（human being）的考掘學分析中提出，因為歷史詮釋可以無限，它的意義內化於人類的現代判斷，以此，人（man）永遠不能窮盡其「實用價值」（positivity），所以，準確的說來，人（man）的概念建基於歷史意義。「實用價值確定人（man）存在之有限性，在不斷關照這些特定實用價值的行動中，同樣的實用價值就出現了」（*Order* 371）。人（man）現代的實用價值是取自大多數人的共同特徵，「這樣的形式會不斷重複──重複實證經驗法則與基本法則

能說自己積極地參與了現代「人」（man）的論述。所以，第一手
資料和實際訊息提供者雖參與了人文學科知識的生產，但是他們並
不是以「人」（man）的角色來參與的。當然，他們是人
（humans），就因為他們是人，才能作為人類和人性的特殊例證。然
而，經常的是，他們被排拒在「西方」之外，或者更確切地說，他
們被排拒在「西方統一體」之外。

　　另一方面，還有另一種人，他們努力的想瞭解人及人的本性，
從不滿足訊息提供者的角色。對他們來說，瞭解是他們存在的本
質，因此，他們的生活方式再再受「知識—生產」（knowledge-
production）的關係變化而影響。他們一定會參與收集、評估、比
較及分析第一手資料的工作，但更重要的是，他們不斷地涉入既定
認識方法的評論，還進而創造了新的認識方法。他們帶著一種幾乎
是道德上的迫切性，關心在認知關係中他們的主觀條件。對這些人
來說，人和人類本性的知識不僅是由不同的個案組成，該負責任的
還有那些改變人類定義及創造人類本性的認識方法。而他們必須不
斷地克服自己成就的局限，證明在「西方統一體」這名號下，並非
每一個人都機械地處於人群中，而他們可能都是「西方」的代表，

────────

的相同及不同處」，「而此做法建立在『人皆如是』（the Same）的想法上」（315），
「人（man）形成了，在所有建構人的知識都是佐以直接不需懷疑的證據下，人
（man）形成了「絕對當然」（a fortiori），而這個「絕對當然」又裁定了所有關於人
（man）的知識爭議。因此產生了不可避免的雙重爭論：這是爭執的源頭，關於「人
的科學」（the sciences of man）和「科學本身」之間因此產生了永恆的爭執：——
前者不屈不撓地宣稱自己是後者的基礎，而後者站在「心理主義」（psychologism）、
「社會學論」（sociologism），及「歷史主義」（historicism）的立場上咬著前者不放，
以尋求其自身的基礎，捍衛它自身的研究方法，淨化它自身的歷史」（345）。

　　讓我繼續此說，在傅柯的書中，除了將「人」（man）稱為「經驗主義—超驗
主義複合物」的誘人分析外，他從來沒有懷疑有關西方文化或它具有整體性的觀
念，所謂的「西方統一體」從來沒有以現代人道主義的關係受到質疑。

且只存於「西方」。有時候，經過創新的認知方法組成了方案，這些方案構成了「理論」（theory），而「理論」被看成是「西方」的一個明顯標誌，甚或是「西方」的使命。在這個意義上，「理論」也許就是「西方人」的本質。

如此，在人文學科中，兩種對「人」（humanity）的不同概念決定了兩種不同的知識生產關係。藉著案例及人性的特殊表現，人是可以被研究的。他們假設只要抽取世人的共同特質，有關「人類本性」（human nature）的知識就能獲得。在此前提之下，所謂的「一般人性」（general humanity），竟存在於每個人的特殊表現中，而它竟成為人性的最高指導原則。然而，也可能有一種與其截然不同的關係，它和知識的生產有關，並試圖確定許多新的認知條件，進而改變知識生產對象的結構，也改變了認知的主觀條件。在後者的關係中，人性是備受質疑的。而其質疑不僅來自是否能在眾多特殊案例中發現「一般性」（generality），在主觀條件方面也備受懷疑：人性、是在自我反省中才能展現的，反省我們如何認知有關認知的知識；人性，也展現在新興認知方法的制定上，在這些方法上「人」（man）自願地屈服於自己，因此，在第二種關係中所尋獲的人性，不僅是認識論上的，更是經過實踐的：套用康德學派（the Kantian）對「一般性」（generality）和「普遍性」（universality）的區別，我在這裡談的，不是「一般」、而是「普遍」的人性。而這個認識與實踐的空隙，也許正是現代「人」（man）棲身的位置。

正如迪普西·查克拉巴蒂（Dipesh Chakrabarty）和西谷修（Osamu Nishitani）兩位所觀察到的[3]，自十九世紀以來，這兩種知

---

3 參見 Dipesh Chakrabarty. "Marx"。亦參見 Osamu Nishitani（西谷修）（287-88）；西谷修、酒井直樹，《世界史的解體》（20-22, 103-108）。亦參見 Philippe Lacoue-Labarthe：「神話力量的覺醒——自動的詩的行動——就變得必要，起於理性的抽象普遍性並不一致，一旦這問題暴露出來，最終只是蒼白神話的現代人（modern

識生產關係在人文學科所造成的分歧，一直被 *humanitas* 與 *anthropos* 這兩個意義都是「人」的古典類似詞並置暗示著。人類學的歷史演化認為，*humanitas* 所指的人，是那些在第一種與第二種關係中都能參與生產知識的人，而 *anthropos* 所指的人，卻漸漸地專指那些只在第一種關係中參與生產知識的人。而，人性（humanity）卻一直被認為是西方人或是歐洲人的人性，這個字正與 *humanitas* 源自同一個意思。並且，只要我們相信、更堅持「西方統一體」這假說，我們也可以用這個字來區別其他的「人性」。也就是說，我們若承認了由 *humanitas* 的意義所引申出的「人性」一詞，我們也就相對的認可了斯圖爾特·霍爾（Stuart Hall）所創的辛辣名詞──「其餘」（The Rest）與「西方」之間的「差異」（distinction）。這就是我懷疑的原因之一，明明是一個包藏著「民族研究」的學科知識，卻強說它是 *anthropos*，所以，設立歐裔美人「民族研究」的想法怎會受到歡迎，因為這想法會逐漸削弱 *humanitas* 與 *anthropos* 的既定分野，當然會招攬某些抵制。

若遵循 *humanitas* 與 *anthropos* 的劃分，觀察全球循環的資訊流動關係，就可看到在學術資訊上標示著兩種不同的流向。第一種是向心運動，它從邊緣地區向西歐和北美各個文明中心流動。邊緣地區提供了 *anthropos* 的真實資料，然而，這種流動，對於不熟悉當地情

---

humanity）信仰就會崩潰，（這也是對基督教和對人性信仰的崩潰），但在這裡我們應該注意：如果將 *humanita* 視為更有力亦是更有效的觀點的話，納粹主義也就可以是一種人文主義了。如果這個『絕對自我創造的主體』（the subject of absolute self-creation）立刻占據一個自然位置（也就是種族的特殊性），超越現代主體的一切定義，並將同樣的定義連在一起，使他們具體化（就像『史達林主義』對『絕對自我創造的主體』所做的那樣），以絕對的術語構建自己成為這個主體。事實上，這一主體缺乏普遍性，但一般卻接受它界定人文主義中的人 *humanitas* 的意義，即使如此，仍不能使納粹主義成為一種反人文主義」（95）。

況的人來說，往往不被立刻察覺。這種未能及時明辨的障礙，起於人們在觀念上就認為「其餘」的人們有其文化與民族的獨特性。這樣的資訊，對於那些生活在大都市的非專業讀者而言，它的內容充滿了密集的經驗主義，太過粗糙，又太過專門，不易理解。因此，它必須被翻譯為一種 *humanitas* 的、更具一般性的理論語言。

第二種流動是一種離心運動。它攸關如何劃分知識領域，如何評估特定經驗資料，而這些來自邊緣地區的資料如此多樣，天生就無從比較，又如何與其妥協呢？面對「一群西方觀眾」（a Western audience），對他們來說，那些來自特定邊緣地區的資訊根本是瑣事細節，要如何將其傳達清楚呢？也就是說，這種離心流動大致會與一種質問並行，也就是與一種對認知主觀條件的反省並行，更可說是與「理論」的流動並肩而行。這第二種學術資訊通稱為「理論」，是由智識勞工歷史性地具體分類而產生，在這種分類下，「理論」與「西方」這個歷史結構聯繫在一起，「理論」也從「西方」流向世界上的「其餘」。

那種認為「理論」一定是來自「西方」的假定，預先假設了知識生產需要不同的歷史條件，包括：一、用 *humanitas* 與 *anthropos* 的概念區分「人文學科」（humanities）與「人類科學」（human science）的學科分類，而以上兩者分別關心不同的領域，一是關心什麼是「普遍性的」人（universally human）；一個關注地區及民族學研究，重點在於文化的特殊性，用以區分「一般性的」人（generally human）的背景；二、設定「理論」為「思辨的知識」，區分其與「實用知識」之間的差別；三、設立兩種差異，一是以前被殖民的邊遠地區，一是殖民宗主國，而這樣的劃分，常常與東西方間，依照文化與文明的不同所劃分的區塊是一致的，事實上，這是一種牽強的劃分，常常與地理和經濟上的南北之分糾結不清。

顯然，以上三種差異都歷史性地與理論知識有關，只要理論性

的知識一直被認為是知識的最高形式，進行殖民的宗主國就會把自己看成是「西方」，看成是生產普遍知識的所在，而來自其他地區的知識都是原始資料，只為了支持知識的最高形式而存在。

但是，讓我再次鄭重地否定。我今天並不是在提供一種有關人文學科的描述。關於 humanitas 與 anthropos 的既定區分會在太多的情況下摩擦生隙，所以最近的「民族研究」、「區域研究」，以及「人類學研究」已不再將真正的實踐期待於假定的「西方統一體」。漸漸地，人文學科的結構就偏離了一向被 humanitas 與 anthropos 的既定分野所規範的資訊流通秩序。

全球學術交流的風潮已退流行，這顯然是因為研究素材的條件一直在減弱。（然而，「西方」根本沒有衰頹，反倒是區別「西方」與「其餘」的歷史條件正在減弱，並且，我怕，未來它們之間所謂的「差異」還會被更明顯地強調。）這情形暗示了理論的定義已不適用於世界各地所進行的學術對話。全球的現代化已經加速了不同地區在文化上、經濟上與政治間的相互交流，更引起不同知識與權力形式間的密集互動。「理論」已不僅僅只關係「土著」，它的形式更組成日常生活中「權力─知識」（power-knowledge）的關係，這樣的改變不僅在歐美世界，更發生在東南亞和拉丁美洲等世上各個角落。那些一度只出現在歐洲的事物，已不再專屬歐美世界，越來越多的例子證明，非歐美地區往往過得比北美和歐洲地區更加的「西方」。

那麼，到底什麼是「西方」呢？讓我先從「亞洲研究」（Asian Studies）的觀點對這個問題提出回應，在美國的高等教育中，「亞洲研究」是個集合名詞，是冷戰時期留下來對「區域研究」的通稱，更古還可追溯到「東方研究」（oriental studies），那是歐洲帝國中心所留下的遺物。

一部分因為全球化加速進行的結果，以及在過去十年、二十年

間，許多人都認為全球各地都出現了「後現代狀況」（the postmodern conditions），促使我們承認「西方統一體」早就不是單一的決定因素了。那個我們相信自己了然於心的「西方」逐漸變得模糊分歧：這個被過分誇大的建構已出現破綻、不再完備。

直到最近，亞洲、非洲、以至於拉丁美洲地方相繼發現了本土或當地的社會文化觀念，他們還是習慣性地把這些文化特徵與「西方」對比，即使這些「西方」概念已經一般化了、也委婉了許多。但對於那些自我作態把自己裝得像是「西方人」的人們來說，倘若沒有一個制度化的指引，他們就看不到自己到底是不熟悉的事物，還是個神祕的東西，只好將自己放在「西方／非西方」（Westen/non-Westen）二元對立的位置上。如此一來，他們怎麼會理解「亞洲研究」最初的樣貌根本就起於北美學術界整套科別設計中的一環。亞洲事物之所以會引起學術界的關注，最初的焦點就在於「因為不同，所以亞洲」（different and therefore Asian），完全出自那種不言可喻、虛偽造作的「西方」優勢。所以「與不同我們的」（being different from us）和「生為亞洲的」（being Asian）在「人類學的」（anthropologizing）的形容中根本是同義詞。對非洲或拉丁美洲的操作也是如此，把非洲或拉丁美洲看成是世上「其餘的」，所謂「其餘」，其實就是把西方人強行抽離後，這世上才剩下的。所以，經常都是如此，「亞洲的」這個稱號相對就代表了「其餘的」，並伴隨著一種「與我們不同」的感覺，這種值得反覆思量的態度，已成為「西方人」或是「亞洲人」在民族或種族位置上的印記。在觀察者眼中，這些當地人都呈現一種原初的暴露，這成為亞洲「人類學」描述的基本形態，這也是周蕾（Rey Chow）所說的「被注視性」（the to-be-looked-at-ness）。只要在「被注視性」的原則下，觀察者立即被定義為「西方人」而被觀察者就是亞洲人，這觀念暴露了在民族誌中，觀察者高於被觀察者的地位（Chow, *Primitive* 176-82）[4]。

所謂的「被注視性」來自於人類學觀察者的故作姿態，裝得像個「西方人」，這本質上就是一種裝模作樣的立即反應，所謂反應，若說得更明確些，就是為了要使自己表現出堂堂「西方」觀察者的樣子，觀察者必須先否定約翰尼斯・費邊（Johannes Fabian）的「同時性」（coevalness）想法，否定有所謂的起始時刻（*Time*）。

　　儘管二元對立的事實，有助於瞭解非西方或亞洲的「他者」（other），也可以用來瞭解北美和歐裔亞人（European Asianists）內在的西方自我，除此之外，面對這個事實，我們也絕不能忽視了它實際操控了亞洲國家的知識生產和再生產的運作模式（坐落在「其餘」地方的其他地點也是如此）。這些地方的人文與社會科學機構，如大學的社會學系和英語系，一開始都是為了宣傳和翻譯歐洲或北美知識所設立的地方機構（日本也是如此），這些知識含蓄的與「西方」並稱；甚至在今天，多數的機構都還沒改掉自視為次等或衍生機構的習慣，也就是說，還把自己看成是西方知識的模仿者或輸入者：他們想著，「西方」和宗主文明國願意影響他們，其實就已施了莫大的恩惠，至今仍無法放下感激之情。再者，這個二元對立的事實更區分了傳統與現代、本土與移植、熟悉與陌生，因此，也為邊緣地區的國族知識分子提供了一種思維方式，讓他們把國族觀點融入當地民眾的日常現實。「西方」與「其餘」的對立，並非只是異想天開，它成為文明與文明的界限：也因此被編入國族想像的現實脈絡中，就像它最初在亞洲的情況。換句話說，「西方」無所不在，「西方」無所不包，在亞洲的國家中，不管其國家認同、文明及種族認同都在此內。只有當「西方」成為「其餘」的反面參照時，「其餘」的「國族性」（nationality）才能被大眾察覺。

　　在這種情況下，讓我花一點時間說明，此處所呈現的西方並不

---

4 在該書中所介紹的「被注視性」的觀念，是作者早期對殖民地衝突觀點的延伸。

是一個確定的位置，在人類學中同樣會出現「跟我們不同」與「身為亞洲」的敘述，但此「西方」不能與其相提並論，它並不是一個先於人類學表述而存在的位置。例如，一個來自蘇格蘭、工人階級出身的下等兵，邂逅了一位中國蘇州地主的女兒；或者一位來自柏林的猶太舞蹈家，遇到了一位來自日本西部、學醫的大學生，以上的情形可以用許多其他的詞彙來描寫，它可以用性別，經濟地位、職業、社會的階級背景，教育程度等來說明，而不需用到「西方」與「亞洲」的對立來解釋。當「西方」與「其餘」的對立凌駕一切時，其他的社會和個人特徵就被忽略了，但是，適合描述邂逅本質的，應是社會和個人特性。只有在其他特徵都被壓抑了的地方，人才會相信這樣一個粗略抽象的觀念，才會多多少少把「與我們不同的」和「生為亞洲的」看作是同義詞。藉由這兩個同義詞，「西方」被安置為一個統一體。並且，只有當我們將「與我們不同的」類比為「生為亞洲的」、「生為非洲的」或其他時，「西方」才會清楚的出現。同樣的，以此而言，對於那些特意把自己打扮成「非西方的」，或「其餘」的人們來說，「西方」也是一個既定條件，此時，在他們的身上看到的同義詞，卻變成「與我們不同的」與「生為西方的」（being Western）的類比了。像這樣，取代不同社會特性的觀點角度，反而將有關知識的對話和互動全都限制在「西方與其餘」這樣兩極對立的框架模式裡，企圖在框架中找到彼此的樣子。也許當一個人飄洋過海，之所以會看到任何不能對比的文化，都是因為屈服於這樣的共構模式，妄想在其中尋找相同基準的意象，而其意象全被簡化，其他所有看得到的社會關係，在知識交換的過程裡，都要臣服於這樣的兩極共構模式[5]。因此，對「西方人」來說，要對「與我們不同的」亞洲事物設立主題，第一步就是要將

---

5 有關共構模式的詳細討論，可見 Naoki Sakai. "Problem" 40-71。

「他們」（西方）從「我們」（亞洲）當中否定驅離，同樣在此模式下，也極有可能位置互換，把「他們」換成「亞洲」，「我們」換為「西方」。屬於亞洲事物的亞洲本質就依此架構被主題化、被孤立，好有一說，就像一個意象從背景中走出，與框架分離。這是一種西方現實，是一種識別的必要條件，要認出自己，就要用一種對稱和轉移的態度，先假設自己會被那個「其餘」辨識。

但是，亞洲的事物與亞洲的「我們」並不相互排斥；他們並非並排在彼此之外。反而有一種根深柢固的繫絆將二者綁在一起，「我們」之所以會顯現，正因為亞洲對「我們」剪裁框架，抽離「我們」的背景，將我們放在屬於「我們」的地方。在西方的媒體中，亞洲一直是一個主題，然而它卻是從「西方」割離出來的。此時，「西方」這語詞的出現，不僅是為了與其他語詞相對；它也正處於這些語詞的對立位置。因此，在基質（subjectum）的意義上，「西方」是一個古典的主體（subject），在「此處」，也就是西田幾多郎（Kitaro Nishida）所說的「場所」（basho），「西方」對照亞洲的事物——的剪裁而生——就在「此處」，西方的否定關係到亞洲的——誕生[6]。所以在這一方面，亞洲也出自「西方」的形塑。而「西方」，仗著它似乎有形，經常被理所當然地視為參照點，決定什麼是當地或本土社會組織中民族、國族或種族上的特殊性，並經常宣稱這原則通行全球、舉世皆然。

一直以來，「現代性」（modernity）經常被一個歷史事實所界定，也就是世界上的每個角落都持續地與「西方」接觸。換句話說，自過去五個世紀以來，「西方」一直努力地接觸世界各個角

---

6 這裡，我指的是西田幾多郎所用的詞。西田採用了亞里斯多德（Aristotle）"Hypokeimenon"的觀點，也就是「構成某物之基礎」的概念，進行有關現代主體性的哲學研究，並對Hypokeimenon的概念進行修改，發明了他自己的術語「場所」。

落，直到今日，現在地球上已根本找不到任何地方可以遺世獨立，
免於「西方」持續不斷的滲透。由於「西方」的擴張，基本上，我
們都活在一個「西方」無處不在的現代世界中。

　　這不是自相矛盾嗎？為什麼「西方」既號稱是一個特定的地
點，但它卻無所不在？為什麼它狂熱地區隔自己與「其餘」，卻又
向世上所有地方伸出觸角？當「西方」可以在世上所有事物中被發
現時，它又如何能把自己與「他者」區分開來呢？為什麼還是有很
多人依然將「現代性」看成是「西方」這個矛盾物所獨有的呢？

　　然而，要記住的是，「現代性」是一個歷史進程，在其中，
「西方」建構自己的過程也不順利，所以，直到現代才出現「西方」
這建構。安東尼奧・葛蘭西（Antonio Gramsci）大約在七十年前就
指出，沒有任何內在的理由，可說某個地理位置就是「西方」。原
則上，地球上每個地點都有它自己的西方。西方可以是底格里斯河
和幼發拉底河沿岸；它可以在亞馬遜盆地；它也可以是中國南海沿
岸。然而，正因認為它是一個「歷史的構建」（historical construct），
所以當日本人把突尼西亞——（位於日本以西幾千公里）看成是中
東時；或加州人把日本——（處於加州對面西太平洋的盡頭）看成
是遠東時，沒有人會覺得他們傻。中東和遠東是相對的術語，如果
它們與「西方」無關，其指示的功能將是無法理解的，「西方」的
中東和「西方」的遠東，其二者個別存在，彼此無涉。在這點上，
經由地域政治學所劃定的地界，正與站在高點看世界的心態一致，
把自己的位置當成世界的中心，站在中心的位置睥睨四方。最高的
地標是「西方」，以世界的霸權分配，獲得它的合法性。葛蘭西認
為「西方」的位置，是永遠無法與「世界領導人是誰？」這問題分
開的（447）。

　　首先，我們必須知道，作為一個地點名稱，「西方」不是一個
適當的名字，作為地點的名稱需要定義上的不變與固定（因此，有

必要不把「西方」限制在歐洲)[7]。例如,北美就經常被視為「西方」的一部分,卻從沒被看作是歐洲的一部分。另一方面,東歐屬於歐洲,但卻經常被排除在「西方」之外。有人認為「歐洲」(Europe)這個詞,在詞源學上可追溯到腓尼基詞 *Ereb*,也就是日落,所以,要理解「西方」這個詞/或建構的具體意義,都應該遵循同樣的方向;因此,「西方」的意義就不能與「西方」的命運斷然分開。「西方」是一種客觀現實,但這個現實卻不能獨立於我們對它的命名、對它的想像,以及獨立於我們賦予它的關係之外。「西方」的概念之所以有意義,能指引我們,能在其他地方或地域政治副產品的關係中標出自己的位置,都因為它是一個歷史建構。因此葛蘭西提醒我們,「西方」的位置是真實的,但它的現實卻是

---

7 勾克維爾特(Christopher GoGwilt)早在二十世紀初,就注意到「歐洲」這個詞,當「西方」這個詞獲得一種修辭學上的力量,它就引起了人們的懷疑。他引用海德格(Martin Heidegger)「虛無主義」(Nihilism)的討論,認為,在討論「虛無主義」時,尼采(F. W. Nietzsche)從來沒有把「西方的」這個詞,運用到「虛無主義」中。然而,在列舉海德格的《尼采傳》(*Nietzsche*)的段落時,勾克維爾特寫道:「海德格在這裡把尼采的『歐洲的』,翻譯成『後尼采』的術語『西方的歷史』。海德格在納粹德國做演講,他的專門術語當然會以複雜的方式被一九三○年代的辯論扭曲。然而,正是『尼采的歐洲』與『海德格的歐洲』的那些術語之爭的距離,表明了『西方的』這個術語在一八九○至一九三○年代之間,獲得了一種修辭力量」(232)。

「西方」這個詞,是蘇聯斯拉夫與西方人對「虛無主義」爭辯後所出現的術語,勾克維爾特認為,所以奧斯瓦德‧史賓格勒(Oswald Spengler)才會在《西方的沒落》(*The Decline of the West*)的引言中,對「歐洲」與「西方」做出如下的聲明:

　　「歐洲」這個詞應該被逐出歷史。歷史上沒有「歐洲的」類型……僅僅是因為「歐洲」這個詞及其中產生的複雜思想,我們的歷史意識已經把俄羅斯與西方聯繫在一個完全沒有根據的統一中——這完全是讀書得來的抽象概念——這已經導致了巨大而真實的後果(同上,在勾克維爾特的書中被引用)。

不折不扣的「霸權」。總而言之，「西方」之所以有意義，是因為一種特定的霸權結構，這結構至今仍是歷史的偶然。葛蘭西的觀察寫於一九二〇年代，從那時候起，七十年過去了，世界上發生了許多歷史變遷：今天，「西方」這個歷史建構已顯現出一套完全不同於二〇年代的霸權關係了。

當葛蘭西對西方霸權的現實提出精闢分析時，我們很容易忘記這種霸權的實質其實暗藏著對另一種特定現實的判斷。儘管強調其歷史性，葛蘭西的解釋似乎把「西方統一體」看成是天定的。因此，人們就可以假定，和歐洲地理區塊的形狀一樣，「西方」的形狀也是封閉的；或者，會像一個國家那樣，由特定成員組成，相對排除了某些非成員；還有點像人們對「語言社群」（language community）的世俗見解，認為它起於某種「社群」關係；或者，像一個植物或動物品種，由共同特徵和遺傳決定。然而，隨著「西方」全球化的範圍明顯在世上急速擴張，奇怪的是，「西方統一體」的意義隨著它被討論的語境，搖擺不定、變換無常。當然，「西方」是一個社會現實：這表示它已存在。它又是一個以全球為範圍的社會想像，而存在的原因是想像的本質。它是一個「真的」（real）指引。但是，從它的存在看不出「西方」是一個持續的傳統，也看不出它是一種可辨認的集合，像是人的共同特徵，或是任何看得到的穩定社團。「西方」可以用這麼多不同的，甚至矛盾的方法定義，我們幾乎不能說服自己這個統一體可以與某種實質相符。在「西方」不同的定義中，越來越難發現組織上的一致性，其虛幻的性質不容忽視。

讓我隨機地從大眾媒體中引用一些「聲明」（statement），這些聲明都是有關「西方」的，對於前面紛雜的定義，以下陳述不加批評地照單全收。一、民主只能在「西方」發展。真要多謝「西方」有「個人主義」（individualism）的傳統，還有「猶太—基督教」

（Judeo-Christian）的歷史良知，它把「世界的歷史」看作一個審判法庭，要不然怎會有民主。二、作為「西方」的一員，日本必須為世界和平做出貢獻。三、這個世界並沒有必然地邁向「西方」的價值觀，完全不像「西方」在冷戰獲勝後所保證的那樣，而是正好相反，這個世界正在朝向文化的碰撞，其中，「西方」的模式日益受到東方獨斷文明的對抗，就像是──伊斯蘭教的、中國的、印度的、日本的，以及東正教的文明。四、美國是建立在「西方」文化傳統及「西方」文明遺產之上，因此，無可避免的，「非西方」的文化及文明無法容身統治階級。五、除非「西方」介入這地區，波西尼亞的內戰將無法解決。六、一旦「西方」停止援助俄羅斯，俄羅斯將面臨經濟崩盤的危機；於是，這個國家很可能會出現極右派的政府，形成「西方」迫在眉睫的危機。

　　稍稍複習一下這些例子，就會清楚地看到，在這些大量分歧又紊亂的細碎表徵下，「西方」的符號是如何被武斷地決定。根據第一個陳述，認為歐洲的古老觀念就是基督教世界，以特性論，「西方」是由那些基督教和猶太教主導的社會所組成的，因此衣索比亞、秘魯、以色列和菲律賓都該被納入西方，而其他真正在歐洲的國家和地區卻被排除在外（像是波西尼亞、英國約克郡的布拉福，和阿爾巴尼亞）。不要忘記，一般來講，直到第二次世界大戰末，猶太教還被認為是「西方」基督教異端的代表。第二個陳述將「西方」界定為與美國結盟的集團，不管這些國家以怎樣的方式聯盟，可能在軍事，也可能是政治，其成員包括英國、法國、台灣、韓國。而不結盟的國家像前蘇聯、中華人民共和國，過去的東德、波蘭等等則不包括在內。第三種觀點的前提是，「西方」不再將基督教概括地列為條件，這回只有被天主教和新教統治的國家才算是「西方」。同樣具有排他性的是第四種敘述，它提出的教條似乎很熟悉，它認為在美國只有白人的文化和文明才是「西方」，因此，那

些非白種人的文化和文明理所當然的就不是「西方」。第五種敘述把「西方」模糊地看成是東歐國家之外的北大西洋公約組織成員。第六項陳述則說，除了美國、德國之外，只要還有剩餘資本，可以在俄羅斯投資的富有國家也同屬「西方」之列，像是日本、台灣、南韓等。

對照不同的上下文，「西方」可能是很多地區、可能是社會團體、也許是經濟現象，或者是文化特徵，但是這些條件有時劃入「西方」之列，有時候又會被排除在外。在某種情況下，「西方」擴及世界五大洲。在另一種情況下，它又排除了許多在美國生活的族裔社群。最後就是，若想要假設一些既存基礎，以涵蓋「西方」全部的不同定義，簡單地說，這是不可能的。當然，每個具有單一指涉的名詞，都有例外發生；於是，每個用來指稱社區團體的專有名詞，或是用於政治區域的名稱，其實都超出自身的定義，證明太過局限。即使如此，對於「西方」這名字，它的局限性也超出地理名詞的意義太多了吧！畢竟，「西方」只是西方（a west），一個相對的方向，從特定的地點看，好像是太陽落下的方向：而每個地方都是另個地方的西方，因此，原則上，西方並不是一個不可移動的位置。甚至當它被視為專有名詞時，它也無法在實際有形的世界地圖上準確的自我定位，因為它本就不是一個有著疆界的區域名稱。然而，它又不能被一般術語所替代——像是工業資本主義，或消費社會——這些詞語的使用情形，並不會被政治區域的異常或適當給限制住。

在這方面，該牢記於心的是霍爾（Stuart Hall）的說法，他將「西方與其餘」當作傅柯提出的「話語形構」（discursive formation），並認為要瞭解「西方」，就必須先瞭解「西方與其餘」所共構的「話語形構」，於其中，個體（individual）藉由「西方」或是「其餘」的位置成為「主體」。也就是說，藉著對「西方」分歧的聲明，或

藉著將「其餘」視為異類的陳述，「西方」自成假定的「統一」（unity），而其「聲明」被「話語形構」所規範。以此觀點，我相信，「西方」既不是一個地理上的封閉區塊，也不是一個文化整體。對傅柯而言，「話語」的擴散是以一種規避的方式進行的，它規避一個具有同質連續性的固定位置，不管這位置是地理上的空間，還是作為日曆上的時間。當「話語」依空間擴散時，「西方」是「話語」中的建構，它又怎麼可能來標誌一個空間位置呢？它必須加倍地擴張，這樣就永遠不會被當作空間上的「統一」。以此推論，「西方」是一個多變的位置，只要「西方與其餘」的「話語形構」產生變化，「西方」的位置就會不同——也就是說，它的位置依不同地點、不同場合、不同成員而改變。所以「西方」永遠無法取得話語的統一，它依照不同的語境，時而混合，時而聚集。

　　儘管一般認為，要標出地方，就要把「西方」看作一個名詞，它的指示作用是「從空間上」（spatially）表示一種既定的社會關係。譬如說，旅客與居民之間的關係，殖民者與當地人之間的關係，受過教育的上流階級菁英和鄉村農民之間的關係——就在這些地方，空間位置裝扮著人的社會關係，同樣也在這些地方，「西方」與「其餘」的分野被表明。而此必需牢記，即使沒有「空間再現」（spatial representation），同樣也可以從「時間」（temporally）的概念想像這個社會動態。一次又一次地，現代人將時間和自己的關係概念化為一種超越或戰勝自我的形式。「奇幻的」（aporetic）或自相矛盾的時間成為狂喜的形式，不言而喻地，這形式已被認為是「現代主體性」（modern subjectivity）的基本特徵[8]。但是，一旦空間得以再現，附著在現代性中的「奇幻時間」（aporetic temporality）注

---

8 有關「奇幻的」（aporetic）這個詞，請看保羅・里克爾（Paul Ricoeur）的文章（11-96）。

定會被忽略。我在這裡要特別強調，「空間再現」與「時間形構」之間的對立是一種煞費苦心的變換方式，為了是要攫取現代性的社會動力。正像我在別處曾經討論過的「反接關係」（disjunctive relation），我曾用這樣的關係解釋翻譯再現和翻譯工作之間的情況（Sakai, *Translation* 12-16, 51-63）。而「空間再現」與「時間形構」也在這樣的「反接點」（disjunction）中彼此相連：所謂「反接」的意義是：如果社會動態以空間的位置再現，而其時間性則無法想像；但如果社會動態若是以「奇幻時間」的形式被掌握，而「空間再現」則無法顧及。同樣的，身為一個「人」在對自己的關係中掌握了「時間概念」，但若站在「西方與其餘」二元對立的關係中，則看到了「空間再現」，而在時空二者間存在的是「反接點」，它邏輯上與 *humanitas* 和 *anthropos* 的區別毫不相容。*Humanitas* 和 *anthropos* 的區別根本就不是「反接關係」——但是，*humanitas* 和 *anthropos* 的區別卻被錯置、被投射到「反接」這種二元關係中。最後，經過這樣的錯置和混雜後，「西方」的人性獲得「人」的地位，他們以自我超越的時間性排除他人，將自己與自己相連，而「其餘」注定要保持「人類學化」（anthropologized），並因此被剝奪了「現代」的歷史性。

簡而言之，「西方」是「西方和非西方」二元對立關係中的一環，在這個二元關係中，以空間的意念共構出某個主體位置與另個主體位置之間的關係。但其呈現並不是劃下疆界，反而是以某個特定地的方位說出「位階」，也就是「兩地的差距」（gradient），以構成彼此的關係。所以，某個地方的某個定點，在另個地方就不一定是同一個方位。甚至，即使是在同一個地點，「西方」也極容易會有多個定點，而每個定點與定點之間，彼此也有「位階」。例如，在台灣，對大多數居民來說，一個華裔美國商人很可能就被視為一位西方人，但是對一個在台灣旅遊的法國遊客來說，這位華裔美人

又會是一個亞洲人。同樣的情形發生在一九二〇年代，一位要去歐洲觀光的日本觀光客，途中行經印度，他對印度居民的描述可能與當地英國殖民官員對印度人的看法一樣。他的觀點，以及他對印度居民的人類學態度，顯然是想把自己塑造成「西方人」，以對照「非西方人」的當地人。但是，一到法國，這個人就開始把自己說成是亞洲的代表。本質上，若以「位階」衡量「西方與其餘」的相對位置，它就聯繫著這麼多不同且不平等的社會關係。這就是為什麼「西方」能夠成為一個強大隱喻的原因，它顯示了歷史的趨勢，它顯示了在既定社會關係中一個永遠的方位。並且，凡是「位階」關係就會有衍生的作用，因此，即使它屬於「空間再現」，但也保留了時間變化的某個層面。這也解釋了為什麼「西方」總是拿來當作「現代性」和「進步」的同義詞，被視為「主體」自我超越的發射軌道。

　　因為它在每個特定關係中都表達了某個歷史定位，「西方」與「其餘」的對立在世界上的許多地區一直被重演著，每次都涉及一批不同的人。在十九世紀末、二十世紀初，日本的菁英被送到西歐去學習那時候被公認的先進文明。大都會裡的繁華景象，和歐洲社會裡漸漸高漲的種族主義，擊潰了這些菁英的自信心，他們進而以民族及人種上的等級定義自己，而這些等級全都出自歐洲中心世界觀下對文明的階級標準。這種強大而複雜的文明經驗激發他們的決心，一定要發展日本，使日本邁向現代化，就在此時，他們也不得不意識到自己是多麼的「東方」又多麼的「非西方」啊！確切地說，因為在「西方」現實的親身體驗，他們敏銳地意識到被排除在「西方」之外，意識到他們身為日本人的民族身分。然而，當他們回到日本，人們卻指望他們使當地人文明化、現代化（而那些人並不清楚歐洲中心思想下的世界等級），他們承擔起現代化的使命，要將這些普通人塑造為國家公民。在這個新方向中，他們不得不扮

演「西方人」的角色，在自己與這些「未開化的大眾」（uncivilized masses）之間重演這種階級關係。他們完全不相信「西方」的巨大勢力會讓他們立即解脫，那些被排除在西方大門外的感覺，迫使他們在當地社群（他們認為當地社群就是「其餘」）中重複人類學的態度，把當地所假定的「原初」（primitive）現實放置在現代性的民族框架中。

然而，就像周蕾所說的，「原初性」並不是按照時間順序，所以是發生在現代之前的事物。它反而是當地「現代性」的標誌：

> 由於僅可能在想像的空間找尋到，原初性變幻不定，依字面解釋，就成了異國情調。這種異國情調同時間融合了特殊與共通，成為文化寫作或文化間寫作的特徵，構成了歷史的文字書寫，就像是東方主義（orientalism）的實踐。（*Primitive* 22-23）

在周蕾清楚的說明中，最引人入勝的是，她認為「原初」在視覺的領域中似乎是現代時間性的一個變異，而不是專屬於中國的構造。在異國情調之下，是一場否定的運動，把社會既定的事物客體化（進而反轉主體的位置），把它轉變成還沒有到來的事物：「……使中國的觀眾可能變得不僅是其『傳統』的繼承者，而且是其『傳統』的外國人的傳達行為——事實上無論他們經驗什麼，他們經驗的只是傳遞（passing-on）而來的」（199）。為了要把社會的既定事物看成是可以轉變的，看成是一種製成品，而不是自然產生的，第一步就必須把它看成「原初」的形式。針對這個概念，若用文化與文化間的空間外在因素來解釋，人們就會把當地的現實與「主體的形構」（the formation of a subject）相連，而「主體的形構」是由改變環境和自身而來，讓我放棄這樣的說法，轉而用它的時間性來解釋「原初的激情」這個概念[9]。

　　與中國的西化相似，日本的知識分子開始將他們的本土現實看成是「原初的」。他們身為日本人和亞洲人，情感上對「西方」是矛盾的，一方面渴望「西方」，一方面卻抗拒「西方」，他們對本土的情感與對「西方」的矛盾糾纏錯結[10]。令人驚訝的是，這情形不只發生在日本，就如一些文學史家已經注意到的[11]，在日本殖民主義最興盛的時期，那些被日本帝國主義占據領土的亞洲菁英們，他們對東京和京都這些大城市也懷著一樣的渴望和抗拒。就像日本的知識分子，對他們而言，巴黎和柏林象徵著「西方」，而對台灣在日本大學接受日語教育的菁英們來說，東京和京都體現了「現代性」的意象，如此就轉換了，他們接受了「現代化」的使命，要轉變自己，要改變當地和本土的「原初」現實。

　　因此，在某一個「位階」上，一個日本知識分子可能做「其餘」地區的典型代表，而在另一個「位階」上，他卻被指望扮演「西方人」的角色。多重位階存乎一人。這種情況顯然不只發生在日本。*Humanitas* 和 *anthropos* 的雙重性似乎在世上許多地方都反覆重演著——因此，讓我重申，把 *humanitas* 和 *anthropos* 之間的差別用以區分世界地理位置，這根本就是一種誤導——隨著工商用品的全球循環，以及「歐洲—美國—日本」軍事統治的擴張，這就是為什麼人

9　如周蕾注意到的，原始情感從政治上講是矛盾的。無疑它是與民族起源的創造有關，「現在這種根源被『民主地』重構為一個共同的地方，及一種普遍的東西，一種關於一般知識的觀點並早於我們現存的參照體系」（22）。

10　一個有關日本知識分子對西方的態度的豐富資料，可以在小森陽一（Komori Yô'ichi）的〈*Yuragi*〉（170-98）找到。

11　「夢與現實」，引自下村作次郎（Shimomura Sakujirô）、中島利郎（Nakajima Toshiro）、藤井省三（Fujii Shôzô）、黃英哲編（389-406）。垂水千惠（Tarumi Chie）編（51-101）。值得注意的是，在一個殖民地獨立後，該殖民地知識分子當時對現代性的信仰，常常被人們的懷疑為一種與殖民統治合作的形式。在具體的歷史背景之外，現代性與世界的殖民化之間似乎有某種親密的關係。

們會覺得，從過去到現在，「西方」一直無所不在。就像我曾討論過的「特殊主義」（particularism）與「普遍主義」（universalism）的共犯結構（更具體地講，所謂的「普遍主義」應該是「一般主義」（generalism）才對）。那些在「西方普遍性」中會出現的東西，它們的功用就是為了定位一個遙遠的位置，這位置在歐洲大城市之外，在某個方向，在某個位階，以此，「西方與其餘」的二元區別重複上演。讓我說明，每個方向和位階總是與某種資格有關。例如，為了要讓一個受過高等教育的工程師擔任一個「西方人」的角色，在日本帝國的邊遠地區與當地居民產生差異，在素質上就要有明顯的對立。——如，是否具備理性思考或行為的能力——這樣的差別被明顯的對比。日本居民與台灣人之間的關係，就經常呈現為兩群人之間模糊的對照，一群是據稱擁有科學理性的人，一群仍停留在迷信的「前現代」（premodernity）中。由「前現代」到「現代」，是一個以時間為度量的定向，某人為了有資格做一個日本人，為了要把自己裝得像一個日本人，它就不得不表現具有科學理性的特徵——儘管有許多顯而易見的證據，證明與許多受過良好教育的台灣人相比，日本的絕大多數人缺少科學理性。

同樣的，由「前現代性」到「現代性」的定向中，人們不得不展現個人主義的自主性——好與「集體主義」（collectivist）的順從相對照——以便有資格做，或裝成一個「西方人」。然而，在另一種定向中，會講一兩種西歐語言的能力被看作是屬於「西方」的另一種資格，就像會講日語，曾經在一些日本的殖民地中，也被認為是「現代性」的象徵一樣。然而，極其明顯地，長期以來被認為是「西方」特質的科學理性，與說法語或說英語的能力是全然無關的。另外，如果這兩種特質都被認為是「西方」的條件，那麼他們就不必然會相互依存，也不會相互排斥，更沒有互相牴觸的問題了。也就是說，我們不能推論，如果一個人具有某種西方素質，他

就必然有了另一項，我們也不能認為，如果一個人沒有某種素質，他就不會有其他的「西方」特徵。

顯然，有太多的條件和定向都被視為「西方」的特徵。「西方」和「現代」向來不會被單一的條件或「位階」所決定。人們緊抓不放的「位階」也從來不只一個，人們總是處於許多不同的「位階」中。然而有關「科學理性」與「語言能力」這兩種條件的推論，也適用於其他與「西方」並存的限制，所以，即使許多條件都該指向同一個「西方」，它們也不一定是相互共存或相互矛盾的。也就是說，如我觀察，有太多的例子告訴我們，「西方」永遠不是一個內部一致的實體。初看，西方可能像是「主體」，由一套有機且系統化的特性組成；然而，依照我前述的論點，「西方」應該被視為這些特性的偶然結合，而事實上這些特性彼此獨立。「西方」由多樣變數組成，這些變數沒有一個是不變的。讓我再次重申：「沒有任何單一的條件足以界定西方的身分。」無論是基督教、經濟優勢、民主的價值觀，還是白色的皮膚──甚或將這些全加在一起──都不夠。因此，「西方」或「其餘」都不是條件一致的體系：無論哪一個都不能視為實體。

所以，很少人能持續不變，始終如一地只存於「西方」或只存在「其餘」，除非出現特殊情況，像是身處社會階級，取得某種能力的方法及資源不平等，以至於水準就不平均。事實上，這些方法和資源集中在某些團體，所以這些擁有特權的團體要比其他人更容易獲得「西方性」的資格。

有些歷史條件導致我們忽略異質性，又過分強調某些內在的「西方」概念，而這些歷史條件正迅速地消失；有些社會及經濟現實讓「西方與其餘」的身分條件堅如磐石，而這些社會和經濟現實已隨風而逝。世上有許多人在面對自己的社會、經濟和文化身分時被徹底擊倒，這並沒什麼好驚訝的。而基本上，「西方」作為單獨

而統一參考的地位已經受到質疑。特別是因為亞洲在傳統上一直被定義為「西方的否定」（the negative of the West）（或是「歐美文明」[the Occident] 的否定），那些被過分強調的「西方」特性正以一種簡化的方式，表達社會經濟焦慮的多種形式，而那些特性就在今天「亞洲研究」的知識產物中尖銳地表現出來。

即使如此，奇怪的是，在世界各地，「西方」這個術語似乎並沒有失去普遍的吸引力及「立即理解性」（immediate intelligibility），「西方」在世界各地都沒有失去作為客觀現實的力量。在這一方面，自葛蘭西以來七十年，「西方」一直都保持著無處不在的勢力。特別在東亞，「西方」仍持續扮演主要指引的角色，指引地方國族主義的發展。在「西方」的對照下，國族主義才能不斷努力，以確定民族、文化及種族認同。然而，同時間，在不同語境的選擇下，東亞也會有更多的社會團體及日常生活觀點被納入「西方」之內摒除在「其餘」之外。

但是「西方」到底是如何保住它不說自明的「立即理解性」的呢？世人為什麼會持續相信「西方」呢？明明有太多的證據，證明它的不穩定、證明它的暫時及武斷？讓我們回到殖民關係和「西方與其餘」二元對立重疊交錯的例子上。曾提過一位華裔美國商人在台灣會在「西方／非西方」間游移不定的例子，旁人似乎可以信誓旦旦地說，他只是「形似」，而事實上不是「西方人」。在這個例子上，人們會推斷必然有一種「自然的」西方人，他們原來就是「西方的」，而那位華裔美國商人在一開始並不算在內：人們堅持並假設一個「西方」實體，而此實體超越歷史的興衰變遷。這是一種「本質主義」的觀點，試圖自然化「西方」（以及「其餘」）的系譜，把他們建立在某些被認為是堅固的、不變的和自然的性能上。

對於「固定性」（fixity）的概念，荷米・巴巴（Homi K. Bhabha）在殖民地的話語中，分析了殖民者及被殖民者「主體性」

的進程，以及「他者性」（otherness）在意識形態的建構（"Other 66-84"）。我們也知道，對一些國族主義者而言，他們執著於「固定性」的假設，並輕易地將其用在對永恆「人民狀態」（peoplehood）的渴望中，特別是那些「後獨立」（post-independence）的國家，他們對於「歐洲—美洲—日本」殖民統治的征服仍記憶猶新。然而，我對「西方系譜」的假說及「本質主義」的觀察，卻與上述所提的固定本質及遠古傳說有些許的不同。對於國族主義的假設，我認為他們企圖消極抵抗，抵抗一種「西方與其餘」身分的基本事實，這情況是，沒有理由、沒有原因，只因為某些資格，某人就是「西方」，然而又因為其他的一些資格，某人又莫名其妙的成為「非西方」。這幾乎是一種本能反應，作為某些歷史條件消散後的補償效應，而那些歷史條件曾讓規範「西方與其餘」的身分本質似乎是渾然天成，進而拒絕了可能由全球化帶來的瓦解。

　　對於「本質主義」，皮耶・布赫迪厄（Pierre Bourdieu）這樣認為，

> 　　貴族階級是本質主義者。關於本質顯現的存在，他們並沒有將任何內在的價值加於……善行與惡行……之上。他們以一種細緻的態度抬高自己，清楚地顯示他們的想法：他們以本質所達到的美德應永垂不朽、普天同慶。（*Distinction* 24）

與布赫迪厄強調的「社會—階級」差異不同，「西方與其餘」的差別常常被對立的雙方強調卻反諸己身。「西方與其餘」都渴望他們特殊的屬性和條件能夠「自然化」（naturalize）。因此，根據「西方與其餘」各自的系譜，假說及本質主義就可以宣稱他們已召喚出某一種自然內化的屬性。讓我再次引用布赫迪厄關於「自然感受」（natural taste）的說法：

　　自然感受的意識形態之所以可信並有效，必歸因於下列事實，就像人在日常階級中掙扎，就會產生意識形態的策略，它將真實的差異「自然化」，也就是說，明明是文化獲取方式的不同，卻將其轉化為自然的差別：它只承認與文化（或語言）的合法關係，而此關係就成為標示起源的最低界限，其中沒有任何「學術的」、「學院的」、「書上的」，或「考究的」的東西，但就因為如此容易和自然，所以展示了真正的文化就是自然——這是一種新的神祕，一種純淨無暇的概念之謎。（68）

經過「自然化」的推波助瀾，這個分歧的、武斷的、異質的「西方」得以統一（「其餘」也是一樣）。因此，「西方統一體」總而言之是個「號稱」的統一：它是某種期待，然而，在假說與「本質主義」的授與下，它既被自然化、又被假設為一種既定的東西。這說明了為什麼「西方與其餘」的差異永遠不能擺脫種族主義的氛圍。這裡，我們不能狹義地理解種族主義，也就是說，將社會和文化屬性簡化為個人的生理特性，像是他或她的膚色、髮型、大腦功能等等的不同。構成種族主義的是一種「基礎主義者」（foundationalist）的驅動力，被察覺的屬性及差異必需「自然化」，而本質的屬性必須根深柢固，就像種族文化、白皮膚、民族傳統和語言。在這方面，若按照巴里巴（Étienne Balibar）的分類，「西方」是另一種虛構的民族性。不說自明，沒有哪個基本辭彙會比察覺到的屬性和分歧來得更可靠、偶然性更少了。所以並不意外的，今日最利於種族主義滲透的方式，就是附著在「國族／種族文化主義」（national/ethnic culturalism）之上，其中，根據國家或民族被本質化的文化，社會差異就被「自然化」了。

　　儘管不斷地消解、破碎和變形，「西方與其餘」的差異似乎仍毫髮無傷，因為，它努力對抗歷史條件的瓦解，反而成為一種鼓勵

我們忽視消解及武斷的力量，它持續的在「西方／其餘」的根本差異中作用著。也就是說，「西方與其餘」的區別是對興衰的反應；它是一種抑制歷史變遷的企圖。無庸置疑的，那些固守「西方」身分的人，大半都是對他們的「西方資格」最沒有把握的人。因為在差異中被保留下來的只是歷史條件，它引發數種不平等的權力產生衝突，它導致了歐洲資產階級的升起，在其中，殖民的力量逐漸統治了那些籠統作堆的「其餘」。無疑地，「西方」是一個歷史的構建，就像它總是被暴露在歷史的變遷中，但是，在歷史變遷持續記載的意義上，這號稱的「西方統一體」不是歷史性的，它一直在抵銷趨勢，反而抑制了歷史性。總之，「西方統一體」這名號已「不合時宜」（not in time）。相反，只有在殖民地的「無意識地形學」（the topography of the colonial unconscious）中才能找到對「西方與其餘」差異的正確理解（Kraniauskas 139-54）。

現在，我們正處於一個極不可靠的處境中，其中「理論」的產生和知識的流向不再遵循「西方統一體」所規範的人文學科體系。在西歐和北美之外，有成千上萬的學生從事 *humanitas* 的研究，他們閱讀及書寫關於歐洲遺產的研究，包括哲學、社會學、心理學、歐洲文學等等。當然，在今天 *humanitas* 不再只是西歐和北美的專有。漸漸地，難道我們就沒有發現那些白皮膚的人早喪失了資產階級的品味，他們早失去了啟蒙以來不變的價值嗎？甚至在西歐城市中心或美國的最南部，他們是不是也有了 *anthropos* 的資格呢？就像「西方」擴及全球，「其餘」的力量也通過歐洲文明的中心地帶被傳播。

然而，我們不能從這一點上就得到「西方」將不再與「其餘」有別的結論。我永遠不會說出以下的話：因為全球化的必然結果，一定會使「西方」更加破碎和分散，不久之後，「西方」就不再是一種現實了。我不認為如此，就像種族的觀念也是如此抽象、不連

貫、破碎、武斷、具有歷史偶然，及地理上的不確定，反正，它是
非理性的，雖是如此，難道我們就會愚蠢地假定，以種族而起的社
會範疇不久將與社會現實的理解簡單地撇清關係了嗎？正因為如
此，所以如果我指望靠日益繁盛的世界貿易來瓦解「西方」，那我
就犯了一個致命的錯誤。事實上，關照「西方」在各殖民地「無意
識地形學」裡的位置，有些人也許就更加的想使假定的「西方統一
體」自然化。但是，如此執著在統一的想法中，難道就不會導致
「西方」觀念更進一步的種族化嗎？在如此多重情況下，「西方人」
何曾不是白皮膚的同義詞呢？「西方統一體」出於「本質主義」的
假設，難道就不會激起殖民暴力藉由壓抑的記憶再次復活嗎？

我相信，理論的全球流通正召喚一個人文學科的新方向，比較
文化的理論也不再是歐洲人文學科的獨有，因此，我構思一個理論
的專輯，它在意跨文化的傳播，它留心理論知識的全球痕跡，這痕
跡在地理政治明確的地點中處處可見，並且，這樣的專輯還可探究
理論的轉變，觀察當理論呈現在其他地點時，是如何以實踐效力轉
化自己。這是相當大的企圖，它不再受限於 *humanitas* 與 *anthropos* 的
相對位置，而在某種程度上，它也是政治的，它企圖考驗理論的基
礎，衝撞當代政治的核心需求及其暴力形式的產物。這兒所想見的
比較文化理論研究，其實一直被很多的知識分子及文化工作者生產
著，他們來自南方、來自「非西方」——也就是亞洲、非洲、拉丁
美洲，他們也來自北大西洋流域，他們是那些被認為已是流轉四
散、只依歐美意志而活的「非歐美地區」的人們，同樣的，在北方
地域，他們是「非歐洲」理論的遺產，同時也是「非歐洲」理論的
政治未來。這個理論專輯基於特定區域中他者的文本，也就是知識
的痕跡。

我們不應該再猶豫了。我們該承認受惠於歐洲的理性與文化的
遺產。在這方面，我們願意在我們所有人身上找尋歐洲創作的痕

跡。然而，在這本取名為《印跡》（*Traces*）的企畫中，我們並不想將自己從「西方與其餘」的建構中分開來，而是要看到我們身上「西方和非西方」的痕跡，這樣我們就可以重新認識「西方與其餘」的根本差異。

　　正如十七世紀的儒學家伊藤仁齋（Itô Jinsai）所說，美德只有作為痕跡才能實現自身（36）；美德從來不是來自個體，它不局限於一個人、一個部落、一個民族、一個國家或一個種族，而美德總是衝突與互動後的痕跡，也就是，播散和開放的痕跡。

兩個否定

──遭受排除的恐懼與自重的邏輯[*]

酒井直樹（Naoki Sakai）著

朱惠足譯

　　特別在九一一事件之後，我們可以注意到在美國愛國主義橫流四溢，大眾傳播媒體厚顏而毫無批判地報導布希政府的聲明、政策與主張。全球各地有越來越多人清楚認識到，美國的大傳媒體已停止發揮其作為一種公共批判的基本功能。對照現在的情況，我們很難相信不過數十年前，在美國報紙與廣電人員不懈努力下竟能迫使一個美國總統在任期屆滿前下台。如今，主導全球資訊與經濟資源網絡的英語媒體集團一味激發一種集體感傷的氣氛，促使人們持續地熱衷支持並神聖化布希白宮政權的主導權。媒體甚至刻意篩除批判的聲音，以描繪出一幅世界圖像——只有「恐怖分子」（terrorists）膽敢與他們作對。這樣的情況讓我聯想起一九三〇年代象徵日本法西斯主義（Fascism）的「政治協力體制」（Yokusan-Taisei），一種「基於共識的獨裁制度」（consensus dictatorship）。

　　我想藉由法西斯主義與帝國主義（Imperialism）的特定結合來

* 原文篇名為 "Two Negations: Fear of being excluded and the logic of self-esteem"

描述美國的現況。為了以這樣的角度來處理我要談的問題，首先我必須針對法西斯主義的先行研究之缺失做些許評論。法西斯主義通常被界定為政治上、倫理上的自我民族中心主義或是種族排他主義。人們常將法西斯主義化約為國族主義（nationalism）對種族純粹性的非理性原始慾望，或是對其他種族及弱勢成員的憎恨。然而，我們顯然不能將當下美國政府獨斷裁定各項牽連整個國際政治之政策時藉以合理化其行為的權力結構，單純解釋為另一種版本的自我民族中心主義。布希政府顯然沿用了普遍主義（universalism）之修辭——現代化理論就曾經藉此修辭來合理化美國在冷戰時期的全球策略。

美國的全球支配體制拒絕以種族國家主義（ethnic nationalism）的語言來自我表述，但我們可以從中同時觀察到法西斯主義及帝國主義典型的普遍主義邏輯之各種症候。我們該如何對其進行分析？法西斯主義與帝國主義的結合如何造成美國，甚至世界各地公共場域的瓦解？我們該如何理解這樣一個呈現傳統國族主義各種症候的新帝國結構？我必須在此指出，已有許多人努力彈劾美國國族主義在個別情境下的過剩表現，但能夠針對美國國族主義概念本身提出有效批判的並不多。

我將在本論文當中進行帝國國族主義（Imperial Nationalism）局部的歷史分析，藉此質疑帝國與國家之古典對立。由於時間與篇幅的限制，「帝國國族主義」一詞所涵括的整體概念架構有待另文說明。在本文裡我將透過主體的生產（the poiesis or manufacture of the subject）之問題來分析「帝國國族主義」，並以比較研究的框架進行具體的歷史分析。

另一個集中營的時代似乎逐漸籠罩我們[1]。因為美國的次級公

---

1 在寫這篇論文時，我從我的兩篇已發表論文借用許多材料，一篇是發表於《思想

民比以前更明確意識到自己的毫無防備，官方法律規定隨時可能剝奪其美國國籍及合法居留權。當前的美國政界與媒體刻意營造一種不安的情緒，彷彿最後一個具帝國性質的超級強國——美國已被轉化為反殖民報復行動的象徵性標的[2]。這樣的看法進一步合理化美國聯邦政府跨越全球無止盡搜尋各種蛛絲馬跡以證明「恐怖分子」的攻擊迫在眉梢之行動。只要大眾接受這樣的被害妄想式說法，「緊急時期」（a state of emergency）隨即與全球領土爭奪戰相聯結，並擴大到所有公民的日常生活當中。

　　阿干本（Giorgio Agamben）援引西班牙在古巴的集中營及英國在南非的集中營為例，針對集中營在上個世紀初期開始出現的過程提出歷史記述。根據他的說法，集中營的產生「並非基於一般法（更不是如我們想像地來自於刑法的變形與發展），而是基於非常時期（a state of exception）與戒嚴法（martial law）。這在我們熟知的納粹集中營之起源與司法體制當中更是顯而易見。強制收容的司法依據不是普通法，而是一個起源於普魯士的司法機構「Schutzhaft」（意指保安拘留）——納粹陪審人員有時將其歸類為防衛性警備措施，因為該司法機構拘禁沒有任何具體犯罪行為的個人，僅僅為了防範國家安全受到威脅（Agamben 166-67）。也就是說，集中營成為國家先發制人的措施（pre-emptive measure），以避免威脅國家安全的事件實際發生。

的科學》（*Shisô no Kagaku*）的〈兩個否定——閱讀《不不男孩》〉（"Hutatsu no hitei: No-No-Boy woyomu"），另一篇是發表於《思想》（*Shisô*）的〈身為日本人——多民族國家的國民主體問題以及田辺元（Tanabe Hajime）〈「種的邏輯」〉（"Nihonjin dearu koto: Taminzoku kokka ni okeru kokumin shutai no kôchiku no mondai to tanabe hajime no 'shu no ronri'" 5-48）。

2 明顯顯示出這種殖民主義妄想症的官方文書可以布希政府的〈美國國家安全政策〉（"The National Security Strategy of the United States of America"）（2002年9月）為例。

正如漢娜・鄂蘭（Hannah Arendt）在半個世紀前所主張的，國家主權淪喪後伴隨而來的就是個人權利的喪失。此刻這個定理似乎再次獲得確認。我們將面臨越來越多既非國家也非國際的組織，因為階級鬥爭與階級本身再也無法受到國家形式的統合與限制（Balibar, "Les" 353-71）[3]。主權從國家的形態逐漸轉變成一種新的超「國家」（super "stateness"）形態。超國家形態缺乏足以對抗單一市場邏輯的中央共和政體或階級、國家間的利益衝突[4]，而以跨國的私人商業協定（相對於必然指涉社會體的法律）為動力，假想自己正在建造一個全球公民社會——沒有國家卻有法制（a reign of law without the State）的治世。然而，由於個人契約與中央契約之間並沒有任何聯結，事實上我們所處的狀態恰恰相反：一種有著國家控管卻沒有真正法律的狀態（a State without law）。在這全球性「有國無法」的狀態下，主權在對抗非公民或群眾運動時，訴諸警察權的邏輯。於是，隨著超國家的誕生，中心—邊陲有系統的鬥爭為其所收編，甚至與其形成共犯關係，全體人類的概念與國家的概念混為一談。美國超國家不斷以特定國家意志之形式出現，卻又同時強調自己身為全球警察保衛所有國家臣民之職責。事實上，當前的戰事紛爭以全體人類之名開戰，顯示出全體人類的意涵遭受國家控管吞噬的時代已來臨。

主權警察新秩序的全球性共犯肇始於波斯灣戰爭，在阿富汗紛爭及一觸即發的伊拉克戰事中更加強化，它結合了帝國主義與國家主義這兩個構成現代中心秩序之要件。長久以來聯合國不當掌控至高開戰權，以及暴力的合法使用權，窵除異己地決定各個主權國家

3　此外，關於超國家與階級鬥爭的討論，參照 Bidet (233-306)。

4　本論文文首數頁的部分用字遣詞與表現來自蘇哲安（Jon Solomon）與酒井直樹共同發表於《印跡》（Traces）第 4 期的導言。在此感謝蘇哲安同意我在本論文使用部分導言中的用詞並促使我留意到畢德（Jacques Bidet）的討論。

的權力，這回它卻迅速地自我解除特權，認可美國及其盟邦的私有勢力擅自發動戰爭。這私有勢力將自身置於全球裁治權之上，利用警察權的力量以便將自身形構為一個「有國無法」的勢力。

美國聯邦政府的高級官員宣稱他們是全體人類真正的（authentic）代表，也是至高主權力量的化身，並且不當主張美國聯邦主權具有至高的合法性。結果是，在美國領土外部保護並促進國家利益的軍隊，以及在美國領土內部規範暴力並維持國家司法制度的警察，這兩者之間越來越難以區分。既然美國聯邦主權合法性的取得必須超越既存的法律，美國的高級官員便不斷重複強調現在是「非常時期」（the state of exception），以緊急狀態為由暫時中止個人自由、言論自由、隱私權等個人的政治權利，從此時此刻開始我們每個人都必須生活在這無限制、無止盡的狀況之中。美國的高級官員刻意將這種「非常」狀況與司法統治混淆在一起。

阿干本表示這種狀況曾被稱為「出於意志的非常時期（state of willed exception）」（168）[5]。在這樣的狀況下，因具有「異種血統」而成為潛在次級公民的人們該如何在這樣的狀況下求生存，才能免於隨波逐流地成為自發性協力者？針對這個我忍不住要自問的問題，我將從主體生產相關問題的角度來進行討論。我將在底下分析三個文本，前兩個文本發表的時間幾乎相同，一併進行處理。它們均為以日語書寫的短篇小說，分別是發表於《文藝台灣》的〈道路〉（另有中文譯名〈道〉）（陳火泉 1943），以及發表於《台灣文學》

---

5 阿干本寫道：「非常時期不再指向一種實際危機所帶來的外在緊急狀況，而與司法條款混為一談。國家社會主義者的司法官明確意識到情況的特殊性，他們甚至使用一個似是而非的表現『出於意志的非常時期』（*einen gewollten Ausnahmezustand*）。與支配體制關係密切的司法官韋納·司伯（Werner Spohr）曾經表示：『為了建設社會主義國家，法令藉由基本權力的中止，製造出一個出於意志的非常時期。』（Drobisch and Wieland, System, p. 28）。」

的〈奔流〉（王昶雄 1943）[6]。這兩篇小說均發表於 1943 年 7 月日本「非常時期」期間，作者為台灣作家陳火泉及王昶雄。第三個文本是岡田約翰（John Okada）的《不不男孩》（*No-No Boy*, 1957），一個描述日裔美國人拒服兵役經驗者的虛構故事，發表於距離太平洋戰爭結束已超過十年的 1957 年。

我將在底下進行的討論的確是個比較研究的計畫，然而在開始進行討論之前我必須先做一些說明。我對這三個文本所做的比較，在方向上受到我對翻譯制度裡既定公式（schematism in the regime of translation）[7] 的分析所影響。根據這個翻譯的既定公式，經過翻譯的動作之後，即可再現我們進行比較的複數單位。翻譯常被表現為「某物」從一個語言單位轉移到另一個語言單位，亦即「某物」在兩個互不相涉的有機語言單位之間所進行的轉移。然而，我們必須瞭解到，比較的行為不能被化約為兩個既有有機實體之間的比較，或是（在我們的分析當中）兩個被視為有機單位的社會之間的比較。重點在於再現比較的方式，在於重複使用再現方式之後產生的不證自明的預設公式。我想在此預先表明我對這三個文本的分析將不會遵照這些公式，我也不認為這三個文本藉由某些方式再現了它們源自的社會。為了深入理解這些文本，我們當然必須參照特定的社會與歷史情境，歷史與社會的特殊性不容忽視。然而，對這些文本的比較並不是為了斷定四〇年代初期的日本社會（台灣／中國社會？）與五〇年代的美國社會之間的相似點與不同點。我反對以一

---

6 譯註：以下網頁載有〈道路〉中文版（陳火泉翻譯，王學玲整理）http://www.srcs. nctu.edu.tw/taiwanlit/online_papers/ref1.html（「台灣文學比較研究網站，1995-2001」）。戰後鍾肇政邀陳火泉自譯〈道路〉，連載發表於《民眾日報》副刊 1979 年 7 月 7 日至 8 月 16 日。後來因為其「皇民文學」性質，未被收入《光復前台灣作家全集》系列。〈奔流〉的中文版參照註 22。

7 關於翻譯領域裡既定公式的詳細說明，參照 Sakai. "Nihonjin"（51-63）。

般化的系統——通常不超出一般公認的國家時空單位——對文本的歷史社會特殊性進行歸類。因此，我不否認這三個文本是具時空特殊性的特定場所之產物，但我並不認為〈道路〉與〈奔流〉表現了「日本現實社會」，《不不男孩》則表現了「美國現實社會」。我對這三個文本的解讀，將導向一個以揭露帝國國族主義共通技術——將所謂的弱勢成員打造成帝國主體的技術——為目標的比較研究。

一、〈道路〉與〈奔流〉

二十世紀前半，許多工業國家為了因應資本主義所帶來的危機歷經了一些變革。美國跟日本也不例外。就年代發展與地政學來看，這兩個國家的國族主義必須透過不同角度與個別歷史文脈分別進行分析，但如果我們從帝國國族主義的觀點來看，可以發現兩者之間有許多共通之處。因此，我的分析將採用「比較帝國國族主義」（Comparative Imperial Nationalism）的方法（我期許這篇文章能在將來發展成一篇討論帝國國族主義形成過程的更大格局的學術論文）。限於時間與篇幅我無法充分討論帝國國族主義的每個面相，我將選擇把焦點放在主體建構的問題，或者借用一九三〇年代的哲學術語——「主體的生產」，討論弱勢成員的相關問題。所謂弱勢成員指的是具有「異種血統」，在帝國國族主義先發制人的情況下可能面臨被剝奪公民權與基本政治權利危險的人們。

當我們思考太平洋戰爭結束前的東亞歷史在戰後如何被書寫與記憶的問題時，下列兩個重要例舉不容忽略：一個是日本帝國的崩解，另一個則是美國對日本的殖民統治。一般而言，只要牽涉到美國在戰後所支配的國家，東亞歷史書寫的極大部分都以合理化美國在亞太地區的政治軍事支配為目的。我們不能忘記的是，歷史書寫同時也被用來赦免日本的帝國主義。2002年12月在東京舉行的

「對女性的戰爭犯罪國際法庭」（the International Tribunal on War Crimes against Women）顯示出，美國對日本的殖民統治責任與戰爭責任之赦免是美國霸權的基本構成要素之一。這些東亞歷史書寫露骨慶祝日本的投降，以及日本在美國政策與戰略下的民主化，蓄意迴避以下問題——曾遭受殖民統治暴力多重壓迫的人們絕對無法迴避的問題：殖民統治如何造成被殖民者身心的創傷？殖民主義如何在孕育殖民地國家解放運動的同時製造出人種的優劣階層？國族主義為何與種族歧視產生共犯關係？我們必須採取什麼樣的行動，才能將舊殖民地從殖民遺產當中解放出來？此外，這些東亞歷史書寫還被用來模糊分散在戰前要求並繁殖殖民暴力與壓迫的機構組織、殖民行政官員、軍方人員、文化的殖民地統治責任及戰爭責任。

　　這樣的歷史書寫不只由美國國內保守派的歷史學者所推動，日本的歷史學者與知識分子也在其生產、宣傳與背書提供不少助力。不同於以往的殖民地政府，美國占領軍政府並沒有阻礙日本國族主義的發展，反而揚起反殖民旗幟假裝與民族解放運動站在同一陣線，保護，甚至培育日本的種族排他主義。這使得日本的知識分子即使難以苟同美國在東亞的政治軍事政策，也無法釐清他們的日本國族情感（在感情上促進他們的反美主義）與美國霸權之間相輔相成的關係[8]。藉由對過去殖民統治責任的否認，美國與日本兩國的國族主義互為共犯，正如當前中心與邊陲地區在全球性超國家支配下的共犯關係。美國與日本的過去被擺在國族歷史的狹隘框架當中談論，完全無視於不同族群、人種、性別與國族團體之間激烈的相互作用與影響；無論是美國或日本的歷史學者，沒有人有勇氣以相同的判斷基準對兩國的國族主義進行基本的比較分析。在美國，一九

---

8 最近北韓綁架日本人事件曝光之後，日本大眾受到日本右派報紙媒體在2002年9月、10月的報導煽動後呈現的情緒性反應，為美國霸權與日本國族主義共犯關係的典型例證。

三〇到四〇年代初期日本的社會狀況與殖民政策屢屢成為譴責的對象，卻鮮少有人對其進行細部研究，深怕研究的結果反倒暴露出美國自家的問題。打從一開始，日本的國族主義就被定義為一種排他主義、翦除異己的自我種族中心主義；美國國族主義則被包裝成邁向種族大融合的普世形式。這可說是電影《蝴蝶夫人》（*M. Butterfly*）寓示的一種集體情感移置（transference）（Chow, *Ethics* 74-97）吧！

帝國主義情結最大的共通特徵在於強調本國的帝國主義與其他帝國主義的不同與優越性，以正當化本國的帝國主義。所有國族主義——尤其是帝國國族主義——都主張自己是與眾不同的。對於自身特殊性的主張（exceptionalism）存在於所有帝國國族主義當中，但無論它們是以種族、西方文化或特定宗教傳統的獨特性來自我包裝，我們都必須抗拒特殊主義的誘惑。這也是為什麼在我們迫切尋求對策來因應進行中的新帝國主義及其影響時，帝國國族主義的比較研究及對於否認殖民罪惡的心理機制之適當分析是不可或缺的。

一九四〇年代初期，日本有計畫地動員各地學生與青年從軍，動員範圍除了日本本國（Japan proper），還包括台灣、韓國等日本帝國的海外領土（annexed territories）（樋口雄一 1991，姜德相 1997）。這顯然是為了因應日本長期性勞動力短缺的問題，該問題還促成其他社會措施的產生，包括終身雇用制度、婦女社會地位的提升、強制勞工從殖民地移動到日本本國或帝國其他地區的工業中心等等。正如美國本國的市民權運動與一九六〇、七〇年代初期美國在印度支那半島的戰事密不可分，日本在一九四〇年代初期的帝國統合政策——通常被稱為「皇民化政策」（皇民化政策）[9]——以

---

[9] 一九三〇至四〇年代初期，日本在各殖民地施行一連串的政策，將殖民地居民收編於日本國家之內。最為著名的政策包括在台灣與朝鮮的大眾媒體與公共場所禁止當地語言的使用，以及「創氏改名」（近代家族制度的建立與改日本名字）政策。

及將弱勢成員收編到國家內部的動作，與日本在中國大陸的戰事陷
入膠著密切相關。

　　日本政府的政治宣傳當中最顯著的特徵可說是對於志願
（voluntarism）的強調：他們要求台灣各地從軍的「本島人（日語發
音為hontôjin，北京話發音為bendaoren）」（意指台灣人，相對於意
指來自日本本國的日本人[10]之「內地人［日語發音為naichijin，北
京話發音為 neidiren］」一詞）基於個人自由意志加入日本軍隊，並
下定決心以效忠帝國的日本人主體身分，犧牲自己的生命。政府公
開宣傳一個空誕的腳本：台灣人為了成為「日本人」，不惜以「日
本人」的身分志願赴死。值得注意的是，台灣人的志願從軍以台灣
人的主體性為前提：台灣人為國捐軀的必死決心，被視為是台灣人
用以證明他們與本國日本人一樣具有報效國家的能力，證明他們在
主體性的呈現跟「內地人」一樣是真正的「日本人」之手段。

　　駒込武（Komagome Takeshi）引用宮田節子（Miyata Setsuko）
《朝鮮民眾與皇民化政策》（1985）一書的敘述，論及朝鮮皇民化政
策的某些情形。他提到在一九三〇到四〇年代初期，朝鮮的青年常
以「身為日本人」為傲（駒込武 223）。宮田節子與駒込武都表
示，朝鮮總督府與日本軍處心積慮要將被殖民者打造為忠誠的帝國
主體，他們實行一連串的社會改革，卻從未打算廢除既有的種族歧
視制度。駒込武表示，仍有些朝鮮人試圖超越既有的種族藩籬，他
們所採取的方式是「變得比本國日本人更像日本人」（224）。國家
統合及皇民化的修辭與現實生活裡對朝鮮人的種族歧視制度兩者之
間的矛盾是遮掩不住的。「這是一個無理的要求：你的行為舉止必

---

10 譯註：理論上日本殖民統治下的台灣人也是「日本人」，因此強調是來自日本本國
　　的日本人（Japanese from Japan proper），與出身日本海外領土的台灣人加以區分。
　　以下簡稱本國日本人。

須符合效忠日本帝國的主體，同時你又必須自覺到你永遠無法成為日本人」（231）。然而，正因殖民支配當中存有這樣的矛盾，才必須要創造出適當的管理技術將該矛盾消除於主體建構的過程當中。問題在於如何將這樣的矛盾轉化成帝國主體生產過程中具生產性的因素。在殖民支配的矛盾之下主體想成為日本人的慾望總是受到阻礙，然而在想像的領域，它是可以獲得滿足的。在「皇民化政策」當中，想像領域的控管具有關鍵的重要性，正是因為透過虛構想像，殖民地的歧視政策順利製造出被殖民者對日本人身分無饜的慾望。在這樣的情況下，官方說詞與現實的矛盾，在被殖民者心中內化成一種推動其邁向日本人身分認同的驅力[11]。因此，我們可以將殖民地台灣以日語書寫的文學視為一種主體生產的技術。

　　然而，我們不能忽略以下事實：歧視區分台灣人（「本島人」）與本國日本人（「內地人」）背後的想像舞台止揚於一個終極的主體對象──「日本人」。這個腳本只有藉由以下的角色分配才能有效演出：台灣人披掛上台，本國日本人則在台下觀看。台灣人必須在本國日本人觀眾面前，為他們演出。然而這場幻想劇的主角並非台灣人，而是本國日本人。

　　在「皇民化政策」時期，台灣人小說家寫了數篇關於志願兵的短篇小說，包括周金波的〈志願兵〉、陳火泉的〈道路〉、王昶雄的〈奔流〉等。我們首先來看《文藝台灣》雜誌的本國日本人編

---

11 正如荊子馨（Leo T. S. Ching）在〈我只要日本〉（"Give Me Japan and Nothing Else!"）一文當中的描述：「『同化』停留在殖民地統合無法實現的一種理想狀態，『皇民化』則與其不同，它要求被殖民者為天皇行動，出生入死保衛日本帝國，以行動證明他們日本化的具體實現。忠誠而優良的日本人之主體建構與所謂的『皇民文學』見證著：對於被殖民者而言，『皇民化』意味著將具體的殖民地抗爭沉潛到殖民地認同內部（而非不同認同之間）的主體鬥爭。換句話說，『皇民化』之下的文化表象轉移具體的殖民地社會問題，並以個人存在論的問題加以取代」（780）。

輯[12]對陳火泉〈道路〉之評論。〈道路〉是描寫一個台灣人知識分子決定從軍之前苦悶心情的短篇小說。其中一個編輯寫道：「也許有人會批評這篇小說在文學技巧上不夠洗鍊，但我將無視這樣的評價。曾有哪一部作品如此有力地描寫想成為日本皇民的滿腔熱忱嗎？曾有人如此深切地訴說成為日本皇民過程中的苦惱嗎？人們與這樣的苦惱進行的搏鬥，曾經獲得這麼強而有力的表現嗎？這是一條通往日本的『道路』」（浜田隼雄 142）。另外一位編輯表示：「閱讀這篇小說的前半時，我不認為它是一篇好作品，它的內容頗為粗糙，有許多助詞的文法錯誤。可是，當我讀到後半時，我感覺我的眼眶濕了。我開始覺得這是一篇偉大的文學作品，不禁正襟危坐起來。我希望每個人都能閱讀這篇小說。我出聲朗誦它，每朗誦一遍，我都感覺到出自內心的感動」（西川滿 142）。

　　《文藝台灣》的編輯強調台灣人作家在文學技巧與語言能力方面比不上本國日本人作家，但其愛國熱忱卻可能超越本國日本人。本國日本人在工業發展與文明程度上遠勝於台灣人，他們的教化者地位是屹立不搖的。然而在另一方面，他們卻必須向台灣人學習誠實與熱忱之德性──以往本國日本人曾經具備這些德行，但現在已喪失殆盡。比起「本島人」，「內地人」在政治經濟上具有壓倒性優勢，但「本島人」在愛國熱忱方面卻比「內地人」更像個真正的「日本人」。以上就是《文藝台灣》的編輯試圖從陳火泉的自傳性小說〈道路〉中汲取出來的教訓。在這個想像的舞台，台灣人被期許要坦承想成為日本人的慾望，完成本國日本人希望他們達成的目標。《文藝台灣》的編輯從〈道路〉中所讀取到的，基本上就是以下的腳本內容：台灣人將「內地人」編輯的慾望誤認為自己的慾

12《文藝台灣》的編輯為浜田隼雄（Hamada Hayao）與西川滿（Nishikawa Mitsuru）。
　　西川滿出身於本國日本人家庭，在台灣長大。

望，為了成為「日本人」，他們賣力演出「內地人」所預期的角色。

在〈道路〉當中，筆名青楠[13]的「本島人」知識分子在台灣的國營樟腦精練工廠工作，有望升為正式技術人員，但公司裡無形的種族偏見讓他的希望破碎。小說裡描寫這個深信日本國家平等原則的主角如下：

> 他自認為是個堂堂正正的日本人。他不喜歡「內地人」，以及相對的「本島人」這兩個字眼給人的感覺，以及它們暗示的意涵。他認為把自己歸類為「內地人」或「本島人」是很愚蠢的。他尤其無法忍受自認為是「本島人」而自我卑下的態度。他寧願相信自己是個優秀的日本人，不希望這樣的信念受到質疑，其他人也應該讓他堅持他的信念（這樣才能避免陷入不必要的羨慕或自卑）。他覺得因為羨慕或自卑感作祟而造成悲劇發生是很愚蠢的[14]。（陳火泉 110）

在主角的信念裡，顯然並非只有「內地人」才能成為「日本人」。原則上台灣人與本國日本人是平等的，台灣人宣稱自己是日本人是為了爭取該得的權利，克服將「本島人」與「內地人」區分開來的各項種族歧視制度。然而，對日本國民的界定無法完全擺脫過去的束縛，小說的敘事者感受到傳統的沉重壓力。

當日本人意識到「血統」時，他們回歸日本人的原真性。我

---

13 台灣人姓名的羅馬字表記根據 1957 年的標準發音，在必要的時候附加日語發音。由於個人能力上的限制，我只能以北京話來進行台灣人漢字人名的羅馬字表記。（譯註：原文以羅馬字表記台灣人作家與小說主角姓名的日語發音，後面括號表記北京話發音，譬如青楠為 Sei Nan [Qing Nan]。）

14 譯註：〈道路〉與〈奔流〉的引用部分為譯者由日文原文中譯。

並不是說只要流著日本人的血，就是日本人。我的意思是，日本人從小接受「日本精神」傳統，不論何時何地都能彰顯日本精神。一個人要成為日本人就一定要具備這樣的能力。（陳火泉 118）

青楠承認，「成為優秀的日本人」不是本國日本人獨占的特質，但是台灣人想要成為優秀的日本人就必須以「內地人」為理想模範來模仿學習。「本島人、朝鮮人、滿洲人」當中應該也有不少具備日本精神的人，他們「毅然堅守著日本精神」（陳火泉 117），但那畢竟不是他們與生俱來的，所以他們必須要向與日本精神一起長大的本國日本人學習。

就這樣，小說〈道路〉呈現一個同時包含兩個相互矛盾的要求之腳本。一方面，本國日本人先天上比台灣人優秀，但另一方面兩者同為日本人，不分種族互相平等。我們可以在一般的人道主義意識形態當中發現類似的情節——在賣弄平等說詞的同時，滿足某些族群想凌駕其他族群之上的慾望。無庸置疑地，正是這充滿人道主義味道的腳本讓《文藝台灣》的編輯感動落淚。

〈道路〉這部小說裡對「日本精神」的禮讚當然不能直接解釋為作者信念的如實表露。文藝產物明顯構成「戰爭總動員」（Total War Mobilization）工作的重要部分，在這篇小說當中檢查制度與皇民化政策的痕跡顯而易見。內容遭受修改的痕跡，顯示出這部小說是在通過總督府檢查後才得以出版。然而，我們不能單純將「本島人」作家的日語文學作品視為他們與日本殖民政權妥協合作的產物。我們可以在〈道路〉這樣的作品當中觀察到個人與國家之間出自想像的關係，殖民統治下弱勢成員與國家之間的想像關係，正是「國家」統合邏輯——「種的邏輯」（the Logic of the Species）[15] 為其極致表現——所探討的重要問題。也就是說，閱讀這篇小說讓我們

瞭解到多民族國家的統合邏輯如何編織出弱勢知識分子的慾望，推動他們朝帝國的政策邁進。

〈道路〉整篇小說裡並沒有將說日語或模仿本國日本人的舉止當成一個中心問題來處理，不過小說裡隨處可見台灣社會多語言的現象。當時普遍認為台灣人知識分子可藉由說日語、模仿本國日本人的舉止來改造自己，促進生活環境的文明化。對無法接受日本國民身分的台灣人而言，國族歸屬的問題不可避免地搖擺於兩極之間：一端是他們直接的種族根源事實，一端是透過理念而達成的國族共同體歸屬感。在小說當中，青楠正是一個試圖超越種族根源的束縛，透過理念來歸屬於國家的人物。這可在受過高等教育的台灣人知識分子身上得到最佳例證。然而，正如陳萬益在李登輝等從日本大都市回來的「本島人」菁英分子身上，觀察到他們與日本國家之間愛恨交錯的糾結關係（陳萬益 1995），青楠的故事逼真傳達了弱勢成員國族歸屬充滿意識形態的舞台背景。

青楠不是本國日本人，所以無法在工廠升級為正式技術人員。他獻身於日本精神萬人平等之論點，日本精神卻背叛他。他被無情告知，他不屬於日本國家的一分子。最後，他陷入自滅型的神經衰弱症。奇怪的是，這篇小說發表的時候，檢查制度正極力避免本國

---

15 關於「種的邏輯」更詳盡的分析，參照Sakai（2000）（譯註：這篇論文分析1943年5月19日田辺元在京都大學的演講「生死」提出的「種的邏輯」概念如何與戰爭期間日本帝國動員弱勢民族的統合邏輯互相呼應。田辺元指出，個人超越「個體」而歸屬於「種」[國家、民族、人種、階級等集體認同]，除了必須是個人「有自覺地」接受並實行「種」賦予底下各成員的責任與義務，同時以個人對歸屬於「種」的自由決定權為前提。也就是說，個人有權「否定」自己與共同體之間的歸屬關係，促進社會變革。田辺元這樣的理論使得「種」的歸屬超越單純的認知問題，成為倫理及實踐的問題。當時的聽眾裡包含即將出征的學生，應該也有從殖民地前來留學的被殖民者。因此，「種的邏輯」可說是為了因應多民族帝國日本的戰爭總動員所需而建構出來的「反民族主義的國民主義」）。

日本人的負面形象在殖民地台灣散播開來，小說裡對「內地人」言行不符的平等說詞之描寫為何能通過檢查？殖民地當局之所以不能完全封殺對殖民地暴力的暗示性描寫，是因為文藝產物是主體生產技術之一，能將被殖民者打造成認同日本國家的主體。文藝產物生產有效的腳本，想像被殖民者克服殖民地現實社會的所有障礙，進化成羽翼豐滿的成熟日本人。「內地人」歧視傲慢的態度、「本島人」的落後與自卑、法律上的不平等，這些現實障礙的寫實描寫使得青楠這樣的「本島人」角色得以與被殖民者產生接點。否則這個故事將無法塑造出殖民地社會的真實情境，無法讓被殖民者覺得小說裡的主角具體呈現他們自身的幻想。既然牽涉到「皇民化」的統合策略，日本殖民統治當局無法將以日語書寫的文學對殖民地殘酷現實的描述直接刪除。

　　正如被殖民者所受的屈辱直接表現在張文環〈閹雞〉（63-102）裡的性無能角色阿勇身上，青楠的崩潰喻示了台灣人在殖民統治下所受的屈辱。可以預料的是，青楠透過對日本國家的歸屬而建立起來的自尊，就此徹底毀滅。最後他不得不認清，本國日本人口頭上宣傳一個超越族群特殊性的理想日本國，其實他們心裡一點都不信這一套。作者對青楠的苦悶之描寫，在喚起「內地人」讀者罪惡感的同時，將青楠的愛國心轉化成一種對日本帝國的反叛[16]。陳火泉的敘事似乎將讀者導向一個幻想：青楠是如此地深愛日本這個國家，所以具備足夠資格批評日本社會的不公，對殖民政府提出抗議。這篇小說間接暴露帝國國族主義統合邏輯表裡不一的本質，以及弱勢成員的悲慘遭遇——他們終究只能祈求國家的認可，祈求國家牧歌式權力所施予的愛，就像迷途羔羊祈求牧羊人給予關愛的眼神。我們可以回想起，從明治初期建立近代國家到1945年8月日本帝國投

---

16 譯註：意指超越現實的國家「日本」，邁向人類平等的普遍性抽象理念。

降，日本國族意識的感性部分常以帝國「一視同仁」的口號為號召，意指「國家每個成員都受到天皇關切的注視，永蒙其澤」[17]。

雖然國家統合的邏輯以平等為號召，實際上青楠面對的卻是本國日本人獨占利益的現實，以及主張日本國純粹由本國日本人組成的「內地主義」。然而，我們不能因此推論，「種的邏輯」之類帝國國族主義的修辭是為了掩飾帝國內部的種族歧視。更重要的是，這些修辭是為了因應殖民地的焦慮，防止弱勢成員群起反叛，並且因應種族歧視可能引起的社會對立。帝國必須訴諸國家統合的邏輯來適當轉化消弭內部分裂的可能性。

當青楠瞭解到阻礙他升任正式工程師的無形種族歧視不可能消失或受到公開批判後，他決定志願從軍。他決心赴死，正因他領悟到國家統合的平等說詞顯然讓他失望。他相信唯有重新建立自己與國家的歸屬關係，才能重拾自尊；為了達到這樣的目的，當時的台灣人所能做的就是回應國家對個人為日本至高主權犧牲的要求。問題是，正如馬佳麗特（Avishai Margalit）所言，自尊（self-respect）並不等於自重（self-esteem）（*Decent*, 1996）。

青楠沒有選擇反叛日本帝國，他選擇在帝國的外部，而非帝國的內部，樹立自己的假想敵。他實際的抗爭行動被轉化為日本與其外部敵人之間外在而假想的對立關係。在台灣人所寫的日語文學作品當中，陳火泉的〈道路〉被認為是與帝國「皇民化」政策妥協的作品之一。然而，即時是〈道路〉這樣的作品也針對以下鼓吹愛國的言論之適切性提出質疑：「我們必須以實際行動讓國家符合天道，讓國家不至於偏離真理與正義」、「我們的任務在於打倒國家內部的欺瞞、虛假與不公，因為這些缺失切斷民族與國家的聯繫，

---

17 關於「一視同仁」的詳細內容，以及近代國家的建構方式，參照廣田昌希（Hirota Masaki）（436-516）。

造成兩者之間的分離」（Hajime）。陳火泉暗示我們，無法「打倒國家內部的欺瞞、虛假與不公」的台灣人志願成為「日本兵」，不是出於他們的自由意志，而是出於壓迫與自暴自棄。

〈道路〉這篇小說凸顯出一個幻想機制，這幻想機制將殖民地內部加諸於弱勢成員的暴力，轉化為國族主義的攻擊性，並將其外化為對抗國家共同外在敵人的軍事暴力。我們譴責「種的邏輯」所表現的帝國國族主義，並非因為國家統合邏輯無法實現超越種族差異的平等，而是因為受盡屈辱的弱勢成員將國家內部的攻擊性置換並外化於國家外部代罪的假想敵，藉此重獲他們的名譽與自尊。國家統合的修辭藉此成功統合弱勢成員，不需實現平等，也不需讓弱勢成員重獲足夠的自重（只有透過欺壓者的認可才能獲得）及自尊（賦予殖民地受害者一個媒介，使其能與其他地區或族群的被欺壓者擴大產生連帶關係）。我們必須質疑的是國族主體的管理技術，它讓個人的國家歸屬藉由個人赴死的決心及志願為國犧牲的意志而受到保障。

我們可以從上述歷史關聯性，對王昶雄〈奔流〉的政治意義給予正面評價。〈奔流〉與〈道路〉可說彼此拉鋸，呈現日本殖民地統治下弱勢成員知識分子面對國家志願從軍的要求時的不同反應。〈道路〉的敘事內容以主角青楠的苦悶及其內心獨白為主，相對地，〈奔流〉則藉由三個主要角色之間的衝突，成功表現出殖民地統治下知識分子的恐懼與矛盾。第一個主角為敘事者，是個居住東京多年完成大學教育後回台灣繼承父親診所的台灣人醫生；第二個主角是在高中教授日本文學的伊東春生（Itô Haruo），也就是朱春生（Zhu Chunsheng）；第三個主角是伊東的表弟[18] 林柏年（Lin

---

18 譯註：應為表弟。伊東春生的母親與林柏年的母親為姊妹，兩人為姨表兄弟。以下同。

Hakunen, Lin Bainien），就讀於伊東任教的高中。小說裡將伊東春生描寫為一個成功地接受現代化洗禮、受日本教育、說完美日語、努力灌輸「日本精神」於台灣學童的在地知識分子。雖然小說的敘事者始終沒有脫離殖民政權大肆宣傳的日本文化與「內地人」之正面形象，王昶雄不忘在小說中夾雜一些顯現伊東怪異之處的評論。敘事者第二次跟伊東碰面時，出現一段怪異的對話：

> 「歡迎！」我（敘事者）母親以國語（日語）說道。她接著以台語（本島語）說：「進入雨季了，真是不舒服。」
> 「這是我母親，她不大會說國語。」我跟伊東介紹我母親。
> 伊東向我母親打招呼：「伯母您好，我叫伊東春生，打擾您了。」他用的是國語。我覺得非常奇怪，即使是在這樣的場合，伊東還是堅持不肯使用台語。我感覺到伊東的生活哲學是極端徹底的。我只好向母親翻譯他說的話。（224）

值得注意的是，伊東春生選擇到日本念日本文學而非醫學，小說裡沒有將他描寫成一般為了追求功名，撿拾殖民統治殘餘的政經利益，而與殖民政權妥協的人物。他娶本國日本人為妻，努力讓自己在生活各方面都跟日本人一樣。除了個人生活層面，他堅信所有的台灣人都必須徹底日本化，因而獻身於年輕一代台灣人的教育工作。與伊東的角色衝突最大的是他的表弟林柏年。林柏年把伊東視為台灣在地共同體不折不扣的叛徒，他無法諒解伊東以自己的母語、家人、尤其是自己的母親——象徵伊東自身的族群特質——為恥。

伊東與其表弟之間強烈的敵意，呈現出兩種截然不同的現代化觀點。伊東的角色所代表的觀點，合理化在殖民地執行文明化任務的歷史性計畫——殖民者日本的文化特質代表了進步、原始風俗的

破除、未開化者的改造；台灣社會則被視為原始的、需要大幅改進的。基於這樣的觀點，現代化的時序進程等同於殖民地文明化任務的次序，現代化的時期區分完全被「已開化的殖民者／未開化的被殖民者」之二分法所取代。文明化的過程被認為是從已開化的一方，傳送到未開化的另一方。無論是殖民者社會或被殖民者社會，有許多人支持這樣一個文明化任務的計畫，伊東春生即為被殖民者社會當中的典型。他整個人從頭到腳，都從被殖民者的角度，來肯定殖民地文明化任務的歷史性計畫。由於日本本身的現代化也歷經類似過程，伊東這樣的人物普遍存在於日本帝國各地，不管是在日本本國或日本的海外領土。

伊東的表弟林柏年提供了另一種不同的現代化觀點。與同時期以「轉向（tenko，左派分子在國家高壓之下轉向右派愛國主義之行為）」為主題的日本小說一樣，生母的比喻扮演了舉足輕重的角色。林柏年從東京（他決心在東京完成大學教育）寫了一封信給小說的敘事者，信中堅決反對他表哥的現代化計畫。

> 我堅信，我愈成為一個優秀的日本人，就必須更是一個優秀的台灣人。我完全不需因出身南方而引以為恥。我漸漸適應這裡（日本首都都市）的生活，但我不認為有必要貶低我故鄉充滿土味的生活方式。無論我的生母是多麼土氣的鄉下人，我都對她眷戀不已；無論她以何種令人難堪的模樣出現，我都不會否認我對她的情感。（247）

林柏年認為在現代化的過程中，台灣在地社會組織需要改革，但這並不意味著台灣在地社會（譬如〈奔流〉裡暗指的古老港都淡水）必須變得跟日本的大都市一模一樣。日本的文化特質不能完全由本國日本人決定，日本國民的「日本性」不能仰賴過去既存的原

型，必須將未來主體建構的不確定性考慮進去，開放帝國各族群參與帝國的自我形塑與自我變革過程。無庸置疑地，「種的邏輯」之類國家統合的邏輯，正是針對林柏年的角色所象徵的「民族主義（以族群為單位的國族主義）」邏輯的一種應答。多族群帝國型國家想要維持下去，必須以具有說服力的邏輯來打擊單一族群國族主義的政治正統性。「種的邏輯」試圖進行這樣的工作，卻又在建構帝國之際試圖挪用族群特質與文化差異。

　　透過愛國行動而被認定為真正日本國民的台灣知識分子，理論上有資格批評本國日本人對台灣人及其他弱勢成員的歧視態度，打破日本國內各種形式的不公正，改革既有的社會體制。正如田辺元以哲學用語加以概念化的以下想法：日本的國民性必須超越族群與人種的差異，因為唯有藉著超越自身、朝向以普遍價值為前提的國家共同體之實現邁進，種族認同才有可能產生。族群與人種不能單獨存在，它們並非完全客觀的範疇，在受到主觀加以確定之前，將停留在飄忽不定的狀態，永遠只是主體的一個媒介點。主體雖是自我形塑與自我變革的執行者，但由於它形塑、改變的對象是它自己，主體只有在自我差異化的過程當中，在化為他者的忘我時刻當中才得以成立。

　　基於此，田辺元提出了主體及下層結構區分化的概念。下層結構為主體原初的環境，在主體形成過程中受到轉化。一個在台灣出生長大的人必須面對其族群背景，將台灣人的族群認同當作其「下層結構」。但是，唯有成為一個不斷重塑自我的近代主體，將自己重新打造成一個足以克服其「下層結構」的「主體」時，他才得以主張其族群性。也就是說，出身不同的族群並不構成「現代化」的障礙。田辺元所謂的「主體」指的是參與社會活性轉化運動的個人，在社會轉化的過程中，主體的故舊之我得以接受培育。「種的邏輯」這類的普遍性邏輯，正是針對林柏年這角色所代表的人們所

提出的應答。為了動員不同族群不同歷史背景的龐大人口，日本國家必須創造出多民族帝國的哲學——一種足以編織出弱勢成員知識分子的慾望，說服他們走向帝國政策的哲學。

　　雖然台灣人在「下層結構」方面可能不夠日本人，當他們自主選擇要成為「日本人」，遵照日本國家的普遍法則而生而死時，他們就成為一個完整的「日本人」主體。「種的邏輯」以理論用語勾勒出來的腳本，在此不斷被重複使用。我的意思並不是說統治者在政治宣傳當中逐字逐句引用「種的邏輯」之內容[19]。我們可以看到的「種的邏輯」如何針對弱勢知識分子在殖民地狀況下承受的焦慮與苦痛，給予非常洗鍊的意義與表現，並鼓勵他們採取特定的歷史行動。

二、《不不男孩》

　　接下來我將針對第三個文本《不不男孩》進行分析。這部小說主要以英文書寫，出版於1957年，距太平洋戰爭與二次世界大戰結束已過了十二年。這部小說出版於戰後，因而倖免於大戰期間的檢查制度。許多歷史與社會狀況的相似促使我們將《不不男孩》與〈道路〉、〈奔流〉擺在一起討論，同時我們還可以觀察到一些共通的基本問題點：

　　一、敘事者與其書寫語言之間錯綜且不穩定的關係。我把這三個文本當作「異種血統」作家的作品來處理，部分是因為它們具有這個共通特質。

---

19 在少數例子當中，我們可以說統治者公告的法令直接引用了「種的邏輯」。其中一個例子是由日本「企画院」（政策中心）策畫、1943年由「商工省」（工商部）出版的官方文書《大東亞建設論》（*Daitôa Kensetsu-ron*）。

　　二、國家歸屬及喪失國籍的恐懼。個人是否歸屬、以何種形式歸屬於一個國家共同體基本上是個引起焦慮情緒的問題。這三個文本都是為了處理這樣的焦慮而寫的。

　　三、三個文本都提到一九四〇年代初期「非常時期」的歷史背景。當時，無論是在日本或美國，弱勢成員均被動員參與戰爭總動員。

　　四、雖然在〈道路〉與〈奔流〉當中並沒有直接提及，志願兵的兵員補給基本上是為了對抗與志願兵本身族群近似甚至血緣相通的敵人[20]。志願制度強迫弱勢成員在兩個互相對立的集體認同形式──國家與血緣──之間做抉擇。

　　如同〈道路〉及〈奔流〉，《不不男孩》從頭到尾都在探究充斥於主角一郎（Ichiro）人生每個角落的「國家」。問題不在於是否存在一個名為「國家」的權力實體，控制所有公民的各個生活層面。我們談國家的無所不在，不外乎是為了凸顯以下的事實：這部小說的敘事由一個特定的觀點所構成，每個出場人物只要一開口說話，就無可避免地與「國家」進行某種對話。既然每個出場人物的每句話原則上都是間接對著「國家」在講，「國家」便充斥於小說想像空間的每個角落──這是我們說「國家」無所不在時所指的意思。

　　主角一郎在美國出生，雙親為日裔移民第一代，二次大戰時他與家人一同被遣送到日裔美國人集中營。兩年後，他與其他適齡的日裔美國人男性受到美軍徵召，然而一郎拒絕前往服兵役，被判刑兩年。拒服兵役者為罪犯，犯下侵害國家之罪。在近代社會裡，犯罪基本上被定義為違反國家法律的行為，拒服兵役跟逃稅、搶劫、酒醉駕駛一樣是侵犯國家的罪行。不同的是，拒絕國家兵役徵召的

---

20 有些台灣人日本兵從部隊脫逃並投靠中國赤軍，參照Chen。

嚴重性遠勝於其他犯罪行為，因為它不但違反國家法律，還破壞了結合國家與全體國民的情感聯繫。

讀者必須透過一郎過去回憶的片段來重組他的故事，並勾勒出他種種人生軼事發生的背景。一郎拒服兵役的經歷就像一個看不見的重力中心，在他人生每個角落投下陰影，成為預先決定他人生大小事件的共同地平線。換句話說，小說裡他拒服兵役的事實構成一個整體氛圍，小說的敘事就在這氛圍當中行進。

在監獄待滿兩年後，一郎回到他父母的現居地西雅圖。一郎從他說「不」的拒絕行為所受到的刑罰當中歸還，從一段特殊的過去——在他家人的生活中留下不可磨滅的烙印——當中歸還。然而，不同於其他從戰場歸還的士兵，一郎無法回歸正常的生活，因為他過去的所作所為不是短短兩年時間就能償還的。我們甚至看到一郎根本不覺得自己已經為當年的罪過付出代價。在小說當中，一郎的掙扎就像是個人進行贖罪與尋求饒恕的痛苦過程。敘事者提到一郎的朋友秋元弗雷第（Freddie Akimoto）無謂的抵抗行動——秋元也拒絕到美軍軍中服兵役。

> 弗雷第以憤世嫉俗的態度進行種種幼稚的抵抗，然而他的抵抗總是歸於失敗。敵人從上往下睨視著你，對你說：「這裡是美國，是美國人的地方。你已經花了兩年時間在監獄裡，證明你是日本人——回你們日本去吧！」你根本無法與之對抗。（Okada 51）

敘事者繼續以下的敘述：

> 一郎、弗雷第與另外四個牌友，以及所有在美國出生在美國受教育的日裔美國人在一種可怕的發狂狀態下否認其美國屬

性。他們的所作所為是如此的不可原諒嗎？難道沒有贖罪的可能？當然是有的。一郎仍然是美國公民，他還是擁有投票權，有旅遊、工作、念書、結婚、喝酒與賭博的自由。人們忘記他過去的所作所為，透過遺忘，原諒了他的過去。（51）

　　敘事往返於敘事者與一郎之間，提及其他拒服兵役者過去的犯罪行為、他們對獲得救贖的期望。將這些段落理解為對拒服兵役者處境的敘述或是他們內心掙扎的分析，都不能充分理解其內在意涵。在這裡，小說的敘事本身是一種可稱為「告解」（confession）的言語行為（speech act）。

　　「告解」在訴說者（addresser）與聽取者（addressee）之間預設特定的權力關係。訴說者訴說他自己，在他的內部與外部之間劃分界線，前者是他人無法進入的世界，後者暴露在他人視線之下。我們不需把重點放在訴說者實際進行告解之前的內心世界；關鍵在於，訴說者的內心世界進入告解場景時，與聽取者之間產生密不可分的相互關係。訴說者將聽取者定位成一個特殊的存在，訴說者不為外人所知的內心世界只對他敞開，訴說者尋求救贖的願望投注在他身上。在告解的過程中，「懺悔者」公開他／她的祕密，不過，告解並非一般公開祕密的行為，它必須對著特定的對象——占聽取者位置的人訴說：訴說者必須亮出不為他人所知的內心世界，藉以懇請聽取者聽他訴說。此外，訴說者與聽取者之間的關係是不平等的，因為前者被催促著坦露其內心世界，後者卻免於面臨坦露自我的危險。我們可以看到，《不不男孩》的敘事者刻意分派給一郎告解過程中「懺悔者」的角色。既然一郎扮演了這樣的角色，身為小說讀者的你就受邀成為聽取告解的人。你聽取一郎所說的話，同時，在敘事的配置當中你將扮演一個有權饒赦一郎罪過的角色。

　　我們必須留意的是，一郎所犯的罪不是傷害或竊盜而是拒服兵

役。在司法上，傷害或竊盜都是侵犯國家的罪行，不過在這些犯罪行為當中可以找到特定的受害者。罪犯必須向這些受害者祈求饒赦，只有在找到一個有權予以饒赦的對象時「饒赦」一詞才得以成立。在傷害、竊盜的罪行當中，關於誰該接受某種形式的債務償還，我們通常不會有太大爭議。然而，在拒服兵役的罪行當中，罪犯該從誰哪裡得到饒赦？更往前回溯，拒絕接受國家兵役徵召的一郎究竟對誰造成了傷害？我們無法找到任何他重大罪行下的特定受害者。或者說，他必須加以贖罪的受害者不外乎是作為整體概念的美國全體國民，「國家」就是這個群體的代表。

如果說《不不男孩》裡推演的是一種告解的演出，一郎是訴說者，讀者是聽取者，一郎祈求讀者「你」的饒赦，那麼，聽取一郎訴說的人就被擺在與「國家」相等的位置。換句話說，只要「你」理解到一郎是個尋求「你」饒赦的「懺悔者」，身為讀者的「你」就成為美國全體國民的具體現身。在這部小說當中，「國家」的無所不在並非意指每個人都置身國家機器的監視底下，而是意指著，這篇小說敘事的讀者「你」的現身——你接受一郎訴說的方式，讓他在訴說時無法不採取謝罪的形式。

在這種不平等關係下進行的敘事，不可避免地夾雜了許多恭敬用語。一郎從一個低下的位置，一個從屬的關係跟「你」說話，就像將你認定為具有饒赦他資格的人一樣。在這權力關係裡，一郎會說你想聽的話，不會讓你感到不愉快。因此，打從一開始敘事者呈現一郎處境的方式，就好像一郎已經承認：他當初拒絕接受國家兵役徵召是個錯誤的決定。

問題是，在這樣的敘事策略之下，一郎如何能在談論他拒服兵役經驗的同時，談論他跟他家人被強制收容在集中營之事？一郎、敘事者、小說文本所發出的話語，是在檢查制度網絡籠罩下的發言。除了〈道路〉與〈奔流〉裡統治者實施的檢查制度之外，檢查

網絡還包括了人們加諸自己身上的檢查制度：人們透過對愛國義務（主張個人必須將生命奉獻給國家）的盲目支持來建立他們與國家之間的聯繫，並且相信唯有站在對愛國義務的支持之共通平面，小說的敘事者跟讀者才得以互相溝通。在這樣的情況下，不管是一郎或者是小說的敘事者，都無法避免頻繁使用恭敬的措辭——《天方夜譚》的敘事者史荷娜蕾為了設法延長你對其施捨注意力的時間也非得這麼做，免得你馬上從兩人之間的對話抽身離去。我們不能忘記的是，這正是弱勢成員發言時的潛在主體位置，正是弱勢成員知識分子在特定政治社會情境下，用以吸引別人注意自己訴求的方式。不只有《不不男孩》的作者岡田約翰，陳火泉及王昶雄也都必須站在這樣的位置發言。一郎是否會跟〈道路〉裡的青楠一樣，為了重獲自重而試圖重新建立他與國家的歸屬關係，也就是回應國家對國民自我犧牲的要求，並間接接受美國帝國主義固有的白人至上主義？或者我們換個方式來說，《不不男孩》與〈道路〉、〈奔流〉最關鍵的不同，在於岡田有辦法讓一郎採取拒絕的態度，陳火泉無法讓青楠拒絕透過跟國家重新建立歸屬關係來重建崩解的自重。

　　這造成《不不男孩》裡恭敬用語使用的弔詭之處。我們在小說首次提及一郎罪過的段落即可觀察到這個特點。

　　　　他（一郎）的告發者之雙腿近在眼前——穿著美國大兵綠色野戰服的上帝。那同時是判處他刑罰的陪審員之雙腿。那雙腿似乎在說：向我懇求吧！以你的雙臂環抱我，將你的頭埋在我的兩膝之間，懇求我饒赦你不可原諒的罪過。（Okada 4）

　　這是一郎在路上遇見另一個日裔美國人江藤（Eto）時的回憶。江藤認為，當年志願從軍，成為真正的美國人的他，有資格去鄙視拒服兵役的一郎。他深信自己已重獲自尊，身為一個堂堂正正

的國民，有充分理由去嫌棄一郎。

　　小說裡特定的恭敬用語使用呈現出什麼樣的問題？一郎瞭解到，一個人不能藉由加強自重來重獲自尊。這樣的認識讓整個告解的形式顛倒過來，變成由「懺悔者」來審問「聽取告解者」。因此，這個故事必須要從一郎對判他入獄的法官所做的否定回答開始，從一郎在代表國家執法的人面前吐出的那個「不」字開始。這會不會是一個偽裝的告解？岡田約翰巧妙地利用這個告解，誘引你進入一個陷阱，逼迫你承認：真正的問題不在一郎的罪行，而在於「你」將無辜的日裔美國人拘禁在集中營之罪行？就算不使用陷阱一詞，這會不會是一個邀請（故事中仁慈提供一郎工作機會的卡瑞克先生［Mr. Carrick］的角色，多少給人這種感覺），邀請美國國家整體及日裔美國人雙方，各自表明自己的立場並承認彼此的錯誤，互相原諒彼此？

　　在試圖回答這些問題之前，我們先來討論作者岡田在小說當中對一郎語言使用實際狀況的描述有何特別用意。我們可以看到《不不男孩》與兩個台灣人作家的小說文本都不斷間接提及「國語」（national language）的重要性。一九四〇年代初期，殖民地台灣的情況跟當時美國的情況截然不同，我們可以留意當時在日本與美國這兩個帝國，支配性語言呈現了哪些問題點。

　　一郎的雙親為日裔移民第一代，無法流利使用英語。一郎家裡仍使用日語，但這部小說既然以英語書寫，一郎跟他家人的對話以英語來表現，就像在〈道路〉與〈奔流〉裡閩南語（台語）的對話以日語來表現一樣。一郎雙親所說的日語被翻譯成英語，以整合到小說敘事當中。也就是說，《不不男孩》至少有某些部分已經是一種翻譯，不過因為這是虛構的小說，所以這個翻譯並沒有原文。

　　接下來出現的問題是，除了一郎雙親的台詞，我們能夠確定其他的部分就不是翻譯了嗎？有可能明確區分出這部小說什麼地方是

翻譯，什麼地方是原文嗎？我當然不是提議參照作者岡田約翰的自傳或家譜來對這個問題進行確認。重要的是，究竟有沒有可能明確界定一郎或敘事者的母語？也就是母語的界定（determinability）問題（台灣從日本的殖民統治解放之後，王昶雄試圖以中文翻譯復原〈奔流〉的原文[21]。他的情況顯示出以日語出版的版本跟所謂的原文之間的多義關係）。譬如說，〈奔流〉裡的林柏年深信自己母語的價值，但當他表達對母親的感情時，他使用的卻不是他母親的語言（母語）[22]；相對地，他表哥伊東春生則完全不相信他母親的語言，也就是他的母語。這個問題在〈奔流〉裡被小心迴避，未獲處理。當時這可能是個在不同世代之間引起爭議的問題，一個是族群語言認同（ethno-linguistic identity）由外力決定的世代，一個是不需以「母語」為集團自尊依據的世代。伊東春生的祖父是個通過清朝科舉考試的「貢生」，他學習中文文言文並將其當作書寫文字，他的母語界定問題不具有太大意義決定性（Ô Shôyu 245）。這就是為什麼當我們把個人的母語決定性列為種族國家主義的基本要件時，文言文的廢除與言文一致（言文一致）[23]的推動會有如此關鍵的重要性。

　　接下來，我將把焦點從太平洋西岸的台灣跨洋回到太平洋東岸的美國。考慮到作為歷史產物的族群語言問題，我們面臨一個新的

---

[21] 根據陳萬益（1995），〈奔流〉中文版有三個版本，第一個版本為林鍾隆翻譯（1979），第二個版本為林鍾隆翻譯，作者王昶雄校訂（1991），第三個版本為鍾肇政翻譯（1992）。

[22] 因為牽涉到閩南語（譯註：閩南語的表記問題），使得這樣的情況一直沒有太大改變。即使在今天，林柏年也無法以他母語的語言來書寫、表達他對母親的愛。

[23] 譯註：口語與書寫語言的統一。明治二〇（1887）年代國語學者物集高見（Mozume Takani Kanshû）提倡口語體文章，小說家二葉亭四迷（Futabatei Shimei Shû）等人以作品進行實踐，於明治四〇（1907）年代左右趨於落實。

問題：如何區分《不不男孩》當中翻譯的部分與原文的部分？只有當小說裡的角色明顯以某個特定國家或族群語言為母語，我們才有辦法進行這樣的區分。在現代文學當中，主角與敘事者通常理所當然地歸屬於某國國語，然而我要特別指出，這個一般定理並不適用於《不不男孩》。《不不男孩》幾乎所有的內容都以英語書寫，然而除了散見的幾個地方明顯是由其他語言翻譯成英語之外，無法與某個特定國家、種族語言具有一對一關係的人們所使用的語言占了小說的大半部分。他們與英語的關係基本上是不穩定的。不同於喬伊斯（James Joyce）、阿奇貝（Chinua Achebe）、車學敬（Teresa Cha）等人的文本，岡田的文本並沒有明顯具有多語言特質，不過他的小說文本無法再現英語與日語之間、不同獨立族群語言之間的明顯界線。有兩個語言單位之間沒有一個對稱的構造關係；相反地，有兩種人持續在小說當中進行對話，一種人夢想著最終能歸屬於某個特定語言，另一種人則已不再做如此夢想。可以明顯看出是從日語翻譯成英語的，是一郎母親台詞的部分。

> 　　她耐心等一郎講完之後說道：「德國人、美國人、意外事故，這些事情都不重要。不是那個男孩，而是那個母親她也是她兒子。她是要負責任的人，她也是死掉的人，因為她兒子什麼都不懂。」[24]
> 「我還以為鮑伯死了。」
> 「不，他母親。死的是她，因為她的行為舉止不像日本人。

---

24 譯註：原文當中一郎母親台詞的部分為不通順的英文，在此以不通順的中文直譯。例如此段台詞原文如下："Germans, Americans, accident, those things are not important. It was not the boy but the mother who is also the son and it is she who is to blame and it is she who is dead because the son did not know."

而且，不能再當日本人，她死了。」

「鮑伯的父親熊坂先生呢？」

「是的，他也死了。」

「媽，妳呢？妳跟爸當時怎麼樣？」

「我們一直是日本人。」

「我呢？」

「你是我兒子也是日本人。」

「所以那就沒事了嗎？鮑伯死了，戰爭發生了，幾十萬人傷亡，而我，待在牢裡兩年，繼續當我的日本人——一切都沒事了嗎？」

「是啊。」（Okada 41-42）

　　這段對話實際上是以什麼語言進行的呢？如果是以英語進行，一郎母親特殊的句法，顯示出她無法流利使用英語。問題是，一郎由母親養大，是她「張開（他的）嘴巴，讓（他的）雙唇發出單字的音」（12）。更具說服力的合理假設是：這段對話是以一郎母親的本國語言（母語）進行，所以聽起來不大自然，就像伊東春生與〈奔流〉敘事者母親之間的對話一樣。一郎母親在文法上的不正確，與其說顯示出一郎母親與英語的關係有障礙，不如說顯示出一郎與他母親的語言之間的關係充滿焦慮。我們從一郎母親的句法，可以觀察到將一郎與他母親深具歸屬感的語言——也就是將一郎與他的「母語」——區隔開來的一段距離。

　　一郎覺得他對母語的依賴，「讓他入獄兩年」（12）。對他而言，他母親的語言使用基本上不是一個語言習得的技術問題；一郎母親不順暢的句法同時顯示出她對於非母語的語言所持的態度，尤其是她理解自己與美國整體社會相互關係的方式。我們可以從她窒礙的態度觀察到她不知變通與固執的個性，這些特質導致她走上自

殺一途。這是一種強迫觀念，一郎的母親將國家／族群歸屬與族群語言認同視為理所當然，全盤否定自己在美國度過的人生。雖然當時距離影像通訊傳真時代來臨還有很長一段時間，我們可以說，一郎母親的態度代表了以同世代共鳴為基礎的遠距離國族主義（long distance nationalism based upon the schema of co-figuration）。一郎的母親既然否認其美國屬性，就必須理想化相對於美國的日本。事實上，她心目中的日本，只是將主流美國文化強加在日裔美國人身上的日本人負面形象做一百八十度的翻轉。她的國家歸屬感以顛倒的方式複製了美國與日本的人種階層次序，以互相顛倒的方式受到複製。

　　一郎母親的形象與江藤那種夢想藉由成為「優良忠誠的美國人」來維持族群尊嚴的人，形成相反的兩極。我們可以在肯定─否定的軸線上標畫出對立的兩極，基於這個軸線布局「是」─「不」的二分法，將一郎的拒服兵役解釋為對美國同化的抗拒，以及對母親及其母國日本效忠的行動。如果他所發出的「不」可以如此定位，那麼，他的告解──以第二個「不」來否定前一個「不」，不過是個一百八十度的翻轉，藉由雙重否定來進行肯定的動作。負負得正之下，「不不男孩」不過是個凡事只會說「是」的人（yes-man）。他成為一個為了重獲自重拚命尋求主人的認同的卑屈奴隸。

　　然而，一郎的情況並非如此。他同時拒絕接受母親對美國生活持續的否定，他向母親說「不」。而且，拒絕回歸日本也沒有讓他順利回歸美國。

　　　做出瘋狂錯誤決定的究竟是誰？是一郎的母親嗎──她沒有能力接受一個一再拒絕接納她們母子的國家？還是像健次那樣遭受欺騙的人呢──他們信任國家、為國家打仗，甚至為了保衛國家而犧牲生命，然而他們依舊無法成為一等公民，只因一

道看不見的牆？（104）

我們可以明顯看到，一郎的告解當中的內在矛盾讓他在國籍與國家歸屬方面無法擁有一貫的立場。一郎這樣的態度既非出於計謀，也非刻意的偽裝。不管是以一郎母親抑或江藤的方式，對國家歸屬的追求都無法迴避人種歧視的暴力。一郎的母親徹底否認日本戰敗的事實，否認親友之死，以此為代價獲得國家歸屬感。同樣地，江藤必須對美國「異種血統」者相關政策的白人至上主義視而不見，才能相信自己有朝一日將成為一個真正的美國人。此外，江藤對美國國族主義的盲信（讓我們聯想起伊東春生對日本國族精神的狂熱執著），受到社會大眾對一郎這種不愛國的日裔美國人之公然排斥所支撐。江藤將社會大眾投注在自己身上的歧視羞辱視線，置換到一郎這樣一個眾人之矢的放逐者身上，勉強維繫自身的國家歸屬感。我在這裡觀察到的，是透過歧視他者而自我建構的國族認同機制，曾有人以「壓迫的移置」名之。

> 常被錯認為白人的黑人成為白人，並受到曾經與他站在同一陣線（憎恨白人）的黑人所憎恨。年輕一代的日本人憎恨比自己更像日本人的中生代日本人，中生代日本人則憎恨老一代日本人，因為老一代日本人從裡到外都是個日本人，比他們更像日本人。（135-36）

一個人必須相信自己有別於其他無法歸屬此地的人，才能感覺受到國家完全的接納。然而，決定誰該被排除在外的定義是隨著歷史而流動並出自偶然的。對外國人或具「異種血統」者的歧視，成為國家歸屬穩定感覺之先決條件。日裔美國人健次為了成為「優良忠誠的美國人」不惜冒生命危險，清楚知道自己遲早要面臨死亡的

他，掩藏不住自己對一郎想法的同感。這無疑是因為一郎不受國家認同的狂熱慾望所束縛（雖然不是百分之百）。健次告訴一郎：

> 他們以為只要進入軍隊、扛起來福槍，他們就變得不一樣了。事實上並沒有，他們其實也心知肚明。他們依舊是「日本仔」（Japs）。……他們不給你好過，也許是出於以下卑劣想法：他們在槍林彈雨中出生入死，卻無法得到應得的回報，是因為你這害群之馬。（163）

為了國家冒生命危險，卻無法換取國家內部安全的一席之地；想成為國家正式成員之渴望仍將破滅。一郎告訴自己：

> 至於傑克森街上吐痰在人行道，指引我到東京之路的貧窮黑鬼呢？他們站在外部朝裡頭看，就像那個對我吐痰的小孩、就像我、就像所有我見過或認識的人。卡瑞克先生也一樣。他為什麼沒有在裡面？他為何要站在外部，濫施慈善在我這樣的放逐者身上？也許答案是，因為「內部」根本不存在。也許整個他媽的國家都在推擠、擠壓、尖叫著要進入某個根本不存在的地方，他們並不瞭解，只要他們停止所有推擠、擠壓、尖叫的動作，外部就會成為內部──他們還沒有能力理解到這一點。（158）

沒有人能完全歸屬於國家，沒有人置身於內部，每個人都是潛在的弱勢成員。可以確定的是，所有的人都試圖將別人向外排除，好讓自己能留在內部。

三、奴隸之認同與「種的邏輯」

在〈道路〉、〈奔流〉、《不不男孩》的社會背景當中，壓迫的移置運作的方式互不相同。儘管這三部小說各以不同的觀點來描寫個人的憎恨情緒，我們還是可以在這三部小說當中同時觀察到國家維持平衡的特定機制。「人們將蠻橫力量加諸於底下的人們身上，試圖向下移置從上方而來的壓迫，以取得整體的平衡」（Maruyama 18）。日本戰時戰後的名政治思想家丸山真男（Maruyama Masao）認為，壓迫的移置是日本超國家主義獨特的特徵，因此，他並沒有探討歧視的機制如何與多民族國家邏輯所推動的統合政策起共同作用，並刻意迴避與國家主體形成密切相關的殖民主義問題[25]。也就是說，丸山真男無法認識到壓迫的移置與國家歸屬之間、屈辱的置換與主體生產之間的近似關係。事實上，丸山的分析方式可說是日本戰敗後「內地人」對戰爭責任問題的典型反應。他刻意忽視以下事實：「內地人」要求日本帝國海外領土的被殖民者成為「優良忠誠的日本人」，然而日本帝國崩解之後，日本官方法令隨即剝奪了「異種血統」日本人的日本國籍及基本政治權利。

針對這一點，路克吉本斯（Luke Gibbons）提出比丸山真男更具政治睿智與理論洞悉的解釋，來說明弱勢成員被迫接受主流意識形態時產生的現象。為什麼有這麼多例證顯示出「在某個文化當中受到屈辱的人，屢屢成為攻擊其他文化的突擊部隊？為什麼奴隸所受的屈辱會激發他們認同主人的話語，認同造成支配關係的力量，

---

25 這與日本戰後責任的問題密切相關。日本政府拒絕承認二次大戰前在其海外領土徵募許多人進入日本帝國軍隊，引起台灣人日本兵上訴控告日本政府，參照林景明（Jingming Lin）（1997）。關於後殖民遺產，以及戰後日本左翼政治對台灣的態度，參照森宣雄（Mori Nobuo）（2001）。

來重獲尊嚴與自尊？」（Gibbon 93）路克吉本斯試圖提出合理的解釋，他表示，殖民化過程總是伴隨以下侮辱行為的陰險邏輯——「受害者是否能重獲榮譽與尊嚴，必須由欺壓者來決定」。因此，弱勢成員（或在殖民化過程受屈辱的人們）除了「將自我形象異化為另一個『優勢者』或有力敵對者」之外，別無其他選擇。

> 救贖因而以英雄式自我供祭之形式進行——「自發性」地重演當初生產出支配與屈辱關係的痛苦體驗。譬如說，古羅馬劍擊比賽的血腥畫面，轉化為自我犧牲的刻意演出，受盡歧視的奴隸在劍擊場上藉由無畏的勇氣，藉由凝視敵手臉上敗北與絕滅的表情，重獲自尊。（94-95）

〈道路〉的青楠、〈奔流〉的伊東春生、《不不男孩》的江藤所演出的，正是這英雄式自我供祭的腳本。受辱者為了得到主人的認可而重獲自尊，在絕望中搏命演出他人所期待的愛國主體角色。這正是為何在大英帝國「被充當炮灰的殖民地成員—蘇格蘭人、印第安人、愛爾蘭人、錫克人、廓爾喀人—在熾熱戰場上無畏（因而可畏）的敢死精神聲名遠播」（95）。美國也有類似版本，尤以美軍第四四二日裔突擊大隊最為聞名。當弱勢成員展現狂亂熱情，試圖在屈辱當中重獲榮譽感時，他們深深受到超越快樂原則、展示自我毀滅的無饜慾望之蠱惑。這說明了為什麼殖民地下層士兵最後總是「從事帝國最骯髒的工作，包括自我毀滅」，也說明了「愛爾蘭人、蘇格蘭人彼此之間，或對著戰場上與他們立場相近的人們宣洩憤怒、嗜血慾望的悲劇性逆說」（95）為何出現。

這三個文本不約而同地表現出弱勢成員在遭受排除的威脅時，如何各自進行各種協商交涉以順應主流國家主義。顯著的例子為，美國的「愛爾蘭人設法『成為白人』，採取當初排除他們的白人至

上主義態度，來彌補自己所受的屈辱」（96）。在閱讀這三個文本時，吉本斯的下列說明值得參考。

> 對主流意識形態——基於階層秩序的文化混合——的接納近似尼采（F. W. Nietzsche）所說的受辱者之怨恨（ressentiment），受辱者對毆打他們的欺壓者表面上不得不表現屈從，內心深處卻充滿怨恨與報復的慾望。在這種情況下，欠缺的不是抵抗的慾望，而是抵抗的機會與武器。然而，對文化的侮辱試圖消滅這最後一道防線——自尊，而非靠具體成就支撐的自重——藉由屈辱來製造出受辱者對主流秩序出自內心的忠誠，製造出喪失羞恥心的主體。（96）

〈奔流〉及《不不男孩》中最引人注目的是，作者描寫身處「最後一道防線」的受辱者之掙扎。他們透過「自尊」而非「靠具體成就支撐的自重」，在社會上得到立足之地；這個場域的維持不需藉由認同「主人的話語」，或向侮辱他們的人尋求認同。他們拒絕以想像的方式解決其置身的歷史情境之相關問題，努力想保有廉恥，拒絕喪失羞恥心。

我想在此簡要討論自尊（self-respect）與自重（self-esteem）的概念性區別。關於這個問題，吉本斯援引馬佳麗特的觀點。在一個原則上每個人都活得有尊嚴的理想社會裡，自尊與自重之間必須劃以基本區分，雖然兩者均源自他人給予個人的肯定與尊敬：自尊要求每個人都必須受到他人平等相待，自重則以他人對個人成就之評價為基礎。我的成就被拿來與他人的成就相較，並獲得他人的評價，這樣我才得以自重。自尊根植於自信，不以個人成就之評價為基礎，因此我的自尊不會因為與他人相較而有所動搖。相對地，我必須在評斷我價值的人們面前展現我的成就才能獲得自重，因此我

將無法避免與其他人競爭。當我獲得較高評價時，必有某人因而獲得較低評價。倘若我受低評價之苦，必有他人獲得高評價。在一個缺乏競爭的系統當中，自重無法成立。相對地，自尊不是來自於資格、成就或任何值得讚賞的可見特質，而是來自於不需事實根據與基礎的信心，相信我會平等對待他人，同時受到他人同等的對待。自尊在本質上關乎個人對未來的態度。馬佳麗特曾說：「他人對我的態度深植於其對人類價值的看法之中，具有自尊心的人將把對人類價值的看法應用於一己身上」（125）。因此，「任何可能贏得尊敬的特質，都寄託在我們重視人類尊嚴的態度上」（124）。別人無條件給予我的尊敬支撐著我的自尊與自信，給予我不斷展現坦露自身於他人面前之勇氣。所謂的自尊是一種有勇氣的行動，也是十七世紀儒學學者伊藤仁齋（Itô Jinsai）所謂的「愛」。

　　屈辱經驗對於勇氣與「愛」之源頭所進行的破壞，帶給人最深的傷痛。自尊受到損傷之後，屈辱的受害者屢屢將自重的重建誤認為自尊的重建。雖然自尊源於他人的存在，但是個人無法透過他人直接的稱讚或認同來重新獲得自尊。他人的稱讚或認同可能增強我的自重，但我將繼續承受缺乏自尊之苦。然而，帝國國族主義的統合邏輯設法讓背負歷史屈辱的弱勢成員認同於殖民國，為了重獲自尊不惜為殖民國犧牲生命。根據國家人道主義的邏輯，一個人首先必須是國家的成員，一個不具國籍的人在司法上不被當人看待，因此唯具有國家成員資格的人，才能重新獲得身為「人類」的自尊。問題是，弱勢成員是潛在具有「異種血統」的人們，隨時可能被剝奪國籍，就像日本帝國來自海外領土的被殖民者，在二次世界大戰後被剝奪日本國籍一樣。國家在階層式混種（hierarchical hybridity）之下統合弱勢成員的邏輯，致力推動弱勢成員努力重獲自重；為了重獲自重，弱勢成員必須在主流大眾面前展示其成就及忠誠愛國的心。這就是為什麼帝國國族主義下的國家統合要求弱勢成員扮演外

界所期待的角色，以滿足主流大眾之慾望。

現在我們可以明確指出《不不男孩》主角一郎這個角色被賦予什麼樣的寓意。為了與帝國國族主義諸般不平等相抗衡，我們必須毅然提出一個相反的腳本——弱勢成員有能力維持他或她的自尊。如果一個人想重獲自尊，他不需累積對國家的愛國忠誠，相反地他必須以行動來拒絕屈服於主流大眾的自我合理化。一郎的抗拒行動讓他暴露在國家屈辱暴力的攻擊之下，其國家歸屬遭受否定。然而，他堅持不放棄自尊，顯示出弱勢成員免於淪為「對主流秩序出自內心地效忠」之可能性。

《不不男孩》出版於日本戰敗後十二年，針對太平洋戰爭與二次世界大戰期間帝國國族主義一手策畫的國家統合官方腳本，以回溯的方式提供一個批判性的另類選擇。《不不男孩》不像陳火泉的〈道路〉及王昶雄的〈奔流〉寫於戰爭戒嚴時期，它敘事的虛構特質構成它以回溯方式提出另一種假設：如果當年的我有能力以不同的方式去回應自己所處的歷史情境，我會怎麼做？可以想見的是，大多數的日裔美國人對這本書顯示敵意並刻意忽視它，認為這本書侮辱了他們努力依循帝國國族主義國家統合邏輯腳本內化於心的忠誠與國家歸屬感。此外，《不不男孩》訴說一個無法彌補的過去歷史，這段歷史根植於日裔美國人在戰爭期間的歷史經驗，為無法普遍化的某個特定歷史的其中一部分。雖說如此，這部小說以虛構敘事讓一郎偏執地一再重複他過去在集中營的經驗，藉此呈現出一種對決——弱勢成員掙扎著要在強烈屈辱當中存活，同時又不願放棄自尊。這個故事告訴我們，確實有某些弱勢成員即使被剝奪了國家歸屬仍然拒絕放棄自尊。這部小說是否針對弱勢成員的主體生產——以「種的邏輯」等普遍主義為依據——從根底有效進行破壞，有待進一步分析討論。

回應酒井直樹（Naoki Sakai）

論「國際學術分工」中的「我們」與他們
——西歐（研究）到底是指誰（什麼）？

陳奕麟（Allen Chun）

　　今天能應本會之邀來評論酒井直樹（Naoki Sakai）教授此次發表的文章並與他的其他作品做一比較，我感到非常榮幸。當我初入芝加哥大學讀研究所時，酒井直樹先生已在該校東亞研究所展露出明日之星的耀眼光芒。要評論酒井直樹教授的任何一篇文章都是一項艱鉅的挑戰，何況是要把它放在酒井直樹教授所有的著作和其整體思想的脈絡之下來探討該作品的重要性和系統性就更不容易。為了此次評論的目的，我選擇集中注意力於〈西方的錯位與人文學科的地位〉（"Dislocation of the West and the Status of the Humanities"）一文，不僅是因為該文本身是充滿了豐富的議題，以及能夠引起許多反思和思辨的作品，同時為了能夠好好鑑賞該文豐富的論述，我們必須提及且關聯到他稍早的其他兩篇作品，亦即〈「你們亞洲人」——東西二分的歷史角色〉（"'You Asians': On the Historical Role of the West and Asia Binary"）和〈主體與／或「主体」（shutai）及文化差異之銘刻〉（"Subject and/or Shutai and the Inscription of Cultural Difference"）。這兩篇文章都摘錄在會議手冊中。從許多角度來看，他對人文學的反思及其終極問題意識的發展早已在這兩篇作品之中

呈現了。

酒井直樹教授對西方之錯位的中心論述，以及對亞洲的客觀凝視之相關議題對我來說都不是陌生的議題。一般而言，這些議題不僅在亞洲研究，以及文明研究領域中引起了共鳴；同時也在其他社會科學領域中引起了很大的反響，因此我們也不能低估薩依德（Edward W. Said）所著《東方主義》（*Orientalism*）在這方面的影響。薩依德明確不諱的批判東方主義的問題在於作者的主觀詮釋，以及其終極權威的合法性（不僅僅是作為一個主觀的作者，同時也作為一個政治社會制度中的行動者）。他在《東方主義》中對他者的客觀凝視之批判立即在整個社會科學界，尤其是人類學界，造成極大的反響，因為人類學向來是以研究異文化為其本質。在這裡問題的原因並不只是凝視背後的書寫，這種書寫似乎順理成章地被認定是從西歐中心主義的角度出發；更重要的是在背後賦予作者合法權威之政治社會機器。套用薩依德定義的「東方主義」：「藉著論述、作品、權威、描寫、教學、安排和控制而成就的一個處理東方的統合體制，因此東方主義最終可以看作是如何殖民東方的一個大型政治經濟計畫。」因此薩依德稍後在另一篇作品中慨嘆「事實上，我不知道如何透過我們自身的文化來瞭解世界，而不同時去掌握背後的帝國鬥爭脈絡本身」。因此對我而言，非但聯結客觀的凝視與想像的暴力是重要的，更不能忽視的是滋生這些視野的機制現實與將其付諸實踐的機制本身（政權）。

同樣的道理，我們可以把亞洲研究看成是與美國帝國主義的出現密不可分的產品。將亞洲截然分開獨立，定義為異於西方的異己，這樣的論述產生是有其背後的政治社會脈絡可尋，它可說是奠基於西方的霸權思想並用來強化這霸權思想而產生。筆者在香港所做的有關英國殖民主義統治的研究，就可以清楚的看到英國殖民主義間接統治政策下刻意維持當地風俗習慣背後的企圖，與酒井直樹

教授引用藤谷堯（Takashi Fujitani）的論點所探討的美國在戰後全力保護日本帝國制度及傳統權威的企圖心是同樣的。這種對傳統的重新創造或發明，事實上乃是殖民或新帝國統治普遍存在的必然結果：由上而下是與現代國家對人民生活規律性的支配密不可分，由下而上亦引起了對全球霸權的本土抗爭。在這雙重的緊張關係和二分的壓力之下，酒井直樹教授的論述可說是比較注重於亞洲研究背後的西歐中心主義，反而比較沒有注意到亞洲人自己如何形塑其本身的文化自我；這也反映了西歐人的人性觀（humanitas）。下一步我想進一步解構為什麼這種亞洲人自我的東方主義是一種不折不扣的西歐論（Occidentalism）。人類學一向並不排斥自我批判或自我反省。由早期李維史陀（Claude Lévi-Strauss）所著《圖騰制度》（Totemism）到路易·杜蒙（Louis Dumont）所著《階序人：卡斯特體系及其衍生現象》（Homo Hierarchicus），以及大衛·史奈德（David Schneider）對親屬理論的批判，無一不是試圖批判社會科學作品中所涵蓋之西歐中心論並說明其如何影響到對異文化的瞭解。

如果我對酒井直樹教授所關心的議題瞭解無誤的話，我想提出下列三點疑問來討論：第一、西歐學者將亞洲客體化作為凝視對象的亞洲研究，究竟與亞洲人本身所作之東方主義在認識論上有何不同；第二、如果兩者所探討的研究現象，事實上是完全一樣，只是前者是客觀的凝視而後者是主觀的反射，則這兩種論述有什麼理由必須要有所不同？第三、根據上述情境，究竟行動者與思想家二者的主體性應不應該有所不同？

對於第一個問題而言，筆者比較不關注西歐學者如何研究亞洲並形塑他們的東方主義，我比較注重亞洲人自己如何形塑本身的文化論述。我認為這兩種論述同樣的都引起了作者主體性危機和問題意識，然而更重要的是兩者所出自的社會政治脈絡是非常不相同的，而這個社會政治脈絡才是在認識論關鍵的區辨因素。我可以很

容易的瞭解酒井直樹教授為什麼試圖透過西歐人的亞洲研究之反思來批判其背後「西方」主體性甚至西方研究本身。「為什麼我們從來沒有想過要採用族群關係的模式或課程來教授美國研究或西歐研究？」「為什麼在美國各大學或研究所並沒有設立『美國研究』之類的區域研究之迫切需要呢？」同樣的可以套用我上述的理念架構來問「為什麼西方或西方學界沒有產生像東方主義一樣的論述來檢討自己的社會和傳統？」不消說這個問題提得很好，且是值得深入探討的。當然我們都知道在西方國家中西方文明與人文課程都是大學部的必修課程。這些課程通常都是為了日後預備修習任何人文，以及社會科學領域所做的基礎理論訓練。於是酒井直樹教授繼續質疑為什麼 *humanitas*（哲學的「人性觀」）與 *anthropos*（人類學的「人類」）在知識階序的層次上是不同而對立的，就好似暗示西歐思想家之所以拒絕被凝視是理所當然的，意味著西方學界的權威性來自它在人文科學上的評估權利或哲學的本位。

在這方面我同意他精采的觀察，然而我卻想對上述問題從另一角度提出一些對話的空間。也許與西方學者所塑造的東方之異己、推動區域研究來確保傳統以便強化其自我認同這種研究動機不同的是，我卻經常困惑於許多傳統的亞洲社會，各式各樣的自我東方主義好像出自同一種標準模式。如果說中央研究院裡研究人員數目的比例代表了台灣典型的學術分配的話，我想指出我們一共有一百二十六位全職的專門研究中國歷史的史學家，分布於歷史語言研究所、近代史研究所、台灣歷史研究所，以及中山人文社會科學研究所等四個研究所中。換句話說，在中央研究院裡從事中國歷史研究的研究所（四所），遠遠超過研究世界上其他地方的史學家。更有甚者，就像上述研究中國歷史的情況一般，中央研究院裡許多專門學科例如人類學、經濟學、社會學，以及語言學研究所，其中研究本國社會以外的研究人員微不足道或根本不存在。我想我們可以原

諒這些社會科學家，因為就如同西方的社會科學家一般，除非他們積極的從事區域研究，不然的話他們也不一定會去研究外國社會。然而中央研究院民族學研究所的例子我卻認為是不可原諒的。大約二十多年前民族學研究所認為有必要設立一個區域研究組來推動台灣以外的研究。但是如果說人類學的定義即是研究異文化的話，為什麼需要特別去設立一個區域研究組呢？難道說這個世界已經本末倒置了。然而這個本末倒置的情況並不只限於發生在台灣而已。1997 年我應邀參加香港中文大學人類學系所召開的「Anthropology in South China」會議。會議中我尋問主持人所謂「anthropology in south China」是否真正指的是「anthropology of south China」，因為我認為我們不應該假設在華南地區的人類學家自然而然的都做華南地區的研究（任教在華南機構的人類學家其實可以研究世界上任何社會）。雖然主持人的答案是否定的，他說「in」並不代表「of」，然而該會裡，我記得沒有一篇文章是談到華南以外其他地方。至於我自己的論文，與其像台灣的其他同儕一般去做有關台灣的人類學研究，我選擇去撰寫為什麼人類學在近代台灣會發展成為自我殖民式的東方主義的場域。更有甚者，這種狹隘的地域性之限制是普遍存在於今日台灣一般人文社會科學界諸學者的心態和作品裡頭。除了日本學界之外，我敢大膽的說亞洲其他地方的社會科學，甚至第三世界國家，也都是從事於自己社會的研究。總之，亞洲的社會科學研究只不過是偏狹的地域性研究，正巧表面上和東方主義相類似，因此亞洲當地研究背後所呈現或反映的主觀或主體性又是什麼呢？

對這種表面上相似的東方主義，以及它背後的主體性，我想可以有簡單，以及複雜兩種不同層次的解釋。其中簡單的答覆是對這同一殖民主義狀況的兩種不同版本之論述，事實上是出自同一認識論和實踐架構；換言之，它們是同一殖民主義框架的兩面。歐洲人

所建構的東方異己是殖民統治所衍生的投射，換成民族主義壓力下
點燃的亞洲人自己建構的對殖民霸權之本土反應（在種種方式掩飾
下）是具有自我認知的東方主義。我將暫時保留直到下文才提供更
複雜的解釋，因為我認為它必須牽涉到對主體性的清楚瞭解，以及
國際學術分工過程中對不同主體性之間的相互利害關係之更深一層
的瞭解。

　　關於第一點歐洲人對亞洲異己的建構，以及亞洲人對自我文化
的建構，兩者很自然地連接上我想說明的第二點，亦即這兩種建構
之間的相異之處。如果說我們可以因為這兩種主體性是源於不同的
文化根源，所以一定有所不同；我們就等於承認西方是西方，東方
是東方，兩者互相不會流通；那麼就不需要認真推敲其內在的歧異
了。我應該附帶說明一下當我第一次讀到酒井直樹教授的〈你們亞
洲人〉一文時，並非是最後出版的版本，而是於 2000 年 2 月在新加
坡召開的會議文章，名為〈我們亞洲人〉（"We Asians"）。因此到底
「你們亞洲人」和「我們亞洲人」之間究竟應不應該有所不同呢？
尤其當我們所談論的都是同一個對象時，更重要的問題是它們之間
為什麼一定要有所不同呢？其實我個人是絕不採取實證主義的態度
來暗示我們無法解讀「如實反應」的事實；我寧可說如果它們之間
有所差異的話，我認為那是發言者所處的位置有所不同的結果。換
言之，這兩者之間的差異，我認為是作者的主體性不同所造成，也
就是作者的論述位置不同所造成的。尋此道理，論述者所定義的語
用意義與語意意義是經常會相互牴觸的；而我們所指涉的文化正是
作者的主體性不同所塑造出來的文化，它可以是上述語用或語意任
何一種意義下的產物。在此我想提出的更重要的問題是語用意義的
限制到底在哪裡？亦即說話者的本位主義或說作者的主體性所造成
的意義究竟有效到什麼程度？酒井直樹教授探討「西歐人的亞洲研
究」，在強調作者所塑造出來的語用意義，表面上它是西歐人所反

映出來的亞洲，實際上用來加強西歐中心的霸權建構；這樣一個論述的內容對我來說只不過是一種比喻，是一種想像性質的論述。然而，這樣的一個比喻，或想像性質的論述，並不能用來取代我們必須對作者發言權背後的社會政治脈絡，或者塑造這種文化意義的真正語用架構的分析。換言之，我也同意酒井直樹教授所說西方學界缺少自我檢討或對人文霸權的主體性提出挑戰。然而他卻沒有進一步質疑上述這些政治實踐背後的抗拒力量應該來自何處？僅止於將它當作是想像的失敗是不夠的。因為這些壓制反抗論述出現之機構性的力量是根深柢固並強過我們所能想像的。

現在先讓我暫時保留我想舉的有關機構的政權，以及他們的實踐脈絡這些實例。趁我們現在還在談論「你們亞洲人」，以及「我們亞洲人」這個問題，我想問問酒井直樹教授一個私人的問題，然而在問這個問題之前我應該做個導言，酒井直樹教授是一位罕見學者，他橫跨東西方兩個學界。當他來到這裡時，我們把他當作一個亞洲同胞。他同時在西方學界裡是一位受人景仰的亞洲研究專家，也許某種程度是因為他能利用亞裔本土的背景，自然更有能力透過這種主體性從事他的研究。但是我卻想要問他，什麼情況之下他是以「我們亞洲人」的立場發言，什麼情況之下他是以「你們亞洲人」的立場發言？也許後者的發言立場才是更貼近他作為學者的主體性之正確本位。同時在這裡讓我澄清一下我先前提到的論述，亦即「你們亞洲人」這樣一個宣稱，並不一定假設是從「我們歐洲人」的說話立場出發。就如同酒井直樹教授自己非常清楚的說明一般，論述的建構「可以從許多相對於亞洲人的立場來述說，不一定是要從西方的立場出發。他可以從性別、經濟地位、職業、社會階級背景、教育程度等等不同立場來建構」。因此去指控西歐學者呼喚「你們亞洲人」是很容易的事情；然而若說我們同意這樣的宣稱乃是根源於薩依德「帝國鬥爭的脈絡」這樣的立場的話，那麼更正確

一點的說法應該是我們所處的盤根錯節之機構制度才是最終定義我們主體性的元凶，與我們的民族性或身分嚴格說來並沒有多大的關係。因此讓我在這裡更清楚的指出來，作為亞洲研究的學者而言，酒井直樹教授事實上乃是「他們」之一，而不可能是「我們」之一。我想這兩者的說話立場有著非常不同的重要意義，重要的是我們能不能脫去我們自身表面那代表著兩個不同民族模式的主體性之誤解。說到此處它將導引我們到我先前提到的第三點。

在他的論文〈主體與／或「主体」（shutai）及文化差異之銘刻〉一文中，酒井直樹教授區分了兩種不同觀點的主體；第一是作為學術觀察者（主觀）位置的主體性，第二是作為實際行動者（主體）位置的主體性。我想這是一個非常重要的區分，因為在許許多多的其他事情當中，此一區分使得我們超越歐洲中心主義對 humanitas（哲學的「人性觀」），以及 anthropos（人類學的「人類」）的二分。根據上述論點，對這兩種不同主體性的區分之瞭解也是很重要的；它嚴格說來並不按照語意內容來區分西方人的東方主義，以及東方人的東方主義這兩種論述的不同。論述內容的不同其實是書寫本位所造成的，但嚴格說來它不完全是語用意義上的建構。學術觀察者及實踐行動者所訴諸的主體性之間的差異，實際上是基於主體與其觀察對象之間所產生的互動關係之性質而有所不同。雖然酒井直樹教授並沒有率直的說出，作為學術觀察者和作為實際生活裡的行動者所抱持的價值觀之間有可能發生衝突。而且即使是社會行動者的主體性本身也可以看作是多種不同利益和意願的協調結果，這些更是根據其發言或行動背後的脈絡所決定。這也就是說，即使是單一的個人主體（主體），我們也可以由不同的立場如性別、階級、族裔或國家或上述任何組合立場來發言；也就是說行動者會根據他所察覺認知的實際生活經驗來選擇決定他的認同。換言之，每個人可以有許多不同的認同，以及不同層次的認同，但是個人對於認同或

說話立場的選擇主要是取決於他所出自的經驗脈絡、其次才是個人利益或意願本身。例如我個人同時是廣東人、中國人、也是亞洲人，然而當我選擇上述認同時我將會依據我的生活習慣或者思想倫理或者政治意識來做決定。同樣的當我思考如何協調我的各種不同身分，例如男性、勞動階級，以及自由主義學者時，我比較依據我如何看待我生活世界中的實際經驗而不僅憑單一原則來做選擇。

我認為學術觀察者的主體性是比較難釐清的。我將暫時將它擱置一旁不去討論，目前我只要說明「主觀」和「主體」的主體性並不應該用來區別不同的個體，亦即，觀察者及被觀察者；它們所區別的毋寧是不同的主體考量方式或角色。作為亞洲研究學者的酒井直樹教授可以根據學術觀察者的「主觀」或者社會行動者的「主體」來思考或者行動；然而更有可能的是，他將會依據他所身處的外在環境脈絡，協調他內在的不同利益和價值觀，來選擇他的認同或決定他的主體性。而對其他人而言，他們很可能只需要在這兩者之一選其一即可。

說到這裡我想將我先前提出的三個問題提升到更高的一個層次去討論，那就是我要對主體性提出更複雜的例子來說明，一、論述內容；二、語用意義，以及；三、與個人生活間的互動關係之性質這三個要素如何在實踐的過程中運作，它們有時會彼此競爭或重疊。讓我先舉個例子替此設下布局，來說明作為學術觀察者或者社會行動者主體的我們究竟是誰或看起來是誰？我剛剛才刺激酒井直樹教授說他不是我們亞洲人之一，也就是說當他任教於康乃爾大學——一所菁英大學作為亞洲研究學者時，他的學術「主觀」便定位於西方。我甚至可以更清楚的解釋說，即使他和我對研究有著同樣的想法或態度，那也是毫無相關的。由於學術訓練背景的關係，我是一個人類學家，我研究的專長領域是中國。除了少數幾篇純理論作品的書寫之外，我想更正確的說法是我認為自己是由某一特殊理

論觀點在做經驗研究，而這兩者之間經常是相互影響交織出現在我的書寫當中。除此之外，無論他人如何定義我的位置，事實上我從來不認為自己是做亞洲研究的學者，也從未想過將自己與這個領域聯想在一起。在台灣我從未教過理論之外的課程，即使課程的名稱看似與亞洲文獻有密切關聯，例如國族主義，我總是以世界各個地方的文獻作為我上課的基本架構而不限於專門採用亞洲實例作為上課的材料。

幾年前我應倫敦西敏寺大學之邀協助籌備當代中國文化研究課程，其設立滿足了漢學和文化研究上的迫切需要。表面上，它也適切的反映了我個人所做的研究方向。但只要有休假出國研究或教學經驗的亞洲學者便能夠體會我以下所提的實例；當我轉換到了英國的學術環境裡，無論我如何定義自己的學術認同、研究興趣和理論方法，都不由分說，我已經被歸類於亞洲研究的學者群裡頭。如果你在英國的書店裡尋找有關亞洲文化研究的書籍時，即使牽涉到後現代或後殖民主義的書籍，也將毫無疑問的被歸類在亞洲研究而非文化研究裡頭，就此而言，英國比美國還有西歐中心主義的趨向。事實上過去我從未教過有關亞洲的課程，也許也不知道如何去教，然而不管我所做或所教的是什麼內容，按照英國當地狹隘的命名法則通通都被歸類為亞洲研究。當我要求我所講授的有關國族主義之課程能夠同時並列在政治理論課程目錄之中，課程評鑑人員卻反而要求學生先具備有關亞洲方面的課程才能修此課程。如果評鑑人員能夠稍微看看我的課程書單的話，他將會發現我要求學生閱讀的書籍，其中有關亞洲的部分是少於百分之十。即使如此，就如我先前所說的，我不認為這會改變該位評鑑人員的看法。

很早我就提出西歐人的東方主義與東方人的東方主義（不同）的例子，然後我又暗示這些論述和作者主體性的不同是受到其他更複雜的因素影響所致。我剛剛才舉了一個例子，說明出自兩個不同

地方的兩個學者，他們之間可以對同樣研究領域抱持類似的看法。他們之間的主體性真的有差異嗎？答案是肯定的，原因是他們所出自、定義，以及制約他們的環境脈絡不同，所以才會有所不同。那麼在文化論述的例子裡，不同的「帝國鬥爭脈絡」之下可能產生不同的東方主義，然而每個論述的產生都必須在當地的語境之下與之妥協；換言之，作者在建構其文化論述的過程當中，他為了與他相關的學術群理性的對話才能形塑他的主體性。因此在不同地方的兩個不同學者，雖然表面上在學術領域上有相同的看法，但是這些看法事實上仍然是不同的語境和實踐脈絡所導致的結果，因此它的語意也必然不同。把東方的文化研究者歸類為亞洲研究學者的這個國際分工之易位現象（global displacement）也可以同樣的把西方的亞洲研究專家轉換成東方脈絡下的理論家。酒井直樹教授應本會之邀，應該是以理論家而非亞洲學者的身分來出席這項會議。與他在西方學界裡所扮演的學術角色有明顯的不同，而我們亞洲的文化研究學者只不過是「本地」學者。兩個位置都是逆向關聯的，因為他們都與國際學術分工體系有著密切關係。我經常懷疑為什麼從帝國中心的優越觀點出發，「我們亞洲學者」總是被認為是本土的。事實上在台灣當地文化脈絡之下，我很清楚誰才是真正的本土學派，我也知道我絕對不是其中之一。當我在做人類學研究生的時候，我並不需要花費太多的力氣解釋為什麼我選擇中國作為我的專門研究領域。系裡的一位教授告訴我他很自然的期待這個現象。畢竟，因為中國是我的母文化，所以他認為我應該最適合來做中國研究。也許他對其他非西方的人類學者都說過同樣的話也不一定。那麼我究竟應該如何解釋為什麼成長在非西方國家的人類學者們最終都以研究自己的社會而非異文化為對象。讓我們試著把人類學家的位置替換成歷史學家看看結果會不會是一樣的？然後再讓我們檢視一下最後留在美國教授亞洲研究的大部分亞裔學者（至少在前一個時代裡）

原本大多是出自本國大學的外語系而非中文系或中國歷史系。這種邀請第三世界人類學家去研究其本國文化的易位邏輯，同樣的也賦予了西方人類學的知識權威去研究異文化的特權。這不就是酒井直樹教授所說的 *humanitas*（哲學的「人性觀」）與 *anthropos*（人類學的「人類」）的階級二分一樣嗎？就如同我曾經說過的「一朝土著，永遠土著」一般。在目前這種國際學術分工體系之下，有時還很婉轉的被美稱為後殖民主義學術界，一位研究本土文化的亞洲學者，無論在其理論外觀上他顯得多麼後殖民，他都會被僵化的注定是本土學者。這種對學術資格的上下階級之分乃是國際學術分工的迷思所造成的一種勾當，雖然如此，它們卻深植於掌握機制權力者的腦海當中。

我之所以不厭其煩的舉出這些日常生活裡的瑣碎例子，為的是要說明個人的意願在認同過程中所扮演的角色，一旦放在一個更大的外在環境的脈絡秩序裡時就變得微不足道了。這種學院對研究的定義和影響是非常深遠的，它甚至可以和其他的機構組織，以及政治力量串聯掛勾。在英國的學界裡要將我自己徹底的從亞洲研究專家群中抽離出去是非常困難的，然而在台灣我卻可以輕易的拋棄「漢學」的標籤。因此相對而言，酒井直樹教授和西方學界的關係是多麼密不可分呢？在他自己的系裡，我懷疑他敢說「去你的亞洲研究，我拒絕再教任何有關亞洲的課程，我想換成寫詩」。他能這樣做嗎？我很願意看到他這樣嘗試。也許拿到終身教職的他，理論上他是可以自由去做他想做的事情；然而問題是他不能隨便提倡這種叛逆的思想而不去觸犯他自己所身處的學院，以及學院運作的遊戲規則；尤其是他在作為一個學者的「主観（*shukan*）」意識之下。以上所言還只是冰山的一角。更重要的是到底什麼才是定義我們知識實踐，以及學術立場的那套價值和判斷標準呢？這些價值和判斷標準在學院的政策之下，也正是骨子裡暗中塑造並維持我們學科分

野的那套價值和判斷標準。那麼「人類學家」又如何定義呢？我認為就是定義其學科分野和研究對象的那套價值標準或基本態度，其中人類學家只不過是扮演角色而已，這套標準接著定義人類學家如何評估其外在世界和其與研究對象間的互動性質。那麼「歷史學家」或「哲學家」的定義又是什麼呢？我的答案仍然是相同的，只是此互動性質的實質內容有別而已。

那麼上述價值觀和評估標準與酒井直樹教授所區分的 *shukan*（主観）和 *shutai*（主体）有何關聯呢？它又如何使我們更進一步瞭解 *humanitas*（哲學的「人性觀」）與 *anthropos*（人類學的「人類」）的二分，並反思西歐（研究）所產生的「東方主義」式危機呢？至於他呼籲對西歐霸權，以及各種形式之歐洲中心的知識論提出反省及批判之事，我是極表贊同及同情。然而我不確知他是否足夠前衛？作為研究亞洲的學者之一，他是否也敢暗示雖然不是研究歐洲的專家，但是卻像亞洲研究學者一般，也有權利或資格去研究歐洲社會？是還是否？

我不必等候他的答案；我的答案是肯定的，我們為什麼不能這麼做呢？如果人類學家可以去做異文化研究的話，亞洲研究的學者為什麼不能去做歐洲研究呢？畢竟查克拉巴蒂（Dipesh Chakrabarty）所著《歐州地方化》（*Provincializing Europe*）的導言是引自酒井直樹。為什麼酒井直樹教授不反過來也去寫一本這樣的書呢？讓我們借用沙特（Jean-Paul Sartre）的一句話，那只是「方法論上的問題」而已。這就必然引起了一個更基本的問題，即「知識標準究竟如何定義」？

至少對於西歐哲學的「人性觀」（*humanitas*）與其所相對的人類學的「人類」（*anthropos*）這二分的一個層面，我們能夠很輕易的把它歸根於十九世紀種族歧視下的遺蹟而將之拋諸腦後。但是它也反映了早期人類學家曾採用「進步」和「原始」這樣的二分來定義

其學科分野而從事研究的事實。這些價值觀和標準早已被後代的文化相對論原則所取代，然後產生了各種結構主義和功能論的理論。

　　我能夠瞭解酒井直樹教授對哲學家 *humanitas* 觀念的權威性的一般批判，然而他又能建議我們如何解決此一問題呢？對我而言，作為學術觀察者（*shukan*），以及社會行動者（*shutai*）嚴格說來並不代表兩個不同的個體或主體；他們事實上代表了兩種思考和行動（與對象互動的）模式罷了。更進一步說，我認為在實際生活上這些模式表徵與外在世界間不同的互動關係；它們只有程度上的不同而已。換言之，每個人根據其與世界間的互動關係將有不同程度或性質的行動和思考。如果說世界上普遍一致的人性觀不存在的話，那麼酒井直樹教授到底想要暗示什麼？把它民族化（ethnicize），試著探討它如何受到西歐文化的影響嗎？這就讓我想起湯姆・奈仁（Tom Nairn）對純哲學所提出的類似批評，他認為：「現代哲學的真正議題是民族主義而不是工業化，是國家而非蒸汽機或電腦。德國哲學的興起（包括馬克思主義）反映了它如何面臨並克服了當時的社會危機而產生；英國的經驗主義是央格魯沙克遜民族在其自由貿易時期，因為隨著原始工業霸權而產生；美國的實用主義是因為美國在拓荒結束之後擴張民主而產生；法國存在主義的出現是反映了1789年式共和主義在二十世紀執政的困境等等。從這樣的角度說來哲學所牽涉的就絕非只是『工業化』的問題（與艾尼斯特・葛爾納 [Ernest Gellner] 所言相反）；而是牽涉到繼之而來的不同民族對現代化的各種不同挑戰所形成的深層集體意識或（社會）結構。而哲學家只不過是根據上述這些經驗事實把它抽離出來當作『世界』」。如果我們套用奈仁的話來重新詮釋酒井直樹教授的想法的話，我認為以酒井直樹教授所謂的民族現象（*anthropos*）出發亦即行動 shutai（主体）在處理其外在真實世界所反應的主體性最後終究會被學者的 *shukan*（主観）將它概化或世界化為 *humanitas*，即抽

象的人性觀。我想我可以在任何一個文化或思想傳統裡輕易的就找到這種類似的知識轉換的例子。把它說成是殖民主義霸權其實是暗指其文化優越的意思。然而我認為在這轉換的過程當中，我們很可能找到反映文化價值或標準的根源。文化價值原本是自我中心的，而思想標準卻是更社會中心本位的，因此可以比較客觀或中立的。

酒井直樹教授較少提及一個行動者如何將他自己轉換成知識的主體，我認為任何知識主觀必須首先建立在主體與其外在世界間的互動關係的具體經驗之上。我們經常忘了當代社會理論發展至今的真正理由，是起因於學者試圖理解當時的資本主義和現代化等具體現象而逐漸形成系統性的說明。同時我們也都疏忽了非西方人（尤其是學者）如何去博得他的抽象的思考機能也就是酒井直樹教授所述西方哲學家的「主觀」。如果酒井直樹教授本身的論述有任何指示的話，我敢說他作為一個知識的主體時他並不宣稱土著觀點的文化相對論。我注意到在他〈主體與／或主体〉一文中他引述或對話的對象主要是約翰‧彌爾（John Stuart Mill）、布赫迪厄（Pierre Bourdieu）、荷米‧巴巴（Homi K. Bhabha）、李歐塔（François Lyotard）、沙特、拉岡（Jacques Lacan）、尚呂克‧儂曦（Jean-Luc Nancy）、賴克勞（Ernesto Laclau）和莫非（Chantal Mouffe）、法農（Frantz Fanon）、普拉特（Mary Louise Pratt）、楊格（Robert J. C. Young）、凱薩琳‧霍爾（Catherine Hall）、德勒茲（Gilles Deleuze），以及斯拉維‧紀傑克（Slavoj Žižek），而並非他所分析的日本思想家之研究對象本身。然而這個例子並不表示我在批判酒井直樹教授的「帝國主義」，而且還正相反。換成我，我也會做同樣的事情。問題便在於我們把這些權威當作「西方的」而非純粹的「思想家」。我們也必須承認我們已經經歷過好幾世代的殖民主義，這種思想已經深深根植於我們的知識結構與機制當中。老一輩的民族誌的撰寫是極少或完全不需要參考書目，就好像在強調資料描述的原

始素樸性質——「你所得到的便是你所看到的」（what you see is what you get）。就如我所說的，這是一個方法論的問題；然而我卻要強調我們的知識價值和標準如何說明都仍未系統性的檢討。就我們本身的學科分野和內容而言，因為我們在知識內容的對話上仍然深陷在表面的東西二分的爭論上，但事實上我們卻更是受到學科分野和專業知識的影響迫使我們去選擇「主體性」並做「評估」。根據酒井直樹教授的推論，當我們客體化我們的研究對象而視為文化的異己時無意間卻不自覺的強調了我們自身主體的優越性，因此使得所有人類學也都變成了東方主義。我想他這樣的批判是有點倒錯，過分單純。茨維坦・托多洛夫（Tzvetan Todorov）把上述論點闡釋得最為清楚，他曾經指出，觀察者與被觀察者之間的「實際距離」（distance），在分析上是與知識觀察家為了評估其觀察對象時特與自身價值觀或文化環境所應該維持的「獨立判斷」（detachment）是不同的。理論的教授，其先決條件就是「超然獨立」（detachment）而非把研究對象「隔離」（distance）。不然理論就很容易被政治化。我並不相信社會理論是自然科學，然而我認為政治正確是當代的理論危機。我曾經把這種超然獨立的精神稱為「中立的意志」（will to neutrality），雖然我個人相信這裡所謂的「意志」乃是基於一種虛構的假象，而不是根據任何科學上可以證實的堅定不移的標準。換言之，它是一個必要的假象，因為失去了它所有的學科都將消失而變得毫無意義。作為一個人類學家，我承認文化內容的實質差異，並試圖詮釋若干不同的文化現象加以整理以期形成系統性的說明。如果這樣也叫作東方主義的話，那麼人文社會觀察家都是東方主義者了。更甚的是，我們很高興地領薪做這種工作並把這些抽象的知識包裝傳授給下一代做奴隸的學生。這種對知識誤導的包裝傳授，長遠來看乃是對主觀詮釋的思考本質的一種神祕化——更重要的是對其批判功能的神祕化。我無法仔細說明任何一種學科或知識領域

應該產生什麼樣的方法論；我只能說它牽涉到某種程度的神入和／或疏離，因為在知識的追求和傳承上它們都貢獻了各種類型的作用。

在我們個別學科訓練的限制之下，我們仍然可有獨特的方法來解釋現象，形成價值判斷。我成為一位人類學家，並不是因為我特別喜歡異文化的關係，而是透過瞭解文化相異的本質，我學會如何掌握或看穿地方性偏狹的限制，而不被我自身文化主觀或偏見的迷思所誤導。這樣的凝視可以同樣的放在反射批判理論上，就好像對其他人而言它是一種殖民主義的工具一般。

詮釋的主體性不只一種，因此知識方法論就應該無窮盡了。如果我可以把重點重新再整理一遍做總結，那麼我想有一些基本的先決條件是難以否定的：一、各文化原本有所不同，無論我們如何去評估文化差異並視為系統化，其事實都會外在於我們；二、基於學術界的國際分工，不同地方的學者都身處在不同的權力位置。我們如何定義知識方法論的本質，大致上應該自覺或不自覺的決定於我們如何與上述兩項先決條件妥協，並在過程中折衷我們個人的意願與利益，最終就牽涉到我們個人（思考和行動）的主體性，和在機構中所扮演的角色。疏離是先決的，然而我總認為有自我批判的空間或可能性存在，這就是文化研究的本質。事實上鑑於我們主體本位的文化真實（authenticity）或多元性（hybridity）都將產生不同的作用。我曾經指出過文化真實乃是可有某種變化的一種迷思，雖然它所形塑的面貌有限。不幸，文化經常是由上而來的政權競爭和支配的對象。換言之，文化多元性或有意義的選擇乃是在地方詮釋架構之下主體性的妥協。個人在思考和行動上必須去除或超越由上而來的政權壓力之束縛，否則上述妥協便無法有意義地操作。上述這樣清晰而具批判態度或精神的主體性肯定能夠扮演一個重要角色。

所謂「文化差異」的再印刻
——回應酒井直樹（Naoki Sakai）

蘇哲安（Jon Solomon）

一、無法回歸

　　如何回應酒井直樹的文本？我好像從來不停地面對這個問題（蘇哲安 32-61；廖炳廖［主編］174-200）。酒井直樹的文本所帶來的震撼，或者說，其中所呼籲我們不得不做出回應的部分，與其說是某種具體論點、對象，及方法所構成，不如說是某種姿態所賜。歷年來我接觸許多來自不同國家的酒井直樹讀者的經驗已經足以讓我看得更清楚，其文本的閱讀經驗簡直就是一種「事件」。它所引發的，或者更貼切的說，文本的外部發生在讀者身上時所引發的體驗，很容易引起一種無法回歸的知覺。無法回歸：不但讀者自己不能回歸其讀前的「位置」，而且，連「回歸」一事本身（當然，這就牽涉到「認同」的賭注）也變得更是不可能，甚至讀者很可能在「願望」與「理所當然」不同層次的落差之間而找出反覆卻不回歸的更新契機。

　　當然，自從尼采（F. W. Nietzsche）以降，如此「無法回歸」一事已經構成了整個歷史脈絡的具體特徵。我們所處的「空間」已經是個全然沒有「外部」的世界，而文本的物質性所構成的外部不斷

呈現的，則是這個不可能的「外部」本身的限度或邊界。在此，我得再次提醒自己，「語言」與「世界」的關係就根植於兩個否定性的原理之上：其一，語言不能獨立於世界；其二，語言永遠不能取代世界，語言相對於世界總是他者。換言之，世界與語言之間，根本不可能存在著絕對分開的關係。世界與語言各自無法排除對方的幽靈，因而兩者都不能等同於科學所瞄準的「真實」。就這點來講，對分工體系當中的專業知識分子而言，這是個耐人尋味的線索，一方面可以避免世界與思想混淆不清，一方面也可以阻止在思想與世界之間做出「選擇」並加以拜物式的肯定。筆者以下再加以詳述。就酒井直樹的文本而言，其文本物質中的外部性是一種沒有邊界的關係活動，不但以「無邊界」作為思考的問題意識，同時也立足於「邊界以外」的問題性來加以「無（否定性）邊界」的實踐。如此以來，外部性就能夠促使我們拒絕將過去視為一個可以拿來鞏固「我們」的現在之「我們的歷史」。

外部性不但不能構成一種「真正」的文化位置（因為文化僅能發生在發話之後），且更不能視為國族意識的必然結果。外部性所牽涉到的反而就是「內／外」二元對立的裝配機制以外的延異關係。所謂「內／外」二元對立的裝配機制的主要功能往往就是將兩個對立的項目設為「真實」，亦即獨立的同一體。然而，延異關係則是強調離散、移動，與隱蔽的網羅。假設忽視這種延異關係的外部性的話，那麼結果一定就很容易掉入文化認同邏輯的陷阱，致使主體面對任何一個文化、語言，與制度時，僅能在「歸屬」與否之間站一邊。此種內外的對立並非文本以外的事件，而僅能在論述建構中成立。因此，「外部性」一詞不但不意指這種內外的裝配機制，而且更不能瞭解為超驗關係。

酒井直樹文本的主軸便是現代共同體的界線如何被建立並複製，但是他的出發點並不是從一個所謂的國家的內部（這才是真正

的超驗預設），抑或一個所謂的文明體系的內部而出發，而是將國家的內部及其外部，抑或文明的內部及其外部，視為一種高度交織在一起的共謀關係。酒井直樹在一系列專文裡，經過橫跨古今東西的再銘刻活動，迴避國族及文化內部性自圓其說的陷阱。這樣的文本活動讓我們看到截然不同的歷史的可能性：讓我們再也不必訴諸國族主權與文化主義的邊界和位置，且更不用依賴一個消滅一切差異的普遍主義邏輯。

　　有趣的是，國族主權也好，文化主義也好，兩者皆根植於二元對立的邏輯上，並且因此都包括被收編並排除的「第三項」在內。因此，各自的結構本身具有相當的不穩定性，而這種不穩定性就會召喚補額的需求，且由此而互相刻印並互相牽動各種規範性的知識—權力關係。也就是說，在具體的歷史脈絡中，國族主權的創構與西方／非西方的空間區分都是同時誕生的，一體兩面。因此，擔負解放意願的批判活動必須同時處理兩者間的關係，否則就會產生永續的搖擺、回歸。在九〇年代一股「後國家熱」風靡全球時，美國保守派學者杭亭頓（Samuel P. Huntington）提出所謂的「文明衝突論」的觀點，只不過是延續這個既有的脈絡：一旦國族主權呈現內在的不穩定性，馬上就會出現「文化差異」二元論述來充當前者的支撐。

二、主權的歷史脈絡與西方／非西方差異

　　歐洲經過西羅馬帝國瓦解後的無限暴戾與混亂（內戰）期以後，起死回生而自立「現代性」的基調，一方面將其內部無限的暴戾轉移到殖民地的擴展上，一方面以主權的約束拿來壟斷暴戾並加以正當化。國際制度在歐洲的誕生同時伴隨著擴張領土的新手段——殖民化。換言之，主權國家所設的內部性的關係制度就是西方

／非西方的空間關係。就像主權國家的主體性建構於諸如國家邊
境、國家語言與國家貨幣等等非民主體制的二元對立上，歐洲國家
「聯合」的主體性同樣也根植於西方／非西方的關係。雖然這樣的
「國際聯盟」可以包攬整個地球的面積，而事實已經正是如此，可
是這樣建構的實定體，不是別的，而正是「西方及其他者」的主體
性罷了。然而，嚴謹來講，這種主體性的基礎並不是地理、文化、
宗教、語言、抑或血緣上的同一性，而是論述中的主體位置。

三、當前「主權」的變化與外人諸眾的翻譯實踐

顯然，在面對過去殖民歷史的遺留問題時，我們的批判活動不
能僅僅瞄準西方／非西方的文化差異問題。此一空間的裝配機制，
由於其內在的二元對立無法穩定的緣故，所以就會召喚並依賴著國
族主權的相互輔佐。換言之，想要解除殖民主義所創構的「西方及
其他者」的霸權組合，就必須同時針對國族主義與文化差異兩個相
關的論述才行。

然而，在現代脈絡裡，主權起碼意指不受外力支配的自主與自
由。這點非常重要。然而，國族主權所承諾的自主性本來就無法在
保障共同體的均質性，以及期待共同體的均質性之間做個區分。這
樣的盲點便導致共同體的一切關係統統都被化約為「物自體」的體
現。國與國之間的關係僅是最明顯的例子而已，並不是唯一被化約
為物自體的關係。主權同時也將那些無法掌控國家再現權的社會關
係（而我們如果能夠擺開國家控管的語彙的話，「人口」一詞其實
本來就意指社會關係的場所）排除掉並加以物化。國家主權儘管在
歷史潮流中扮演了一時的解放角色，讓遭到殖民的人口獲得自由的
可能性，可是，國內「不標準」的人口（諸如原住民、少數族群等
等），均被排除並收編。顯然，國內外二元對立（這是「國語＝共

同體」的國際空間）與從中被排除並收編的人口（亦即純種性與雜種性的二元對立無法再現的人口）這樣的三角關係，實際上就構成國家主權時代政治空間的隱藏組體。

正因為主權的邏輯依賴的政治定局不是毛澤東所說的「敵我」關係而是被排除的第三項，所以我們就不難發現，在「主權」歷史演變的核心裡，就有一種本體論的輔佐作用。從此開始，我們再也不能把「主權」視為「敵我」二元對立當中「我」方天經地義的正當表現，而必須將「主權」視為二者的混合產物。

在「主權」的實際歷史當中，國家主權的輔佐勢力就是另一個二元對立組合——西方與非西方。這樣的組合，有人稱之為「文明」型的，但是，更中立的名稱應該是「世界系統」（在此我們應該注意，同時也有諸如性別、種族、分工及財產權等等其他組合對國家主權的建構都起著重要的作用，但是今天，我的焦點卻集中在國家主權與西方／非西方的關係上）。如今，當國家主權的規範價值已經開始瓦解之際，當其他的理論家倡導所謂的「文明衝突」，以及具有明顯上下關係的文明認同之時，我們更能瞥見主權所扮演的現代角色：它就是不平等全球秩序的輔助手。

由國內階級鬥爭（結構面）與國際領土爭奪戰（系統面）而組成的現代國際主權制度，如今已經開始史無前例的轉變，朝向一種新全球「超國家」的方向而發展。但是，這樣的「超國家」一方面缺乏中央共和的集體形式，一方面也缺少可以對抗市場單面邏輯的國家或階級利益。結果，新時代的重要特徵之一就是跨國控管體制漸漸在形成。以國際商務法庭為例，其定出來的法律稱不上國法也稱不上國際法。這樣的法律應該稱之為「跨國法」，但是依其性質來講，根本不是法律（因為，凡是法治的狀態都需要經過社會整體），而是私有領域的慣例罷了。在全球的層次上，我們一直找不到中央契約與個人契約的統一體。因此，目前跨國性的國際社會，

與其說是沒有國家卻有法制的全球公民社會，不如說是有著國家控
管卻沒有真正法律的非常狀態。在如此全球化的「國有無法」狀態
中，主權相對於諸眾（la multitude）的運動而言就採取了警察邏輯
的手段。於是，中心——邊陲的系統鬥爭本身與超國家的誕生而重
疊，甚至有達成共謀關係之虞。細看當前的戰事紛爭就不難發現，
既成權威以人類的名義開戰一事就意味著人類的認同幾乎已經完全
遭到國家控管的吞噬。

　　波灣戰爭及隨後的阿富汗戰爭將現代脈絡兩個主要的中央政權
的形式——帝國與國家，結合在一起並創新體。雖然聯合國掌握開
戰的權力一事就代表主權國家的衰退，但是聯合國一旦施行這個主
權，它馬上就轉而將執行權全權委託給一個私有軍隊，而這一私有
（即美國及其盟邦）軍隊的執行政策就是警察執法的模式：它所瞄
準的對象不是「敵人」而是「法外人」，甚至就是純粹的「外人」
而已。當然，警察自己本身也享有獨特的「法外權」。總之，全球
時代的政治關係，可以兩種形象來概括：主權警察與法外外人。然
而，此兩種形象如同任何形象一般，一旦構成知識的對象時知識主
體隨即誕生，因此除了警察與外人兩種形象以外，我們也應該留意
另外第三種形象——具「體」知識抑或「據知」體（即具有知識的
個體、團體或制度）。

四、知識與國家主權的混合體

　　當我們思考「歐洲」的歷史意義時，將「歐洲」定義為「英、
法、德」等國的複合體，也正是這樣習慣思考的具體表現。然而，
我們的任務本來就是要找出認同中（無論是國家的還是文明的認同
中）不穩定、混雜性的要素。從這樣的角度來看，「法國」不僅意
指一地理區域居民的社會關係及其相對的自主性，而且還包括國家

共同體邊境以外，諸如翻譯、移民、排斥、交易等等一系列外部性的社會關係。這些外部性的社會關係，儘管超出一般「法國人」或「法國事務」的認知範圍，一樣還是一個叫作「法國」的國族主體的構成元素。同樣，「歐洲」一詞不但意指從威斯特法利亞和約而誕生的國家主權，而且還包括「國際聯盟」的建立。而所謂「國際聯盟」的實質意義，本來就是建立於空間上的分配，將「歐洲」區別於「非歐洲」，並且將「非歐洲」視為尚待建立專屬所有權的「開放空間」。「國際聯盟」的各個成員國，透過代表階級利益與國家利益的國際法，一方面進行殖民地爭奪戰，一方面引發商品經濟的無限擴張，如此建立了現代國際秩序的基本矛盾：國家爭奪戰與階級利益戰。這也正是系統面與結構面的矛盾，以下再補充說明。

且讓我們先注意主權邏輯所制定的資本主義式的物流模式。國家主權不但是一則政治生活的原理，可用以組織社會的共同存在，而且也是一個知識的架構，可以消化並解釋既與「現實」的意義。於是，經驗對象的假定統一體──「法蘭西」，就有「法國研究」的學術領域來加以響應。而兩者間的互換性之高就易於產生諸如「德國哲學」、「中國儒學」、「英美分析哲學」等等知識與國族主權的混合體，讓思想染上所謂的國族性。從歷史的角度而言，國族性與國族知識的兌換性幾近無限，可以形成知識累積與科系規訓建構的剩餘價值（甚至是絕對價值）。當這種兌換過程中的知識建構集中在遭受資本主義迫害的人口上，尤其是當知識生產橫跨階級或西方／非西方的界限時，其結果就是一種「原始積累」（抑或絕對剩餘價值）完全灌入「西方及其他者」此一霸權主體裡面。

有趣的是，此一累積的歷史帶來了一樣橫跨舊帝國區域研究專家與舊殖民地國族主義知識分子的共同問題意識，使得雙方針對國家主權而提出類似的問題，以便辨識國家主權的特殊性或普遍性。然而，這些國際上的區域研究者及其國族主義的在地對手永不會去

質疑的就是這種問題意識的整體架構。這個架構，簡而言之，就是引發現代性社會關係的普遍性形式。首先，當然就是資本主義經濟核心的商品形式（任何事物，包括人在內，均有等同價值與兌換性），再來就是一系列主宰「認同」意識形態的假定普遍範疇——諸如國家、性別、種族等等人類受限於現代性的再現／代表邏輯，不可或缺的屬性。顯然，倘若撇開再現＝代表的號令而質疑整體架構，那麼我們就會立即看清主權與知識的高度重疊性，本來就維繫於人文科學的科系組織，以及國語裝置的翻譯機制之間的反覆循環。

五、翻譯的主體科技：傅柯（Michel Foucault）的漏網之魚

現代國家的主要特徵有四個：統一（因而假定同一）的空間、市場、語言，與血緣。而在現代的脈絡中，法西斯主義似乎亦能代表國家氾濫至極的典範。有趣的是，自由主義有關法西斯主義的批判，以及法西斯主義的自我解說，相當一致，原則上僅僅強調，領土與血緣的部分便構成法西斯種族主義意識形態的核心動力。然而，就此問題而言，傳統左派的觀點似乎對資本的角色更加著墨，凸顯資本主義的生產關係本身從一開始就隱藏著自由主義無法預期的辯證關係，而這種辯證則包含法西斯的契機。然而，對於語言所扮演的角色，似乎一直沒有任何理論或政治立場可以充分掌握。

國家到底是不是一個滲透生活各個角落無所不在的力量呢？相信我們對這樣惡劣的整體性預設都有所警惕。我們長期經受主權邏輯的薰陶，尤其是國語背後所展開的規訓機制，早已習慣將國家的語言視為自然狀態，並將國家臨時性的、相對性的原來面貌，盡拋於腦後。當前所謂的「後國家」空間的誕生，恐怕是個建立在國家普遍存在的基礎之上，而並非國家的消亡。毫無疑問，論及國族主權的問題時，我應該避免的陷阱就是將分析範疇與研究對象混淆不

清。如此做似乎僅能導致國家以外的重要社會關係與社會空間完全
被忽視的後果。而對於這個問題，自由主義理論延伸出來的政治答
案，對我們並不陌生：市民社會（公民社會）為國家以外唯一的正
當空間，同時也是抵制國家權力氾濫的主要保障。從這個角度來
看，法西斯主義的定義便是市民社會的潰敗。然而，從非西方[1]的
歷史觀點來看的話，這種定義僅能起著抵賴的作用[2]。也就是說，
對於處理什麼叫作「法西斯主義」的問題時，我們不能不記得，現
代的市民社會原本是建立在帝國主義——資本主義基礎之上的社會
建構。同時，我們也應該承認，中產階級的自由主義能夠進入制度
的前提，大概就牽涉到權力本身的轉移，也就是傅柯所謂的權力微
機制與其規訓機器。

　　然而，對於國家的角色應該如何看待的問題，在很大程度上，
我們都還是停留在傅柯於1976年的問題意識的局限之內。在當年
的課程上，傅柯曾經指出「國家主權」僅僅是一種「法權的意識形
態」[3]（Il faut 33; 福柯 34）。主權的理論並無法解釋權力真正的運
作。假如想瞭解真正的權力，其所在之處，以及其運作的方式，那
麼傅柯就建議我們將研究的焦點，從過往的土地及其土產的分配問
題轉到身體及其行動的規訓問題上。也就是說，權力的運作與解說
之間，本來就存在著極大的裂隙。現代國家的權力一直發生在，或

1　這裡「非西方」一詞的意義便意指「西方及其他者」的裝配機制以外的「非非西
　　方」的可能性在內。當然，其中也涵蓋所謂的西方。有關此一觀點的可能性，一
　　個有趣的參考便是曼諾・德・阿爾米達教授（Danilo di Manno de Almeida）。

2　賽沙爾（Aimé Césaire）在其〈殖民主義論〉（"Discours sur le colonialisme"）一文中
　　曾提出，對於非西方人民而言，法西斯主義在歐洲大陸所引發的浩劫，其實在非
　　西方早已發生過了。

3　這一句話的中文翻譯原為「統治權理論不僅繼續存在，如果你們同意，是作為右
　　派的意識形態」。其中，「統治權」一詞的原文就是 la souveraineté（主權），而「右
　　派」一詞的原文為 le droit（法律），筆者自行更正。

者透過，兩種不同的層次：「主權的權力和規訓機器。」而傅柯認為，「正是在這兩個界限裡面，權力在運行」（*Il faut* 34；福柯 34）[4]。然而，在找出非‧法權（non-juridical）式的理論基礎時，傅柯自己似乎一直沒能找到一個可以接合這兩種不同層次的理論，因此其主要著作均圍繞在權力的微機制問題上，而主權的理論基礎本身便隱退到次位，成為傅柯的核心問題群以外的問題。

傅柯一直沒能在找出主權的權力和規訓機器之間的接合點一事或者就能說明這個問題的難度之極。或許也正因為傅柯對此（主權理論）展現了極大的保留，所以後來的學術研究，在一股提防惡劣整體性的聲浪中，便全部集中在一些局部性、在地化（localized）的問題上。然而，傅柯自己所忽視的可能性，便是主權論述本身也有其「規訓機制」的一面。也就是說，主權論述之所以能延續的原因，不僅是因為它可以扮演微機制權力的意識形態（障眼法）的緣故，而是因為主權論述與身體的規訓有個祕密的匯合點。

至於傅柯在1976年的課程裡為何沒能提出這樣的問題，以及傅柯有沒有在其他的文本裡針對此一問題的討論，筆者無從贅述。然而，傅柯有關論述的看法本身包含一種決定論的陷阱，並且有忽視文本物質性之嫌，也都是眾所周知的問題。我不打算在此假裝自己目前有能力回應傅柯思想的全部，而僅想藉助傅柯的文本所提供的機會，來說明酒井直樹的創舉所在。所謂的「翻譯的主體性科技」（原為西田幾多郎 [Kitaro Nishida] 之語），似乎可以視為主權論述與規訓權力交會在一起的理論架構，提供一個有力的角度以回應傅柯以前所碰到的瓶頸。國語共同體的預設及其刻印的過程都離不開主權的哲學預設，但是剛好，語言的學習與操作過程往往發生在個體與群體之間無法辨識的地帶，也就是說，身體的所在之處。語言確

---

4 中譯為筆者所更改。

實可以視為傅柯所稱之為規訓的軌跡，而國語的制度（其複製及其背後的社會關係），這一特屬於現代國家的溝通預設，也正是規訓的身體體現主權的論述之處。

眾所周知，人文科學進入現代脈絡後就一直離不開國家主權與國族語言的雙重關係。傳統的現代高級學府——大學可以分為兩種基本類型：文化大學與理性大學。時至今日，這兩種功能都嚴重衰竭了，而新的形式——企業大學，已經逐漸成形。然而，大學人文科的組織核心迄今仍然隱藏著國語共同體的預設：均質性的溝通，以及溝通的均質性。與其說大學為國家機器的一種，不如說是生命政治的生產重鎮之一。其中任教的專業知識分子，一方面是這種主權規訓複合體的標準產物，同時也是其中主體性的作用者，而這種作用或能動性，常常擺脫不了國語溝通的綁約，以及國語共同體的專利知識建構。

面對如此錯綜複雜的問題時，過往學術研究的兩個主軸——結構面（例如，有些國家的菁英階層默許合眾國的主權警察而利用反美情緒達成自身的統治目標）與系統面（亦即單獨國家與全球帝國之間的關係），都顯得不夠完整。因此，我們更需要重視翻譯的主體科技。在當前以市場與國家主權的矛盾原則為基本秩序的世界裡，翻譯一事恰好就構成結構面與系統面的接合點。倘若將自由平等的主張視為響應階級鬥爭的革命性發明，那麼國家對抗國家的系統性競爭一事也該有類似的革命性回應。而這就是將人類視為外人諸眾，並將已經過於氾濫的「發言位置」的概念重新放在外人諸眾的次元上，將問題的核心轉到發話樣式的問題上。

六、從發言位置到發話樣式（mode of address）

眾所周知，發言位置，以及位置本身的思考，本是文化研究的

核心概念之一。當然，「文化研究」並不是一個統一的學術運動，其中許多差異與觀點的不同都是不能忽略的事實。然而，不論葛蘭西（Antonio Gramsci）也好，還是霍爾（Stuart Hall）也好，各自所談的「位置」的問題，以及相關的「發言位置」的問題，其實都有個共同的預設——即是所謂的邊界的問題。如果系統的邊界不明確的話，其中位置的問題從何談起？就這兩位傑出的思想家而言，其中的邊界要麼就是邊陲與中心，要麼就是國家。實際上，我們並沒有看出兩者間的關係何在，更何況是不同組合的可能性。然而，不能否認的是，在英國的種族政治問題上，霍爾的切入點非常珍貴、絕對重要。當然，在這個脈絡裡霍爾所談的邊陲與中心的問題，基本上都是指英國一國之內的事情（霍爾、陳光興 57-60）[5]。根據霍

---

5 在這一段，陳光興對霍爾發問說：「有些我所認識的流離知識分子已經運作他們的力量，不管是好是壞，回到他們自己的家鄉，但是你卻沒有這麼做。其中有些又試圖再轉換回來，不管用什麼方式。所以從這個角度來說，你顯得相當特別」。霍爾則回答：「本質上來說，我從未想要在牙買加扮演一個重要的政治角色……」這樣的問答實在有太多耐人尋味的微妙之處。一方面，霍爾的回答相當豁達，對於其知識計畫所接受的界線（即國家的邊界）一事，霍爾相當坦白，甚至很謹慎。但是另一方面，兩位學者似乎對於流離知識分子「回到他們自己的家鄉」一事中的「翻譯」問題，完全避而不談。在牙買加的英語與英國的英語之間，或者說，兩個國家不同階級之間的各種差異，以及「國語」與「混合語」（Creole）之間的關係，好像尚有許多值得拿出來討論的問題：「混合語」（Creole）的「混雜性」對翻譯的思考帶來什麼啟示？橫跨西方／非西方（以及全球英語／非西方國語）的界線之類的翻譯活動更帶來什麼樣的問題？除了「回歸」、「再轉換回來」的論述裝配之外，還有沒有其他射程的可能性？有趣的是，在酒井直樹橫跨日美兩國、西方／非西方，以及日英兩語的書寫活動裡，「回歸」（不論是回歸東方、西方、還是國族／國語）一事的可能性從一開始就遭到明確的批判（讀者可以參見 Sakai, "Return" 72-116）。顯然，在尚未處理這些不同界線的問題之前，留美而回國就業的非西方知識分子與留英非西方學生轉變成在英就業的英國黑人知識分子之間，轉移的問題似乎是無法迴避的。然而，這種轉移關係所起的作用是什麼，

爾的自我陳述，他基本上並沒有瞄準國家以外的範疇。他的知識計
畫並沒有將西方／非西方的界線，以及橫跨此一界線的翻譯問題，
納入問題意識的脈絡。對於這樣的知識計畫，我並不想加以任何懷
疑或否定。不論其價值或動機，都是值得肯定而學習的。然而，當
這樣的一個論述離開自己原有的脈絡而橫跨一些自身裝置原來沒有
瞄準的不同邊界的時候，這個論述所產生的意義可能產生截然不同
的效果。也就是說，討論所謂中心與邊陲的「位置」問題一事，在
論及英國種族裝置之時，以及論及非西方國家面臨的國內和國際不
同階序的問題時，兩者間顯然有著微妙的不同。假如有人試圖將此
兩種不同的脈絡混為一談，大概就是一種政治選擇，而這種政治選
擇背後的賭注已經十分清楚。儘管文化研究已經不再冠以「英國」
的專有名詞而廣為流傳，可是其即有的脈絡已經徹底刻印在英語這
一全球資本溝通技術（techne）的擴音效果裡。除非能夠拆解這個
架構，否則其中的翻譯問題實際上仍舊會加深普遍與特殊主義的共
謀關係。換言之，即使位置的策略論述也包含對所謂的「翻譯」活
動的關懷，那頂多僅是兩種「國語」認知形象之間的對照形象
（co-figuration）而已。其中無法規範的差異，也就是實踐主體的外
部場域，完全遭收編並排除。而這種邏輯到底是否足以回應反恐戰
爭時代的國家共謀並加以重新刻印，倒是個嚴重的問號。

　　就在這個意義上，酒井直樹所強調的「發話樣式」仍然具有不
可低估的政治契機在內。想要瞭解什麼叫作「發話樣式」，首先得
瞭解發話或發聲（address）與溝通（communication）的區別。酒井
直樹曾經這樣解釋：「『發話』與『溝通』此兩種動詞所指的意義
之所以能夠區分的原因，是因為前者對其所完成的動作便堵住了任

　　「不管是好是壞」，倒是個值得討論的問題。當然，討論的焦點並不是個人實踐，
　　而是對照形象的圖式如何形成，以及文化研究全球大業的問題。

何陳述，而後者則預期這個動作的完成……『發話』相對於『溝通』更早先。而『發話』之所以可以區別於『溝通』是因為發話一事並不能構成訊息達到目的保證。因此，發話時『我們』這個代名詞的引用一事所指的便是一份展演性的關係，而這份關係就是完全獨立於『我們』溝通的訊息有沒有實際一樣。這樣所指的關係便是尚呂克・儂曦（Jean-Luc Nancy）所稱之為『非關係性的關係』……或者更嚴謹的來說，作為一種發話所指的『我們』一事不應該與一個能夠彼此溝通同樣訊息的團體而混為一談，因為這樣的團體僅能在想像的層次上，也就是透過再現，而獲得設立」（4-5）。

　　酒井直樹將發話樣式分為兩種：均質性聆聽者預設下的發話活動（homolingual address），以及異質性聆聽者狀態下發話實踐（heterolingual address）。其中異質與均質的差別並不能在語言共同體的內部來掌握，而是發生在語言共同體（包括兩個以上的複數情況）所排除（因而包含在其中）的例外狀態（亦即所謂的非常狀態）。酒井直樹指出，譯者的實踐與翻譯的再現有著根本的差別，後者只不過是認識論上的主觀性，而前者才是實踐上的主體性。這樣的關係一旦獲得釐清之後，翻譯關係，以及譯者所處的外部性的位置，均能呈現均質性預設下的例外狀態。當然，均質性發話狀態對翻譯一事的預設便是將譯者的位置視為派生或次要的，甚至是完全外於訊息的「溝通」。因此，即使發話者的語言與聆聽者的語言不同，這個事實本身並不等同於異質性狀態的發話條件。

　　實際上，這些問題雖然重要，但是由於純粹的時限問題，筆者只好先擱筆[6]。最後且讓我提出一個問題：當發話樣式被化約為發言位置的時候，當溝通的均質性預設取代了發話實踐的差異與外部性之時，所發生的結果，或者更貼切的說，此一事件發生在主體身

6　對此有興趣的讀者可以參考酒井直樹一書的序言，以及 *"Tagengoshugi"* 228-45。

上時所引發的暴戾體驗，不就很容易引起一種回歸的慾望嗎？正是這種回歸的慾望，無論是回歸西方，還是回歸東方，還是回歸任何一種根植於「溝通失敗」一事被化約為位置（不管是國家、文化、階級、性別等等「位置」）上的情感差異之「我們的共同體」，還不就是對反恐戰爭這個非常時代新法西斯邏輯──人口控管與排除他者的成全舉動嗎？

七、皇民化文學

接下來，筆者感謝本論文集的主編劉紀蕙教授鼓勵我針對酒井直樹植樹在這次新竹文化營的講稿──〈兩個否定──遭受排除的恐懼與自重的邏輯〉（"Two Negations: Fear of being excluded and the logic of self-esteem"）一文而做出回應。不論政治立場及民族背景如何不同，一般評論者對台灣皇民化文學的歷史問題總是會將強制性的性質當作詮釋的鎖匙，進而指出大部分的作家僅是在法西斯政權的脅迫之下走走形式而已，「骨子裡」卻反對到底。

這種觀點有關經驗再現、敘述聲音、主體效果等一系列預設背後的文藝理論的問題姑且不談，然而在民族國家的敘述創構裡，值得一提的就是「告解」的問題與「單純」的建構。所謂「單純」在這個脈絡裡並不是一種道德範疇，而首先是一種由「單」（數）與「純」（種）的統一性預設而推演出來的道德建構。弔詭的是，這種「單純」雖然看似單而純卻仍然需要加以複雜的建構。在這個意義上，「告解」的展演形式極其重要。而在台灣戰後文學界的脈絡裡，將「單純的建構」與「告解的真理」結合在一起是個既有的脈絡[7]。

這種脈絡令我們想起另一個在戰爭期間曾經面對過強制性文學

---

[7] 其中最具典範性的作品，或許莫過於七〇年代嚴沁的小說〈純純的愛〉。

創作的作家──太宰治（Dazai Osamu）。這位日本戰後文壇的佼佼者在1945年則完成了一部有關魯迅的宣傳小說──〈惜別〉。經過1943年11月的大東亞共榮圈會議的五項基本原則，日本愛國作家協會與日本政府的新聞處決定「請託」太宰治，以五項原則中「獨立親和」為主題來寫出一篇支持共榮圈的文藝創作。太宰治則在日軍快要戰敗之際── 1944年冬季開始執筆並於次年截稿。該篇小說直到1946年才正式問世。小說的題材主要在敘述中國文壇巨人魯迅（周樹人）在仙台念醫的經驗。根據魯迅第一部文學作品集《吶喊》自序的記載，學校當年播放日俄戰爭投影片時，有一幕特別引起周樹人的注意。日軍抓了一個似乎替過俄軍充當間諜的中國人，準備加以槍斃時，一群中國人就在旁邊圍觀湊熱鬧。在其日本同學歡呼之餘，周樹人深深感到，再怎麼健康的民族，如果不能覺醒的話，也無濟於事。於是，根據這篇自序的說法，周樹人決定棄醫而立志從文，以「治療」中國的民族性[8]。

　　日美文學評論家對於太宰治這篇小說的定位，均以文學創作上的失敗為由而加以否定。唯一受到肯定之處，大概就是評論家於〈惜別〉的字裡行間所察覺到的「被動反抗」的態度。然而，筆者在另一篇論文裡曾指出，在於曾經三次「試圖自殺」的太宰治那邊，「失敗」一事本來是個頗豐富的脈絡，應當視為解讀其創作的積極線索。然而，戰後太宰治論者均嚴重陷入了「人・文合一」的形而上現代迷思，以太宰治的「私小說」來解讀其個人生活，從而

---

8 筆者的博士論文之前半部三個章節均從不同角度探討周樹人這番決定反映在日本知識分子（竹內好 [Takeuchi Yoshimi]）、文人（太宰治），與軍人（櫻井忠義）的不同書寫「回應」，進而探討國族主義與知識建構的關係，以及如何提出不同的理論關懷及發話樣式。請參見 *China*，尤其是其中有關太宰治〈惜別〉的第三章節──"Face-to-Face: Reluctant Parting, Shared Voices"（〈面對面──惜別與分・享的聲音〉），都為以下討論的重要根據。

倒過來，以其個人生活來加以解讀其文學作品。這樣的解讀策略延續到九○年代，直到新的評論家開始注意到，其實，太宰治的作品原來就是在瞄準「私小說」的形而上預設（作者的主體性）並提出非常徹底的批判與瓦解。太宰治文學承襲並抄襲現代主體性的限度，進而呈現現代性的失敗。而面對自他發話的聲音同時存有共享與區分的基本混雜性──即法國哲學家儂曦所稱之為「分・享」的過程不斷打破敘述的封閉性，太宰治的書寫所呈現的是書寫的差異。正因為〈惜別〉是個文學失敗，所以才能非常成功的呈現對「國族翻譯機制」的深刻省思。

評論家對於〈惜別〉的盲點主要是拜現代性預設（慾望）之賜（Wolfe）。這點就讓我感覺到與一些有關台灣皇民化文學的評論也頗相似。例如，方孝謙先生有關楊逵於1945年的日語小說〈犬猿鄰組〉如此解讀：「本文雖在戰後發表，但是顯然是在『皇民化』期間寫的，因為如果能以台灣志願兵的『愛國』反映台灣小吏的瀆職，則作者必然還是承認志願兵政策的正當性。不管如何，楊氏通過此篇還是譏諷了某些戰時與日人勾結的台人」（206）。其實，我在閱讀〈犬猿鄰組〉之後，立即想到了太宰治的〈惜別〉。楊逵這篇小說之所以值得引起我們的注意，不僅是因為評論者的預期態度頗相似，又不完全因為兩篇小說的整個書寫與出版脈絡有耐人尋味的異同之處，更是因為〈犬猿鄰組〉像〈惜別〉一樣，均在世界大戰結束之際對國族主義呈現曖昧、批判，與另類的觀點。筆者希望近期內可以完成此兩篇小說的專題論文，在此不加以贅述。

七、後殖民移動與歷史差異

論及酒井直樹的〈兩個否定〉這篇論文，或許應該先介紹酒井直樹其他相關的著作。其中也不乏一些台灣相關的例子，例如於

1997 年，陳奕麟先生在中央研究院民族學研究所舉辦的國際會議
「Colonialism and its Discontents」（殖民主義及其不滿）之際，酒井直
樹所發表的〈日本的帝國式民族主義中的主體與身體〉（"Imperial
Nationalism and the Law of Singularity: On Specific Identity and Cultural
Difference"）的文稿（該文更早先的初稿原在 1995 年刊登於台灣淡
江大學英文期刊 *Tamkang Review* 上）（77-120），均為部分台灣知識分
子早已接觸過的專文。到了 2000 年的時候，這篇初稿經過修改、擴
充並改名為〈主體與基體——論日本的帝國式民族主義〉（"Subject
and Substratum: On Japanese Imperial Nationalism"）（以下簡稱〈主體
與基體〉一文）之後，再次刊登於英國的《文化研究》（*Cultural
Studies*）期刊上。這篇文章的內容主要是針對戰前日本帝國思想界，
尤其是頗具盛名的京都（哲學）學派大師田辺元（Tanabe Hajime）
所提倡多元文化主義理論，而加以批判。田辺元當時提出這種理論
的目的，一方面旨在回應歐陸哲學界與人類、社會學界的各種理論
問題，一方面同時專門瞄準日本帝國範圍之內的民族主義「問題」。

　　當然，處於戰後意識形態之我們（不論是所謂「日本人」與
否），對於日本的認識，就像對於任何國家的認識一樣，均受歷史
條件的影響。就日本這個具體脈絡／文本來說，以「單一民族」為
基調的歷史敘述早已形成了常識般的、無庸置疑的狀態。然而，我
們假如讓這種歷史建構繼續完全左右我們的觀點的話，結果就是看
不到歷史中的偶然性與差異。特別是，面對日本戰敗後，什麼樣的
人有資格繼續作為「日本國民」，什麼樣的人失去了「日本國民」
的資格一事，如果僅是全盤接受戰後論述的觀點的話，其中曾經存
在過的其他可能性，以及這些可能性對發話身體所帶來的物質效
應，都會黯然消失在一種不明白的抵賴之中。其中最大的歷史差
異，莫過於日本戰前戰後從一個擁有多種民族的帝國建構而轉變成
一個假定高度均質性的單一民族國家的過程。試想一下，1945 年

日本戰敗之際，所有處在舊有殖民地的人口都經過再次分配的處理。在戰前的時代裡，所有這些人口，不論其民族背景如何，都被列為日本國民。這麼說當然並不意味著不同人口之間不存在嚴重而激烈的階序關係。不論是階級也好，性別也好，還是「種族」也好，歷史一再證明，國家與社會區分完全可以同時並存。至少，二等公民的存在本身並不足以導致國民資格這一形式本身的無效狀態。那麼假設說，戰前曾經當過二等國民[9]的被殖民者人口，以及在殖民地早已扎過根的殖民者人口，到了戰爭結束的時候均面臨新的命運，新的移動，我們就不能將此事視為某種理所當然的結果。就像一個在台灣土生土長的「日本人」（亦即當時被稱為「灣生」的日本第二代）可能就被遣返到其從未居住過的「國家」——日本一樣，一個在台灣土生土長的「日本國民」，由於其民族背景不同而被剝奪其以前的「國民」資格，因而無權決定要不要遷居原先的宗主國——日本，這樣的歷史經驗所透露的差異叫我們不能不思考，現代共同體與自由（甚至是平等）之間的關係到底是什麼？換言之，各式各樣的民族運動所標榜的理念之一——「自覺」，到底能不能撇開自由的訴求？假設說「自覺」顯然離不開自由這個前提，那麼這種自由與共同體（社群）的建構之間，到底存在著什麼樣的關係，倒是個無法迴避的課題。

　　或許，換一個脈絡來談的話，這個問題會顯得更清楚：在香港準備「歸還」中國之際，同樣的歷史差異的問題隱約可見。首先，對於「歸還」一詞所意指的單一射程，我們應該注意，雖然作為客觀的社會存在確實有某種必要性的支撐，但是作為概念上的必然性

---

9 創造「二等」身分的關鍵措施分別為戶籍制度與語言教育。然而，這兩種措施所起的作用截然不同：一個旨在限制移動（戶籍），一個旨在促使移動而加以規範（語言）。請參見 Komagome Takeshi（駒込武）. *Shokuminchi*, 1997。

則完全沒有任何有效根據。清朝將那塊小島割讓給大不列顛，與該地後來所發展出來的多元殖民人口的新興城市，本身就沒有前後的一致性。對於印刻在當地殖民人口身體之上的歷史記憶一事（而這也是後殖民論述中所謂「曖昧性」的意義），「歸還」的說法僅能代表一種錯綜複雜的慾望而已。國家對慾望的媒介作用是不能低估的。然而，這種回歸式的慾望往往建立在二元對立（內外界線僅是其最標準的例子而已）所排除的其他異質（這個「異質」很可能就是「界線」本身）。例如，對於其他所謂非華人人口的問題，以及香港居民的英國身分等問題時，「歸還」的意義很可能就隱藏著某種身分認同的危機在內。然而，如果有人將這種暴戾的來源全部歸咎於中華人民共和國的共黨政府的話，恐怕也是非常一廂情願的做法。

　　然而，毫無疑問，當前的世界普遍存在著一種「種族」主義霸權的論述，根據這個霸權論述的觀點，個人相對於共同體的屬性是一個與生俱來的狀態，根本就不牽涉到自由意志的活動。從這個角度來看，所謂「自覺」的問題僅僅是「確認事實」的簡單觀察活動，僅僅牽涉到認識論的主體（酒井直樹，以之前的漢字譯法為線索，將這種認識論主體性稱之為「主觀」），根本就不牽涉到社會實踐，以及實踐的主體（酒井直樹稱之為「主體」，抑或「發話之身體」）的可能性。不論我願不願意「確認」與生俱來的身分，這個「確認」的動作本身對於我的身分的建構過程倒是不相干的。在這個意義上，所謂「認同」的動作僅是一種相對於無法改變的命令——與生俱來的身分，而加以就範的具體表現罷了。

　　以上敘述雖然過於化約，但是其基本輪廓應該相當熟悉。然而，身分認同如果真僅是簡單的生理問題的話，它根本就不可能變成社會實踐的問題，更何況是它在現代脈絡中所扮演的、檢驗政治標準的關鍵角色。不可否認的是，歷史的發展，就像人的共同體一樣，都包含著許多差異與偶然性。換言之，在資本主義所引發的一

波又一波的，城鄉、跨鄉、跨國等等的移動人口當中，「與生俱來」一事與國家民族之間的距離越來越大（其實，關於這點「原始性」的問題，我們也持有高度的保留），兩者間早已陷入了愈演愈烈的辯證關係，進而引發更大的焦慮與回歸的幻想。相對於這個趨勢的發展，國家媒介的典型作用則呈現在「標準語」（國語）的假定均質性及其語法的建構上。而時至今日，內在性面向上的主要，甚至是關鍵的政治經驗，就是作秀型國家對語言的收編作業。換言之，「語言」立即意味著一種特定的意識形態抑或世界觀。在現代國家的建構裡，溝通一事本身，也就是說這一類型自身的本質，已自行構成一相對自主的範圍。

因此，面對歷史之時，揭發並呈現這個特定性以外的實踐差異，應該是前瞻性研究的基本前提。就像歸還中國的香港居民不能繼續享受英國國民的標準身分（甚至有的居民連中國的身分都不能有）一樣，從日本帝國主義而獲得解放的「本島人」（即台灣人：先不談其「歸還」的問題）也沒能繼續享受日本國民的身分一事所揭露的，也是另類歷史的契機。實際上，對於這些曾經獲得「解放」的人口而言，舊殖民者之拒絕賦予身分自決權一事，仍然構成藐視民族自由的舉動。就這點來講，我們不能不注意，當美國總統威爾遜（Woodrow Wilson）於1919年宣稱「民族自決權」的理念以展開後殖民世界秩序之際，他並沒有邀請其他「民族」（更何況是其他諸如階級、性別，甚至是「個人」抑或「一般知識」的政治組織）一起參與這種「權益」的「立法」過程。對於非西方世界而言，如此「民族自決權」僅僅是一種必須遵守（抑或可以逾越）的規範法則而已，還是沒有真正牽動其中實踐主體的自由條件。眾所周知，當時國際聯盟（英語「League of Nations」＝國家的聯盟）的結構本身並沒有針對歷史與知識這兩個不同面向上所存在的西方／非西方界線的制度化及其具「體」累積而展開討論，因此我們可以判定，

威爾遜在以「國家」為聯盟前提的組織架構之下所宣稱的「民族自決權」，對僅能當作西方的他者的非西方而言，則包含了另外一層身不由己的意義。換言之，不能形成為國家的民族就是沒有「民族自決權」的可能性。而這種邏輯迄今仍在擴大中。合眾國一再願意為沒有民族（卻有資源）的國家而出兵（例如科威特），卻不願意為一個沒有國家的民族（例如庫得族、巴勒斯坦人、亞美尼亞族等等）而牽動毫髮，大概就是這個問題的最好寫照。

其實，經過八〇年代以降的後殖民論述的討論，學界已經形成了一種廣大的認知，就是非西方世界的民族解放運動因為並沒有擺脫普遍／特殊的裝配關係，所以一直無法徹底改變殖民主義階序關係的既有脈絡，甚至於，新國家的建構過程中，在很大程度上早已從其所批判並推翻的對象（殖民者政權）那兒而吸取了一些本質的東西。而在眾多處理普遍／特殊邏輯的後殖民論述當中，酒井直樹有關所謂「對照形象的圖式」及其翻譯機制的討論，由於直接瞄準語言回饋民族的意識形態循環的緣故，而顯得相當對味。例如，〈「日本思想」的問題——「日本」的形成與對照形象的圖式〉（ "The Problem of 'Japanese Thought': The Formation of 'Japan' and the Schema of Configuration", 1997）一文中兼具高度的理論架構與具體的歷史脈絡的雙軌討論，讓我們更清楚的瞭解到，作為一種社會關係的翻譯情境便是實踐主體的主要發聲／發生時間，同時也是主觀（認識論主體）對此進行收編而加以空間化的關照／觀照領域。簡言之，「我們日本人」這一個發言位置僅僅是一個相對於「西方＝普遍性」的形象圖式而已，因此也構成了普遍／特殊關係的具「體」脈絡。值得注意的是，這種圖式的建構總是在發話經驗之後才得以形成的，與發話實踐中的翻譯嘗試存在著根本差距。然而，相對於發話實踐主體（亦即發話的身體）的即時性（時間性），圖式的建構過程總是經過認識論主體——主觀的事後處理，從而反過來再投

射到「發話前」的假設，在策略上確實很像契約論的姿勢一般，形成實際上也從來沒有發生過的必然虛構。而對照形象圖式的基本特徵，或者說，其中組織差異的基本原則，則是排除時間的空間性。因此，從這個角度來「看」的話，所謂文化差異在溝通行為中的問題，往往再現為兩種事先已統一好的均質性領域之間的交流、碰撞。在這種脈絡裡交往的人，只要根據對照版圖上既有的裝配關係而掌握彼此間的特定差異，就可以扮演不同「世界」之間的成功媒介。然而，從實踐面向來講，文化差異發聲／發生當下根本就沒有任何自他對稱關係可言。這種關係僅是圖式再現而已。酒井直樹如此解釋：「在文化差異之中，無論自我還是他者，都一樣無法透過特殊者相對於另一特殊者的特定差異而獲得限定。其實，文化差異就是過程本身，在這個過程裡，他者與自我均自行限定己方。……換言之，就族群認同這一實例來說，當我們忘卻它本身就是響應著個體自行充當主體時印刻於世界，接合性發話的印跡之際，結果就會導致『文化差異』遭到空間化的再現處理，成為不同同一物的撞擊。屆時，『文化差異』一事就會遭致地理形象此一比喻的包攬。……然而，『文化差異』是一種實踐（同時也是一種實習）：是屬於時間的，而並非空間。如此一來，『文化差異』的空間化再現便消除了實踐的面向，並且將其中牽涉到文化差異中該怎麼辦的可能性，也就是說其通向未來之時間性而加以抑制」（"Subject" 499-500）。

對於未來而保持基本開放（未知而清醒）的前提應該不是別的而正是自由。而剛好，田辺元從三〇至四〇年代之間所發表的一系列論文中（如今均收錄在《種の論理の辯證法》〔《「種」的邏輯》〕〔*Shu no ronri no benshôhô*, 1947〕一書中），現代主體性的基本前提——人的自由，以闡明現代共同體（社群）的形成與世界史的內在關聯。倘若所謂「認同」問題從一開始就不包括主體的自由這個因素的話，那麼何從談什麼「認同」？然而，田辺元對於「自由」

與「主體」的瞭解均根植於康德（Immanuel Kant）之後的現代哲學脈絡中所談的「否定性」的基礎。所謂「否定性」，一方面包括康德對經驗自我與超驗自我的區分，以及索緒爾（Ferdinand de Saussure）以降的語言哲學對主語與主體的區分；另一方面也牽涉到田辺元，在討論個體、共同體，與全部人類之間的關係時，試圖重新引用並再造黑格爾（G. W. F. Hegel）式的否定性概念，以進一步闡明屬性的條件與行動自由的可能。在此，我無法轉述酒井直樹對此文本進行細膩閱讀時所展開的種種批判、詮釋，與再印刻的細節，而僅想指出，酒井直樹的這篇論文展現了一個基本的閱讀策略與理論關懷（其實，這是一種可與他人共享的慾望）：首先，單一民族神話遮掩了日本近代史上的另一種論述形態，這個歷史轉變本身及其背後的轉述公式自然隱藏了戰後後殖民太平洋區域的霸權因素，以及戰前殖民亞洲的另一種被壓抑的政治經驗；其次，田辺元的哲學嘗試，假設兼顧其中「成功」（導向逃奔性外人閱讀）與「失敗」（導向全體逮捕、一網打盡式的閱讀）的部分，均顯示了當時日本帝國主義的危機與契機，而這種歷史經驗與戰後的國際局勢（尤其是美國占領日本並對中國加以絕對罪犯化的「安全體系」）之間其實存著某種共謀關係的延續性。如今經過再印刻性的閱讀，今昔兩個高度交叉的脈絡／文本之間就可以發生無法預期的對話，進而對各自不同的霸權及其發話身體之歷史積累而展開截然不同的實踐可能。

八、外來政權

如此一來讀者大概早已預期到了，〈主體與基體〉一文的結尾部分所討論的殖民秩序與民族主義的形成，以及台灣「志願兵」的文學再現的問題，其實就是酒井直樹發表於當次新竹文化營上的講

稿的前身。相信酒井直樹關於「皇民化」運動下日本國家當局所倡
導的「皇民化文學」，以及有關台灣認同形成的觀點一定會引起不
少討論。筆者僅想指出，酒井直樹指出「國語」的形成是透過對照
形象的圖式而達成的這一精闢觀點，確實提供了瞭解現代台灣認同
的另一途徑。就像任何語言環境都是經過國家（而這裡所指的「國
家」的必然前提就是複數）的媒介之後才化為現代認同所預設的
「原初性」一樣，所謂「台灣認同」的問題也牽涉到對照形象圖式
中的另一形象。而在台灣的脈絡裡，這個形象的具體名稱就是「日
本語」。根據陳少廷教授的說法，「過去在台灣並沒有統一的語
言，並且台灣的語言並不能直接書寫成文字，所以它的溝通是有限
的，是在我講你聽得到的範圍內。而日本化造成共通語言的出現，
而且這種語言還是可以用文字表現的」（42）。筆者在對於語言本身
的統一性問題必須表達高度質疑之餘，另想說明的是一種無法迴避
的反思。台灣認同的問題不僅在於其相對性的面向上（就好比說，
因為與他族的接觸，我族認同的輪廓才能顯露無遺），而在於語言
本身的問題裡面。在這點上，台灣認同其實沒有什麼特別：現代脈
絡的普遍特徵之一正是國家對語言的收編過程所導致的意識形態作
用。然而，台灣史的特點，或者說其具「體」之處，在於認同和國
語的形成過程都是在殖民主義暴戾及其後來所演變出來的帝國式民
族主義的脈絡裡發展出來的。

　　從這樣的歷史經驗的角度來看，我很懷疑「台灣已經是個主權
獨立的國家」這個說法，抑或這個事實（而我認為這個「事實」本
身仍有尚待思考的未知數：其中主要牽涉到主權的規範性問題，而
並非台灣的特有處境）[10]，那麼，這樣的事實是否能夠迴避（甚至

---

10 關於台灣主權在當前全球主權的變遷這一脈絡，請參見 Solomon, "Taiwan"。中文版
　即將由三聯書店發行。

是回應）以下現象：亦即特殊性的霸權收編普遍性之後而促使其系統內的特殊性人口，為了爭取族群尊嚴並實現尚待獲得承認的平等自由，而在假普遍性的帝國式國族主義所劃之前線上，進行戰鬥。因此，我想特別強調，台灣史所宣示的「外來政權」的問題意識與歷史正義的訴求其實是非常重要的，甚至是一個檢驗歷史的基本出發點。問題是，這個觀點的推動過程還是做得遠遠不夠。時至今日，難道有哪個國民國家（nation-State）不具有些許「外來」政權的要素嗎？這樣的說法並不等同於所謂「無政府主義」的立場，而是本著自由的體驗，對「出生＝國家＝國語」這一曖昧套套邏輯加以暴露、陳述，及再印刻。且看丁荷生（Kenneth Dean）與馬蘇米（Brian Massumi）在其共同研究秦始皇與雷根（Ronald Regan）總統的鉅著裡，對於「國家的發展是由裡往外的嗎？」這一提問的明確回答：「國家就是從邊陲發展到中心，進而立碑（伴隨著國都的成立通常就是奢侈的儀典，以及對首腦尊稱的改變，例如從『王』到『皇』）。此後才開始往外發展」（80）[11]。換言之，歷史經驗即使經

---

[11] 本書另有一段亦值得參考，筆者趁此譯成中文，以饗讀者：「國家是秩序進化的結果嗎？」

　　「雖然組成國家的元素都是漸進過程的產物，可是國家當局卻沒有什麼正統的直系。國家是一種由不同元素接合而一起活動的慣常實體。不過，即使所有的元素同時具在，國家的慣常實體不見得就此形成。根據卡拉斯特（Clastres）的研究，所謂『原始』社會的社會組織也包括一些積極阻礙中央權力誕生的重要因素。國家的不存在不能簡單的視為不完整的發展，而是應該瞭解為另類慾望存在的明證。國家當局總是從外面闖進來的，稱霸人間。國家的發生不是一個『過程』的理性結果，國家總是頓時的發生：即使國家組成一個有機整體，也不能說一部分有邏輯上的優先地位。其中的元素的存在，由國家慾望（state desire：國情慾望、當局慾望）而組成，否則就不會成組。所謂『國家』只不過是沒有實驗理由而頓時爆發的慾望而已。國家慾望的存在也並不先於其對象

過事後加以規範性的統攝，也隨時均有可能呈現「外來政權」的差異。「台灣史」可以支援如此的閱讀一事自然連帶意味著「中國史」亦復如是，何況所謂的「西方史」（及其所謂「自發現代化」的迷思）。

（無論是它所產生的政治機器亦或任何政治機器所包含的傾向極端的契機）。伴隨著國家慾望即時性的到來往往就是頭銜的創立（國王、高層領袖），亦或是法律的宣布。但是，這也並不意味著國家有什麼可以認定的起源或根據（正當性）。雖然我們可以用時間來界定國家的到來，可是它真正的出發點就不能如此界定。因為，所謂『從外面闖入』的『外面』本來是一處無法定位的間隔空間。因此，我們無法確定國家慾望在空間上的出發點。雖然看起來好像是從不同的外域而來的（例如蒙古高原），可是仔細勘察以後，事情就變得複雜多了。直到我們無法辨識疆域的裡面是否先於其外面。這樣看就意味著外面本來就是邊界，或者說外面就是劃出邊界的動作本身。如果真能給它定位的話，其位置肯定就在邊陲上——這裡所謂的邊陲也完全可以位置於國家地理上的內部（亦即所謂的革命運動）。國家所代表的劃出邊陲的動作其實就是不同慾望之間，無法定位的介面。國家慾望看似發自一個人（獨裁者），可是實際上個人才是它發展的傾向。就算國家慾望傾向於超驗地集中在神聖領袖一個人的身體上，其中內在性的功能絕對總是共同的。」

編輯後記

　　編輯作業已到尾聲。從視覺文化國際營到此刻的書本形式，其間經歷了漫長的過程。我要在此感謝當年支持視覺文化國際營的國科會與交通大學，協助邀請國際學者的周蕾教授，合作籌備此國際營的同仁周英雄教授、馮品佳教授、林建國教授與蔣淑貞教授，全力投入的交通大學外文系行政人員與研究生，以及不厭其煩地處理細節的執行編輯胡金倫與林郁曄。當年在視覺文化國際營的兩週內，會場中密集而熱鬧的學術討論以及會後的啤酒閒聊，對我來說，至今都仍舊是知性意味豐富而溫暖有趣的回憶。

參考書目

一、外文部分

Abraham, Nicolas and Maria Torok. "Introjection–Incorporation: Mourning or Melancholia," in *Psychoanalysis in France*. Ed. Serge Lebovici and Daniel Widlocher (New York: International University Press, 1980), pp. 3-16.

Agamben, Giorgio. *Homo Sacer: Sovereign Power and Bare Life*. Trans. Daniel Heller-Roazen (Stanford, Calif.: Stanford University Press, 1998).

Almeida, Danilo di Manno de. *Pour une imagination non-européenne* (Paris: Kimé, 2002).

Althusser, Louis. "Freud and Lacan," in *Lenin and Philosophy, and Other Essays*. Trans. Ben Brewster (New York: Monthly Review Press, 1971), pp. 133-50.

——. *Montesquieu, Rousseau, Marx* (London: Verso, 1972).

——. "Ideology and Ideological State Apparatuses," in *Visual Culture: The Reader*. Ed. Jessica Evans & Stuart Hall (London, Thousand Oaks, New Delhi: SAGE Publications, 1999), pp. 317-23.

Anderson, Benedict. "Narrating the Nation," *The Times Literary Supplement*. London. June 13, 1986, p. 659.

Anderson, Patricia. *The Printed Image and the Transformation of Popular Culture, 1790-1860* (Oxford: Clarendon Press, 1991).

Armstrong, Nancy. *Desire and Domestic Fiction: A Political History of the Novel* (New York: Oxford University Press, 1987).

——. *Fiction in the Age of Photography: The Legacy of British Realism* (Cambridge, Mass.: Harvard University Press, 1999).

—— and Leonard Tennenhouse. *The Imaginary Puritan: Literature, Intellectual Labor, and the Origins of Personal Life* (Berkeley: University of California Press, 1992).

—— and —— ed. *The Ideology of Conduct: Essays on Literature and the History of Sexuality* (London: Methuen, 1987).

—— and —— ed. *The Violence of Representation: Literature and the History of Violence* (London: Routledge, 1989).

Auden, W. H. *New Year Letter* (London: Faber and Faber, 1941, 1st edit.).

Baker, Houston A., Jr. *Modernism and the Harlem Renaissance* (Chicago: University of Chicago Press, 1987).

Bakhtin, Mikhail M. *Speech Genres and Other Late Essays*. Ed. Crryl Emerson and Michael Holquist. Trans. Vern W. McGee (Austin: University of Texas Press, 1986).

Baldwin, James. *The Fire Next Time* (New York: Dial Press, 1963).

Balibar, Étienne. "Racism and Nationalism," in *Race, Nation, Class: Ambiguous Identities*. Trans. Chris Turner. Ed. Étienne Balibar and Immanuel Wallerstein (New York: Verso, 1991), pp. 37-67.

——. *Masses, Classes, Ideas: Studies on Politics and Philosophy Before and After Marx*. Trans. James Swenson (New York: Routledge, 1994).

——. "Les identités ambiguës," in *Les craintes des masses* (Paris: Galilée, 1997), pp. 353-69.

Banno, Junji. "Japanese Industrialists and Merchants and the Anti-Japanese Boycotts in China, 1919-1928," in *The Japanese Informal Empire in China, 1895-1937*. Ed. Peter Duus, Ramon H. Myers and Mark R. Peattie (Princeton, N. J.: Princeton University Press, 1989), pp. 314-29.

Barrell, John. *English Literature in History, 1730-80: An Equal, Wide Survey* (London: Hutchinson, 1983).

Barthes, Roland. *Camera Lucida: Reflections on Photography*. Trans. Richard Howard (New York: Hill and Wang, 1981).

——. "Rhetoric of the image," in *Visual Culture: The Reader*. Ed. Jessica Evans and Stuart Hall (London, Thousand Oaks, New Delhi: SAGE Publications, 1999), pp. 33-40.

Baudrillard, Jean. *America*. Trans. Chris Turner (New York: Verso, 1989).

Benjamin, Walter. "The Work of Art in the Age of Mechanical Reproduction," in *Illuminations: Essays and Reflections*. Ed. Hannah Arendt. Trans. Harry Zohn (New York: Schocken, 1969), pp. 217-51.

——. "The Task of the Translator: An Introduction to the Translation of Baudelaire's *Tableaux Parisiens*," in *Illuminations: Essays and Reflections*. Ed. Hannah Arendt. Trans. Harry Zohn (London: Jonathan Cape, 1970), pp. 69-82.

——. "On Language as Such and on the Language of Man," in *Reflections: Essays, Aphorisms, Autobiographical Writings*. Ed. Peter Demetz. Trans. Edmund Jephcott (New York: Harcourt Brace Jovanovich, 1978a), pp. 314-32.

——. "On the Mimetic Faculty," in *Reflections: Essays, Aphorisms, Autobiographical Writings*. Ed. Peter Demetz. Trans. Edmund Jephcott (New York: Harcourt Brace Jovanovich, 1978b), pp. 333-36.

——. "A Short History of Photography," in *Classic Essays on Photography*. Ed. Alan Trachtenberg (New Haven, Conn.: Leete's Island Books, 1980), pp. 199-216.

Berger, John. *A Seventh Man: A Book of Images and Words about the Experience of Migrant Workers in Europe* (Harmondsworth; Baltimore: Penguin Books, 1975).

Bergson, Henri. *Time and Free Will, An Essays on the Immediate Data of Consciousness*. Trans. R. L. Pogson (London: George Allen and Company, 1913).

Bhabha, Homi K. "The Commitment to Theory," *New Formation* 5 (Summer 1988): 4-25.

——. "DissemiNation: Time, Narrative and the Margins of the Modern Nation," in *Nation and Narration*. Ed. Bhabha, Homi K (London; New York: Routledge, 1990), pp. 291-322.

——. "Postcolonial Authority and Postmodern Guilt," in *Cultural Studies*. Ed. Lawrence Grossberg, Cary Nelson and Paula A. Treichler (New York; London: Routledge, 1992), pp. 56-68.

——. "DissemiNation: Time, Narrative and the Margins of the Modern Nation," in *The Location of Culture* (London; New York: Routledge, 1994), pp. 139-70.

——. "The Other Question: Stereotype, Discrimination and the Discourse of Colonialism," in *The Location of Culture* (London; New York: Routledge, 1994), pp. 66-84.

——. "Unsatisfied: Notes on Vernacular Cosmopolitanism," in *Text and Nation: Cross-Disciplinary Essays on Cultural and National Identities*. Ed. Laura Garcia-Moreno and Peter C. Pfeiffer (Columbia, S. C.: Camden House, 1996), pp. 191-207.

——. "The Other Question: The Stereotype and Colonial Discourse," in *Visual Culture: The Reader*. Ed. Jessica Evans and Stuart Hall (London, Thousand Oaks, New Delhi: SAGE Publications, 1999), pp. 370-78.

——. "Unsatisfied: Notes on Vernacular Cosmopolitanism," in *Postcolonial Discourses: An Anthology*. Ed. Gregory Castle (Oxford: Basic Blackwell, 2001), pp. 39-52.

——. and John L. Comaroff. "Speaking of Postcoloniality, in the Continuous Present: A Conversation," in *Relocating Postcolonialism*. Ed. David Theo Goldberg and Ato Quayson (Oxford: Basic Blackwell, 2002), pp. 15-46.

Bidet, Jacques. *Théorie générale* (Paris: PUF, 1999).

Bourdieu, Pierre. *Distinction: A Social Critique of the Judgement of Taste*. Trans. Richard Nice (Cambridge, Mass.: Harvard University Press, 1984).

——. *The Logic of Practice*. Trans. Richard Nice (Stanford, Calif.: Stanford University Press, 1990).

Brontë, Charlotte. *Jane Eyre* (New York: W. W. Norton, 2001, 3rd edit.).

Brontë, Emily. *Wuthering Heights* (New York: W. W. Norton, 1990, 3rd edit.).

Butler, Judith. *Gender Trouble: Feminism and the Subversion of Identity* (New York: Routledge, 1990).

Bryson, Norman, Michael Ann Holly and Keith Moxey ed. *Visual Theory: Painting and Interpretation* (New York: Harper Collins, 1991).

——, —— and —— ed. *Visual Culture: Images and Interpretations* (Hanover: Wesleyan University Press, 1994).

Certeau, Michel de. *The Practice of Everyday Life*. Trans. Steven F. Rendall (Berkeley:

University of California Press, 1984).

Chakrabarty, Dipesh. "Marx after Marxism: Subaltern Histories and the Question of Difference," *Polygraph* 6/7 (1993): 10-16.

Chatterjee, Partha. *Nationalist Thought and the Colonial World: A Derivative Discourse* (London: Zed, 1986).

Chen, Yingzhen (陳映真). "Imperial Army Betrayed," in *Perilous Memories: The Asia Pacific War (s)*. Ed. Takashi Fujitani (藤谷堯), Geoffrey M. White and Lisa Yoneyama (Durham, N. C.: Duke University Press, 2001), pp. 181-98.

Ching, Leo T. S. "Give Me Japan and Nothing Else!" *The South Atlantic Quarterly* 99.4 (Fall 2000): 763-88.

Chow, Rey (周蕾). "Where Have All the Natives Gone?" in *Writing Diaspora: Tactics of Intervention in Contemporary Cultural Studies* (Bloomington: Indiana University Press, 1993), pp. 27-54.

——. *Primitive Passions: Visuality, Sexuality, Ethnography, and Contemporary Chinese Cinema* (New York: Columbia University Press, 1995).

——. "The Dream of a Butterfly," in *Ethics after Idealism: Theory, Culture, Ethnicity, Reading* (Bloomington: Indiana University Press, 1998), pp. 74-97.

Cochran, Sherman Gilbert. *Big Business in China: Sino-foreign Rivalry in the Cigarete Industry, 1890-1930* (Cambridge, Mass.: Harvard University Press, 1980).

Comaroff, John and Jean Comaroff. *Of Revelation and Revolution: Christianity, Colonialism, and Consciousness in South Africa* (Chicago: University of Chicago Press, 1991).

Crary, Jonathan. *Techniques of the Observer: On Vision and Modernity in the Nineteenth Century* (Cambridge, Mass.: MIT Press, 1990).

Darrah, William C. *Cartes de Visite in Nin[e]teenth Century Photography* (Gettysburg, Pa.: W. C. Darrah, 1981).

De Man, Paul. *The Resistance to Theory* (Minneapolis: University of Minnesota Press, 1986).

Dean, Kenneth and Brian Massumi. *First & Last Emperors: The Absolute States and the Body of the Despot* (Brooklyn, N. Y.: Autonomedia, 1992).

Deleuze, Gilles. *Bergsonism*. Trans. Hugh Tomlinson and Barbara Habberjam (New York: Zone Books, 1988).

——. *Difference and Repetition*. Trans. Paul Patton (New York: Columbia University Press, 1994).

Derrida, Jacques. *Archive Fever: A Freudian Impression*. Trans. Eric Prenowitz (Chicago: University of Chicago Press, 1996).

Dougherry, Andrew J. ed. *Japan 2000*. Prepared by the Rochester Institute of Technology, February 1991.

Drobisch, Klaus and Günter Wieland. *System der NS-Konzentrations-lager 1933-39* (Berlin: Akademie Verlag, 1993).

Du Bois, W. E. B. *Darkwater: Voices from Within the Veil* (Mineola, N. Y.:Dover Publications, 1999).

Duus, Peter. "Zaikabô: Japanese Cotton Mills in China, 1895-1937," in *The Japanese Informal Empire in China, 1895-1937*. Ed. Peter Duus, Ramon H. Myers and Mark R. Peattie (Princeton, N. J.: Princeton University Press, 1989), pp. 314-29.

Evans, Dylan. *An Introductory Dictionary of Lacanian Psychoanalysis* (London & New York: Routledge, 1997/2001).

Evans, Jessica and Stuart Hall ed. *Visual Culture: The Reader* (London, Thousand Oaks, New Delhi: SAGE Publications, 1999).

Fabian, Johannes. *Time and the Other: How Anthropology makes its Object* (New York: Columbia University Press, 1983).

Fenichel, Otto. "The Scoptophilic Instinct and Identification," in *Visual Culture: The Reader*. Ed. Jessica Evans and Stuart Hall (London, Thousand Oaks, New Delhi: SAGE Publications, 1999), pp. 327-39.

Forgasc, David ed. *The Gramsci Reader: Selected Writings, 1916-1935* (New York: New York University Press, 2000).

Foucault, Michel. *The Order of Things: An Archaeology of the Human Sciences* (New York: Vintage Books, 1973).

——. *The History of Sexuality, Vol. I: An Introduction* (New York: Vintage Books, 1990).

——. *Il faut défendre la société: Cours au Collège de France, 1975-1976.* (Paris:

Gallimard/Seuil, 1997).

Freud, Sigmund (1905). *Jokes and Their Relation to the Unconscious* (New York: W. W. Norton, 1960).

—— (1919). "The 'Uncanny'," in *The Standard Edition of the Complete Psychological Works of Sigmund Frued*. Vol. XVII. Trans. from the German under the general editoryship of James Strachey, in collaboration with Anna Freud, assited by Alix Strachey and Alan Tyson) (London: Hogarth Press and the Institute of Psycho-Analysis, 1955), pp. 217-52.

—— (1915). "Instincts and their Vicissitudes," in *The Standard Edition of the Complete Psychological Works of Sigmund Frued*. Vol. XIV. Trans. from the German under the general editoryship of James Strachey, in collaboration with Anna Freud, assited by Alix Strachey and Alan Tyson) (London: Hogarth Press and the Institute of Psycho-Analysis, 1957), pp. 111-40.

—— (1919). "The 'Uncanny'," in *On Creativity and the Unconscious: Papers on the Psychology of Art, Literature, Love, Religion*. Trans. Alix Strachey. Ed. Benjamin Nelson (New York: Harper and Row, 1958), pp. 122-61.

—— (1921). "Group Psychology and the Analysis of the Ego," in *The Standard Edition of the Complete Psychological Works of Sigmund Frued*. Vol. XVIII. Trans. from the German under the general editoryship of James Strachey, in collaboration with Anna Freud, assited by Alix Strachey and Alan Tyson) (London: Hogarth Press and the Institute of Psycho-Analysis, 1961), pp. 67-143.

—— (1923). "The Ego and the Id," in *The Standard Edition of the Complete Psychological Works of Sigmund Frued*. Vol. XIX. Trans. from the German under the general editoryship of James Strachey, in collaboration with Anna Freud, assited by Alix Strachey and Alan Tyson) (London: Hogarth Press and the Institute of Psycho-Analysis, 1961), pp. 3-66.

Galton, Francis. *Inquiries into Human Faculty and Its Development* (London: Macmillan, 1883).

Gellner, Ernest. *Nations and Nationalism* (Oxford: Basic Blackwell, 1983).

Gibbons, Luke. "Guests of the Nation: Ireland, Immigration, and Post-Colonial

Solidarity," *Traces 2: "Race" Panic and the Memory of Migration*. Ed. Meaghan Morris and Brett de Bary (Hong Kong: Hong Kong University Press, 2001), pp. 79-102.

GoGwilt, Christopher. *The Invention of the West: Joseph Conrad and the Double-Mapping of Europe and Empire* (Stanford, Calif.: Stanford University Press, 1995).

Gordon, Avery. "Distractions," in *Ghostly Matters: Haunting and the Sociological Imagination* (Minneapolis: University of Minnesota Press, 1996), pp. 31-62.

Gramsci, Antonio. *Selections from Prison Notebooks*. Trans. Quintin Hoarse and Geoffrey Nowell Smith (New York: International Publishers, 1971).

Gunning, Tom. "An Aesthetic of Astonishment: Early Film and the (In) Credulous Spectator," *Art and Text* 34 (Spring 1989): 818-32.

Hall, Catherine. "Missionary Stories: Gender and Ethnicity in England," in *Cultural Studies*. Ed. Lawrence Grossberg, Cary Nelson and Paula A. Treichler (New York; London: Routledge, 1992), pp. 240-76.

Hall, Stuart. "The West and the Rest: Discourse and Power," in *Modernity*. Ed. Stuart Hall, David Held, Don Hubert and Kenneth Thompson (Oxford, U. K.; Cambridge, Mass.: Basic Blackwell, 1996), pp. 184-227.

Hobsbawm, Eric. *The Age of Capital 1848-1875* (London: Weidenfeld @ Nicolson, 1975).

——. *The Age of Empire 1875-1914* (London: Weidenfeld @ Nicolson, 1987).

Hooper-Greenhill, Eilean. *Museums and the Interpretation of Visual Culture* (London; New York: Routledge, 2001).

Jameson, Fredric. *The Political Unconscious: Narrative as a Socially Symbolic Act* (Ithaca, New york: Cornell University Press, 1981).

—— "Third World Literature in the Era of Multinational Capitalism," *Social Text* 15 (Fall 1986): 65-88.

——. *The Seeds of Time* (New York: Columbia University Press, 1994).

——. *The Culture of Globalization* (Durham, N. C.: Duke University Press, 1998).

Jay, Martin. *Downcast Eyes: The Denigration of Vision in Twentieth-Century French Thought* (Berkeley: University of California Press, 1993).

Jenks, Chris ed. *Visual Culture* (New York: Routledge, 1995).

Kraniauskas, John. "Beware Mexican Ruins! 'One-Way Street' and the Colonial Unconscious," in *Walter Benjamin's Philosophy: Destruction and Experience*. Ed. Andrew Benjamin and Peter Osborne (London; New York: Routledge, 1994), pp. 139-54.

Krauss, Rosalind. "Photography's Discursive Spaces," in *Visual Culture: The Reader*. Ed. Jessica Evans and Stuart Hall (London, Thousand Oaks, New Delhi: SAGE Publications, 1999), pp. 193-210.

Kristeva, Julia. " A New Type of Intellectual: The Dissident," in *The Kristeva Reader*. Ed. Toril Moi (New York: Columbia University Press, 1986), pp. 292-300.

Lacan, Jacques. "The Mirror Stage as Formative of the Function of the I," in *Écrits: A Selection*. Trans. Alan Sheridan (New York: W. W. Norton, 1977), pp. 1-7.

——. "Of the Gaze as Objet Petit a," in *The Four Fundamental Concepts of Psycho-Analysis*. Ed. Jacques-Alain Miller. Trans. Alain Sheridan (New York; London: W. W. Norton, 1978), pp. 67-122.

Laclau, Ernesto. "New Reflections on the Revolution of Our Time," in *New Reflections on the Revolution of Our Time* (London; New York: Verso, 1990), pp. 3-85.

—— and Chantal Mouffe. *Hegemony and Socialist Strategy: Towards A Radical Democratic Politics*. Trans. Winston Moore, Paul Cammack (London; New York: Verso, 1985).

Lacoue-Labarthe, Philippe. *Heidegger, Art and Politics: The Fiction of the Political*. Trans. Chris Turner (Oxford, U. K.; Cambridge, Mass.: Basic Blackwell, 1990).

Lennox, Charlotte. *The Female Quixote, or, The Adventures of Arabella*. Ed. Margaret Dalziel (Oxford; New York: Oxford University Press, 1989).

Lévi-Strauss, Claude. *The Savage Mind* (Chicago: University of Chicago Press, 1966).

Lévinas, Emmanuel. *Collected Philosophical Papers*. Trans. Alphonso Lingis (Pittsburgh, Pa.: Duquesne University Press, 1998).

Locke, John. *An Essay Concerning Human Understanding*. Ed. Peter H. Nidditch (Oxford: Clarendon Press, 1979).

Lowe, Lisa. *Immigrant Acts: On Asian American Cultural Politics* (Durham, N. C.: Duke

University Press, 1996).

Mao Dun (茅盾). *Rainbow* (《虹》). Trans. Madeleine Zelin (Berkeley: University of California Press, 1992).

Margalit, Avishai. *The Decent Society*. Trans. Naomi Goldblum (Cambridge; London: Harvard University Press, 1996).

Maruyama, Masao (丸山真男). *Thought and Behaviour in Modern Japanese Politics*. Ed. Ivan Morris (London: Oxford of University Press, 1963).

Marx, Karl. "The Fetishism of the Commodity and Its Secret," in *Capital: A Critique of Political Economy*. Vol. 1. Trans. Ben Fowkes (New York: Penguin Books, 1990), pp. 163-78.

McCauley, Elizabeth Anne. *A. A. E. Disdéri and the Carte de Visite Portrait Photograph* (New Haven: Yale University Press, 1985).

Memmi, Albert. *Dominated Man: Notes Toward a Portrait* (Boston: Beacon Press, 1971).

———. *The Colonizer and the Colonized*. Trans. Howard Greenfeld (Boston: Beacon Press, 1991).

Mill, John Stuart. "Coleridge," in *Utilitarianism and Other Essays*. Ed. Alan Ryan (London; New York: Penguin Books, 1987).

Mirzoeff, Nicholas ed. *The Visual Culture Reader* (London; New York: Routledge, 1998).

Mitchell, Timothy. "Orientalism and the Exhibitionary Order," in *Colonialism and Culture*. Ed. Nicholas B. Dirks (Ann Arbor: University of Michigan Press, 1992), pp. 289-317.

Mitchell, W. J. Thomas. *Picture Theory: Essays on Verbal and Visual Representation* (Chicago; London: University of Chicago Press, 1994).

Mohanty, Chandra Talpade. "Under Western Eyes: Feminism Scholarship and Colonial Discourses," *Boundary 2* 12-3 (Spring 1984); 13.1 (Fall 1984). Cited by Robert J. C. Young. *White Mythologies: Writing History and the West* (London; New York: Routledge, 1990), p. 162.

Mudimbe, V. Y. *The Invention of Africa: Gnosis, Philosophy, and the Order of Knowledge* (Bloomington: Indiana University Press, 1988).

Nancy, Jean-Luc. "Literary Communism," in *The Inoperative Community*. Trans. Peter Connor, Lisa Garbus, Michael Holland and Simona Sawhney (Minneapolis: University of Minnesota Press, 1991), pp. 71-81.

Ng, Fae Myenne. *Bone* (New York: Hyperion, 1993).

Nichols, John. "Introduction," in *General Index to the* Gentleman's Magazine *from 1787-1818*. Vol. 3, Pt. 1 (London: Printed for John Nichols and Son, ...and J. Harris and Son, 1818).

Niranjana, Tejaswini. *Siting Translation: History, Post-Structuralism, and the Colonial Context* (Berkeley: University of California Press, 1992).

Okada, John (岡田約翰). *No-No Boy* (Seattle: University of Washington Press, 1979).

Pickering, Michael. *Stereotyping: The Politics of Representation* (New York: Palgrave, 2001).

Poe, Edgar Allan. "The Man of the Crowd," in *The Fall of the House of Usher and Other Writings: Poems, Tales, Essays, and Reviews*. Ed. David Galloway (New York: Penguin Books, 1986), pp. 179-88.

Pratt, Mary Louise. *Imperial Eyes: Travel Writing and Transculturation* (London; New York: Routledge, 1992).

Rancière, Jacques. *The Politics of Aesthetics: The Distribution of the Sensible*. Trans. Gabriel Rockhill (London; New York: Continuum, 2004).

Raz, Joseph. *Ethics in the Public Domain: Essays in the Morality of Law and Politics* (Oxford: Clarendon Press, 2001).

Richards, Thomas. *The Imperial Archive: Knowledge and the Fantasy of Empire* (London: Verso, 1993).

Ricoeur, Paul. "The Aporetics of Temporality," Section 1 in *Time and Narrative*. Vol. 3. Trans. Katheleen Blamey and David Pellauer (Chicago; London: The University of Chicago Press, 1985), pp. 11-96.

Rushdie, Salman. *The Satanic Verses* (New York: Viking, 1988).

Said, Edward W. "Opponents, Audiences, Constituencies and Community," in *Postmodern Culture*. Ed. Hal Foster (London: Pluto Press, 1983), pp. 133-59.

——. *The World, The Text and The Critic* (Cambridge, Mass.: Harvard University Press,

1983).

——. *After the Last Sky: Palestinian Lives* (London: Faber, 1986).

——. *Reflections on Exile and Other Essays* (Cambridge, Mass.: Harvard University Press, 2000).

——. *Power, Politics, and Culture: Interviews with Edward W. Said.* Ed. and intro. Gauri Viswanathan (New York: Pantheon, 2001).

Sakai, Naoki (酒井直樹). "Imperial Nationalism and the Law of Singularity: On Specific Identity and Cultural Difference," *Tamkang Review* 26.1-2 (Autumn-Winter, 1995) : 77-120.

——. "Introduction," in *Translation and Subjectivity: On "Japan" and Cultural Nationalism* (Minneapolis: University of Minnesota Press, 1997), pp. 1-17.

——. "Return to the East, Return to the West: Watsuji Tetsurô's Anthropology and Discussions of Authenticity," in *Translation and Subjectivity: On "Japan" and Cultural Nationalism* (Minneapolis: University of Minnesota Press, 1997), pp. 72-116.

——. "The Problem of 'Japanese Thought': The Formation of 'Japan' and the Schema of Configuration," in *Translation and Subjectivity: On "Japan" and Cultural Nationalism* (Minneapolis: University of Minnesota Press, 1997), pp. 40-71.

——. "Subject and Substratum: On Japanese Imperial Nationalism," *Cultural Studies* 14.3-4 (July 2000): 462-530.

——. "'You Asians': On the Historical Role of the West and Asia Binary," *The South Atlantic Quarterly* 99.4 (Fall 2000): 789-817.

Schaaf, Larry J. *Out of the Shadows: Herschel, Talbot and the Invention of Photography* (New Haven: Yale University Press, 1992).

Sedgwick, Eve Kosofsky. *Between Men: English Literature and Male Homosocial Desire* (New York: Columbia University Press, 1985).

Sekula, Allan. "The Body and the Archive," *October* 39 (Winter 1986): 3-64.

Sen, Amartya Kumar. *Inequality Reexamined* (Cambridge, Mass.: Harvard University Press, 1995).

Shklovsky, Victor. *Theory of Prose*. Trans. Benjamin Sher (Elmwood Park, IL.: Dalkey

Archive Press, 1990).

Silverman, Kaja. *The Threshold of the Visible World* (New York: Routledge, 1996).

Solomon-Godeau, Abigail. *Photography at the Dock: Essays on Photographic History, Institutions, and Practices* (Minneapolis: University of Minnesota Press, 1991).

Solomon, Jon D. "China and the 'Discourse of National Spirit': Towards a Politics of Dislocation," Ph. D. Diss. (Ithaca: Cornell University, 1997).

——. "Taiwan Incorporated: A Survey of Biopolitics in the Sovereign Politics Pacific Theater of Operation," in *Traces 3: Impacts of Modernities*. Ed. Thomas Lamarre and Nae-hui Kang (Hong Kong: Hong Kong University Press, 2004), pp. 229-54.

Sontag, Susan. *On Photography* (New York: Delta, 1973).

Stanley, Sir Henri M. *Through the Dark Continent: Or, The Sources of the Nile around the Great Lakes of Equatorial Africa, and down the Livingstone River to the Atlantic Ocean* (New York: Harper, 1878).

Stevenson, Robert Louis. *Strange Case of Dr. Jekyll and Mr. Hyde: An Authoritative Text, Backgrounds and Contexts, Performance Adaptations, Critism*. Ed. Katherine Linehan (New York: W. W. Norton, 2003).

Stoker, Bram. *Dracula* (New York: Penguin Books, 1993).

Sturken, Marita and Lisa Cartwright. *Practices of Looking: An Introduction to Visual Culture* (Oxford; New York: Oxford University Press, 2001).

Suleri, Sara. *The Rhetoric of English India* (Chicago: University of Chicago Press, 1992).

Sunstein, Cass R. *Legal Reasoning and Political Conflict* (Oxford; New York: Oxford University Press, 1996).

——. *One Case at A Time: Judicial Minimalism on the Supreme Court* (Cambridge, Mass.: Harvard University Press, 1999).

Tagg, John. *The Burden of Representation: Essays on Photographies and Histories* (Amherst: University of Massachusetts Press, 1988).

Talbot, William Henry Fox. "A Brief Historical Sketch of the Invention of the Art," in *Classic Essays on Photography*. Ed. Alan Trachtenberg (New Haven, Conn.: Leete's Island Books, 1980), pp. 27-36.

Tchen, John Kuo Wei ed. *Genthe's Photographs of San Francisco's Old Chinatown*.

Photographs by Arnold Genthe, selection and text by John Kuo Wei Tchen (New York: Dover, 1984).

Trachtenberg, Alan ed. *Classic Essays on Photography* (New Haven, Conn.: Leete's Island Books, 1980).

Wang, Wayne (王穎). *Chan Is Missing: A Film by Wayne Wang.* With intro. and screen notes by Diane Mei Lin Mark (Honolulu: Bamboo Ridge Press, 1984).

Watanabe, Morio. "Image Projection at War: Construction and Deconstruction of the DOMUS through Films on World War II in the U. S. and Japan," Ph. D. Diss. (Madison, Wi.: University of Wisconsin-Madison, 1992).

Wolfe, Alan. *Suicidal Narrative in Modern Japan: The Case of Dazai Osamu* (Princeton, N. J.: Princeton University Press, 1990).

Wolferen, Karel Van. *The Enigma of Japanese Power: People and Politics in a Stateless Nation* (New York: Vintage Books, 1990).

Woolf, Virginia. *Mr. Bennet and Mrs. Brown* (London: Hogarth Press, 1928).

Young, Robert J. C. *White Mythologies: Writing History and the West* (London; New York: Routledge, 1990).

Žižek Slavoj. *The Sublime Object of Ideology* (London; New York: Verso, 1989).

二、日文部分

Chen, Wanyi (陳萬益). "Yume to genjitsu," ("Dream and Reality") (〈夢與現實〉) in *Yomigaeru Taiwan Bungaku: Nihon tōchiki no sakka to sakuhin (Resurrecting Taiwan Literature: Writers and Works of the Period of Japanese Rule)* (《復蘇的台灣文學》). Ed. Shimomura Sakujirö (下村作次郎), Nakajima Toshiro (中島利郎), Fujii Shôzô (藤井省三) and Yincuo Huang (黃英哲) (Tokyo: Tôhô Shoten, 1995), pp. 389-406.

Chin, Kasen (陳火泉). "Michi," (〈道路〉) *Bungei Taiwan* 6.3 (July 1943): 87-142.

Chô, Bunkan (張文環). "Iyatumu ge," (〈閹雞〉) *Taiwan Bungaku* 2.3 (1942) : 63-102.

Hamada, Hayao (浜田隼雄). "'Michi' ni tsuite," *Bungei Taiwan* (June 1943): 142.

Higuchi, Yûichi (樋口雄一). *Kôgunheishi ni sareta chôsenjin* (*Koreans who were turned into Japanese Imperial soldiers*) (Tokyo: Shakai Hyôron-sha, 1991).

Hirota, Masaki (廣田昌希). "Epilogue," in *Sabetsu no shoso* (《差別的諸相》) (Tokyo: Iwanami Shoten, 1990), pp. 436-516.

Itô, Jinsai (伊藤仁齋). "Gomôjigi," (〈論語孟子字義〉) in *Nihon Shisô-taikei*《日本思想大系》. Vol. 33 (Tokyo: Iwnami Shoten, 1971). pp. 11-168.

Kamei, Hideo (龜井秀雄). *Shintai, kono fushiginaru mono* (Tokyo: Renga Shobô Shinsha, 1984).

Kang, Duk-sang (姜德相). *Chôsenjin gakuto shutsujin: Mô hitotsu no wadatsum no koe* (*Korean Volunteer Student Soldiers*) (Tokyo: Iwanami Shoten, 1997).

Kang, Sangjung (姜尚中). "Shôwa no shûen to gendai nihon no shinshô chiri = rekishi-kyokashu no naka no chôsen wo chûshin to shite," *Shisô* (《思想》) 773 (November 1988): 78-89.

Kitaro, Nishida (西田幾多郎)(1933). "Keijijôgaku josetsu," ("Introduction to metaphysics") in *Nishida Kitarô Zenshû*. Vol. 7 (Tokyo: Iwanami Shoten, 1965), pp. 5-84.

——. *Nishida Kitarô Zenshû*. Vol. 6 (Tokyo: Iwanami Shoten, 1965).

Komagome, Takeshi (駒烯武). *Shokuminchi teikoku nihon no bunka tôgô* (*Cultural Integration in the Japanese Colonial Empire*) (Tokyo: Iwanami Shoten, 1996).

Komori, Yô'ichi (小森陽一). "Higashi kara Nishi e, Nishi kara Higashi e," ("Japanese Literature in Oscillation") in 〈 *Yuragi* 〉 *no Nihon bungaku* (Tokyo: Nihon Hôsô Shuppan Kyōkai, 1998), pp. 170-98.

Lin, Jingming (林景明). *Nihon tôchika Taiwan no "kôminka" kyôiku: Watakushi wa 15-sai de "gakutohei" to natta / Rin Keimei cho* (Tokyo: Kôbunken, 1997).

Maeda, Ai (前田愛). "Shanghai 1925," in *Toshikûkan no naka no bungaku* (Tokyo: Chikuma Shobô, 1982), pp. 365-401.

Ministry of Commerce and Industry. *Daitôa Kensetsu-ron* (*On the Construction of the Greater East Asia*) (《大東亞建設論》) (Tokyo: Shôkô Gyôseisha, 1943).

Miyata, Setsuko (宮田節子). *Chôsen minshû to kôminka-seisaku* (*The Korean Masses and*

Imperialization Policies) (《朝鮮民眾與皇民化政策》) (Tokyo: Miraisha, 1985).

Mori, Yoshio (森宣雄). *Taiwan/nihon-rensasuru koroniarizumu* (《台灣／日本：連鎖的殖民地主義》) (Tokyo: Inpakuto Shuppankai, 2001).

Nishikawa, Mitsuru (西川滿). "Shôsetsu 'Michi' ni tsui," *Bungei Taiwan* (June 1943): 142.

Osamu, Nishitani (西谷修). Translator's Postface II for Pierre Legendre's *Le Crime du caporal Lortie* (Kyoto: Jinmon Shoin, 1998).

—— and Naoki Sakai (酒井直樹). *Sekaishi no kaitai* (*Deconstruction of World History*) (《世界史的解體》) (Tokyo: Ibunsha, 1999).

Ô Shôyu (Wang, Changxiong) (王昶雄). "Honryû," ("Torrent") (〈奔流〉). Reprint in *Gaichi no nihongo bungaku sen* (《外地的日本語文學選》). Vol. 1. Ed. Kurokawa Sou (黑川創) (Tokyo: Shinjuku shobo, 1996), pp. 220-50.

Sakai, Naoki (酒井直樹). "Hutatsu no hitei: *No-No-Boy* wo yomu," ("Two Negations: A Reading of No-No-Boy") (〈兩個否定——閱讀《不不男孩》〉) in *Shisô no Kagaku* (《思想的科學》) 125 (1990): 114-26; Reprinted in *Shisan sareru Nigongo-Nigonjin* (*The Stillbirth of the Japanese*) (Tokyo: Shinyô-sha, 1996), pp. 99-126.

——. "Nihonjin dearu koto: Taminzoku kokka ni okeru kokumin shutai no kôchiku no mondai to tanabe hajime no 'shu no ronri'," ("Being Japanese: The Problem of the Construction of National Subject in An Multi-Ethnic State and Tanabe Hajime's 'Logic of the Species' ") (〈身為日本人——多民族國家的國民主體問題以及田辺元 [Tanabe Hajime]「種的邏輯」〉) *Shisô* (《思想》) 882 (1997): 5-48.

——. "Tagengoshugi to tasûsei," (〈多元語言主義和複數性〉) in *Tagengoshuigi to wa nani ka* (《什麼叫作多元語言主義？》). Ed. Nobutaka Miura (三浦信孝) (Tokyo: Fujiwara, 1997), pp. 228-45.

Shimomura, Sakujirö (下村作次郎), Nakajima Toshiro (中島利郎), Fujii Shôzô (藤井省三) and Yincuo Huang (黃英哲) ed. *Yomigaeru Taiwan Bungaku: Nihon tôchiki no sakka to sakuhin* (*Resurrecting Taiwan Literature: Writers and Works of the Period of Japanese Rule*) (《復蘇的台灣文學》) (Tokyo: Tôhô Shoten, 1995).

Takamura, Naosuke (高村直助). *Kindai Nihon mengyô to chûgoku* (Tokyo: Tokyo Daigaku Shuppankai, 1982).

Tanabe, Hajime (田辺元). *Shu no ronri no benshôhô* (*The Logic of the Species as Dialectics*) (《種之邏輯》) (Ôsaka-shi: Akitaya, Shōwa, 1947).

——. "Shi sei," ("Death and life") (〈死與生〉) in *Tanabe Hajime Zenshû*. Vol. 8 (Tokyo, Chikuma shobô, 1963), pp. 243-62.

Tarumi, Chie (垂水千惠). *Taiwan no Nihongo bungaku: Nihon tōchi jidai no sakkatachi* (《台灣的日本語文學》) (Tokyo: Goryū Shoin, 1995).

Tokieda, Motoki (時枝誠記). *Kokugogaku genron: Gengo Kateisetsu no Seiritsu to sono tenkai* (Tokyo: Iwanami Shoten, 1941).

Tonoki, Kei'ichi (殿木圭一). *Shanghai* (《上海》) (Tokyo: Iwanami Shoten, 1942).

Watsuji, Tetsurô (和辻哲郎). *Climate and Culture: A Philosophical Study* (《風土》). Trans. Geoffrey Bownas (Tokyo: Japanese Ministry of education, 1961).

——. *Watsuji Tetsurô Zenshû* (《和辻哲郎全集》). Vol. 1. (Tokyo: Iwanami Shoten, 1962).

——. "Gendai nihon to chônin konjû," (〈現代日本與町人根性〉) in *Watsuji Tetsurô Zenshû* (《和辻哲郎全集》). Vol. 4. (Tokyo: Iwanami Shoten, 1962), pp. 273-551.

——. *Watsuji Tetsurô Zenshû* (《和辻哲郎全集》). Vol. 8. (Tokyo: Iwanami Shoten, 1962).

——. Preface to the *Climate and Culture: A Philosophical Study* (《風土》). *Watsuji Tetsurô Zenshû* (《和辻哲郎全集》). Vol. 8. (Tokyo: Iwanami Shoten, 1962), pp. 1-3.

——. *Rinrigaku (jô)*. *Watsuji Tetsurô Zenshû* (《和辻哲郎全集》). Vol. 10 (Tokyo: Iwanami Shoten, 1962).

——. *Ethics (II) (Rinrigaku[chû])*. *Watsuji Tetsurô Zenshû* (《和辻哲郎全集》). Vol. 11 (Tokyo: Iwanami Shoten, 1962), pp. 421-42.

——. "Amerika no kokuminsei," (〈美國的民族性〉) in *Watsuji Tetsurô Zenshû* (《和辻哲郎全集》). Vol. 17. (Tokyo: Iwanami Shoten, 1963), pp. 451-81.

——. *Kokoku no tsuma e* (*To my wife in my home country*) (Tokyo: Kadokawa Shoten,

1965).

Williams, Bernard Arthur Owen. *Ethics and the Limits of Philosophy* (Cambridge, Mass.: Harvard University Press: 1985).

Yonetani, Masafumi (米谷匡史). "Watsuji rinrigaku to jûgo nen sensôki no nihon," ("Watsuji's *Ethics* and Japan during the Fifteen-Year War") *Jôkyô* (September 1992).

三、中文部分

1.

方孝謙，〈日據後期本島人的兩極認同——庶民小說與知青文本的分析〉，《台灣社會研究季刊》第42期（2001年6月），頁183-228。

王小慧，《我的視覺日記：旅德生活十五年》（台北：正中，2002）。

張瑞德，〈想像中國——倫敦所見古董明信片圖像分析〉，收入張啟雄主編，《二十世紀的中國與世界》（台北：中央研究院近代史研究所，2001），頁805-30。

張炎憲演講內容，〈台灣近代國家的形成〉，收入吳密察、張炎憲等著，劉華真編，《建立台灣的國民國家》（台北：前衛，1993），頁39-54。

陳映真，〈精神的荒廢——張良澤皇民文學論的批評〉，收入曾建民主編，《清理與批判》（台北：人間，1998），頁5-19。

單德興，《銘刻與再現：華裔美國文學與文化論集》（台北：麥田，2000）。

───，〈空間・族裔・認同——論王穎的《尋人》〉，《歐美研究》33卷2期（2003年6月），頁373-408。

廖炳惠主編，《回顧現代文化想像》（台北：時報文化，1995）。

蘇哲安，〈日本・理論與世界〉，《當代》第97期（1994年5月1日），頁32-61。

───，〈日本・理論與世界——脫軌的介紹酒井直樹〉，收入廖炳惠主編，《回顧現代文化想像》（台北：時報文化，1995），頁174-200。

2.

巴特，羅蘭（Barthes, Roland）著，許薔薔、許綺玲譯，《神話學》（*Mythologies*）（台北：桂冠，1997）。

王昶雄著，林鍾隆譯，〈奔流〉，收入鍾肇政、葉石濤主編，《闇雞》（台北：遠景，1979）。

—— 著，鍾肇政譯，〈奔流〉，收入施淑編，《日據時代台灣小說選》（台北：前衛，1992）。

—— 著、校訂，林鍾隆譯，〈奔流〉，收入《翁鬧、巫永福、王昶雄合集》（台北：前衛，1991）。

白瑞梅（Amie Parry）著，陳婷譯，〈從她鄉到酷兒鄉——女性主義烏托邦渴望中的同性情慾〉，《性／別研究》第3-4期（1998年9月），頁347-56。

尚・拉普朗盧（Jean Laplance）、尚—柏騰・彭大歷斯（Jean-Bertrand Pontalis）著，沈志中、 王文基譯，《精神分析辭彙》（*Vocabulaire de la Psychanalyse*）（台北：行人，2000）。

法農，弗朗茲（Fanon, Frantz）著，陳瑞樺譯，《黑皮膚，白面具》（*Peau Noire, Masques Blancs*）（台北：心靈工坊，2005）。

垂水千惠（Tarumi, Chie）著，涂翠花譯，《台灣的日本語文學》（台北：前衛，1998）。

傅柯（Foucault, Michel）著，劉北成、楊遠嬰譯，《規訓與懲罰：監獄的誕生》（*Discipline and Punish: The Birth of Prison*）（台北：桂冠，1992）。

—— 著，劉絮愷譯，《臨床醫學的誕生》（*Naissance de la Clinique*）（台北：時報文化，1994）。

黑格爾（Hegel, G. W. F.）著，賀麟譯，《精神現象學》（*The Phenomenology of Mind*）上卷（北京：商務，1979），頁51-153。

福柯，米歇爾（Foucault, G. W. F.）著，錢翰譯，《必須保衛社會》（*Il faut défendre la socieéteé: Cours au Colleège de France, 1975-1976*）（上海：上海人民，2000）。

霍爾（Hall, Stuart）、陳光興合著，唐維敏譯，《文化研究：霍爾訪談錄》（台北：元尊文化，1998）。

作者簡介（依本書篇章順序排列）

劉紀蕙

輔仁大學英語系畢業，美國伊利諾大學比較文學博士。曾任輔仁大學英文系主任、比較文學研究所所長，國立交通大學社會與文化研究所所長，文化研究學會理事長。現職國立交通大學社會與文化研究所教授、新興文化研究中心主任。主要研究領域：文化研究、台灣文學、現代主義與現代性、精神分析與文化理論、跨藝術研究。著有《文學與藝術八論：互文‧對位‧文化詮釋》、《孤兒‧女神‧負面書寫：文化符號的徵狀式閱讀》、《文學與電影：影像‧真實‧文化批評》、《心的變異：現代性的精神形式》。

南西‧阿姆斯壯（Nancy Armstrong）

美國威斯康辛大學博士。曾任耶魯大學、加州大學聖地牙哥分校訪問教授，現任美國布朗大學英美文學系教授。專長領域：英美小說、小說與攝影、現代文化與媒體、性別研究。主要著作有 *Fiction in the Age of Photography: The Legacy of British Realism, The Imaginary Puritan: Literature, Intellectual Labor, and the Origins of Personal Life, Desire and Domestic Fiction: A Political History of the Novel*。

白瑞梅（Amie Parry）

美國加州大學聖地牙哥分校文學博士。現任國立中央大學英美語文學系副教授。專長領域：性別研究、比較文學、美國文學、中國文學、現代性。著有 *Poetry from the Other Side of the Empty Screen: Interventions into Modernist Cultures*（即將出版）。

單德興

國立台灣大學外國語文學研究所比較文學博士。曾任美國加州大學爾灣校區、哈佛大學、英國伯明翰大學、紐約大學訪問學人。現任中央研究院歐美研究所研究員。研究領域：華美文學、文化研究、翻譯研究、比較文學。著有《銘刻與再現：華裔美國文學與文化論集》、《對話與交流：當代中外作家、批評家訪談錄》、《反動與重演：美國文學史與文化批評》。譯有《知識分子論》、《文學心路：英美名家訪談錄》、《禪的智慧》、《格理弗遊記》、《權力，政治與文化：薩依德訪談集》等。編有《第三屆美國文學與思想研討會論文選集：文學篇》等。

荷米・巴巴（Homi K. Bhabha）

1949 年出生於印度，英國牛津大學碩士、博士。曾任美國芝加哥大學教授、英國薩塞克斯大學教授，現任美國哈佛大學英美語文學系講座教授，為當代後殖民理論之執牛耳者，享譽國際。專長領域：後殖民理論、文化研究、多元文化論述。著有 *The Location of Culture*，*Nation and Narration*。

廖炳惠

美國加州大學聖地牙哥分校文學博士。現任國立清華大學外國語文學系教授。專長領域：現代主義、比較詩學、文化符號學、相關藝

術。著有《吃的後現代》、《關鍵詞200：文學與批評研究的通用辭彙編》、《另類現代情》、《回顧現代文化想像》、《回顧現代：後現代與後殖民論文集》、《里柯》、《形式與意識型態》、《解構批評論集》等。

邱貴芬

美國西雅圖華盛頓大學比較文學博士。曾任國立中興大學外國語文學系教授、中華民國比較文學會會長、英國劍橋大學訪問學人等。現任國立清華大學台灣文學研究所教授。專長領域為台灣當代小說、女性主義理論、文學理論、紀錄片研究。著有《仲介台灣·女人：後殖民女性觀點的台灣閱讀》、《「（不）同國女人」聒噪：訪談當代台灣女作家》及《後殖民及其外》。編有《日據以來台灣女作家小說選讀》。

廖朝陽

美國普林斯頓大學東亞研究所博士。現任國立台灣大學外國語文學系教授。

酒井直樹（Naoki Sakai）

日本東京大學學士，美國芝加哥大學東亞語言與文明研究所碩士、博士，現任美國康乃爾大學東亞研究與比較文學教授。專長領域：日本思想史、文化理論、比較思想論、文化理論、種族與族群、視覺研究、翻譯研究。著有 *Translation and Subjectivity: On Japan and Cultural Nationalism, Voices of the Past: The Status of Language in Eighteenth-Century Japanese Discourse*。

陳奕麟

美國芝加哥大學博士。現任中央研究院民族研究所研究員。專長領域：文化研究、社會理論、歷史變遷、論述實踐。著有 *Unstructuring Chinese Society: The Fictions of Colonial Practice and the Changing Realities of 'Land' in the New Territories of Hong Kong*。合編有 *Refashioning Pop Music in Asia: Cosmopolitan Flows, Political Tempos and Aesthetic Industries* 等。

蘇哲安（Jon D. Solomon）

美國康乃爾大學哲學博士。現任淡江大學未來學研究所助理教授。專長領域：歐陸哲學、生命政治、翻譯理論。譯有《解構共同體》。

譯者簡介 (依本書篇章順序排列)

馮品佳

美國威斯康辛大學麥迪遜校區英美文學博士。曾任國立交通大學外國語文學系主任、研發處學術交流與國際合作組組長。現任國立交通大學教務長、外國語文學系暨語言與文化研究所教授、中華民國比較文學學會理會長。

吳雅鳳

英國格拉斯哥大學英文所博士。現任國立台灣大學外國語文學系副教授。

李秀娟

美國密西根大學英美文學博士。現任國立台灣師範大學英語學系副教授。

葉德宣

國立中央大學英美語文研究所畢業。美國約翰霍普金斯大學英文系博士候選人。

郭家珍

國立中央大學英美語文研究所畢業。

蘇子中

美國西雅圖華盛頓大學比較文學博士。現任國立台灣師範大學英語學系教授。專長領域：戲劇、電影、文學理論與批評。

林志瑋

國立清華大學外國語文學系碩士。

廖咸浩

美國史丹福大學比較文學／亞洲文學博士。曾任國立台灣大學外國語文學系教授。現任台北市政府文化局局長。

代顯梅

北京郵電大學語言學院副教授。

潘昱均

輔仁大學語言學碩士。

朱惠足

日本名古屋大學社會資訊研究所博士。現任國立中興大學台灣文學研究所助理教授。

索引

國家圖書館出版品預行編目資料

文化的視覺系統 I：帝國—亞洲—主體性＝
Visual culture and critical theory. I, Empire, Asia
and the question of the subject／劉紀蕙主編.
－－初版. －－臺北市：麥田出版：家庭傳媒
城邦分公司發行, 2006 [民95]
　　面；　公分. －－（麥田講堂；2）
參考書目：面
含索引
ISBN　978-986-173-090-5（平裝）

1. 文化 － 論文, 講詞等

541.207　　　　　　　　　　　　95009960

城邦文化事業股份有限公司

100台北市中正區信義路二段213號11樓

電話：（02）2351-7776　傳真：（02）2351-9179、2351-6320

發行／英屬蓋曼群島商家庭傳媒股份有限公司城邦分公司

104台北市中山區民生東路二段141號2樓

劃撥帳號：19863813　書虫股份有限公司

RH1102	文本風景：自我與空間的相互定義	鄭毓瑜／著	NT$350
RH1103	成為「日本人」：殖民地臺灣與認同政治	鄭力軒／譯	NT$340
RH1104	中國文學的美感	柯慶明／著	NT$450
RH1105	傅柯考	何乏筆、楊凱麟、龔卓軍／譯	NT$250
RH1106	髒話文化史	嚴　韻／譯	NT$360
RH1107	文與魂與體：論現代中國性	黃錦樹／著	NT$420
RH1108	德勒茲論文學	李育霖／譯	NT$380
RH1109	並行與弔詭：薩依德與巴倫波因對談錄	吳家恆／譯	NT$280

【文史台灣】

RH6001	後殖民及其外	邱貴芬／著	NT$300
RH6002	殖民地摩登：現代性與台灣史觀	陳芳明／著	NT$380
RH6003	展示臺灣：權力、空間與殖民統治的形象表述	呂紹理／著	NT$420
RH6004	後現代與後殖民：解嚴以來台灣小說專論	劉亮雅／著	NT$350
RH6005	芳香的祕教：性別、愛欲、自傳書寫論述	周芬伶／著	即將出版
RH6006	聖與魔：台灣戰後小說的心靈圖像（1950～2006）	周芬伶／著	即將出版
RH6007	「同化」的同床異夢：日治時期臺灣的語言政策、近代化與認同	陳培豐／著	即將出版

【麥田講堂】

RH8001	想像的本邦：現代文學十五論	王德威等／編	NT$380
RH8002	文化的視覺系統 I：帝國—亞洲—主體性	劉紀蕙／主編	NT$420
RH8003	文化的視覺系統 II：日常生活與大眾文化	劉紀蕙／主編	NT$350
RH8004	文化啟蒙與知識生產：跨領域的視野	梅家玲／主編	NT$360

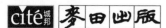

Rye Field Publications
A division of Cité Publishing Ltd.

廣　告　回　函
北區郵政管理局登記證
台北廣字第000791號
免　貼　郵　票

英屬蓋曼群島商
家庭傳媒股份有限公司城邦分公司
104 台北市民生東路二段 141 號 2 樓

▼
請沿虛線折下裝訂，謝謝！

文學・歷史・人文・軍事・生活

讀者回函卡

謝謝您購買我們出版的書。請將讀者回函卡填好寄回,我們將不定期寄上城邦集團最新的出版資訊。

姓名:＿＿＿＿＿＿＿＿＿＿　電子信箱:＿＿＿＿＿＿＿＿＿＿

聯絡地址:□□□ ＿＿＿＿＿＿＿＿＿＿＿＿＿＿＿＿＿＿＿＿

電話:(公)＿＿＿＿＿＿＿ 分機＿＿＿(宅)＿＿＿＿＿＿＿＿

身分證字號:＿＿＿＿＿＿＿＿＿＿＿＿＿＿(此即您的讀者編號)

生日:＿＿＿年＿＿＿月＿＿＿日　性別:□男 □女

職業:□軍警　□公教　□學生　□傳播業　□製造業　□金融業　□資訊業　□銷售業
　　　□其他

教育程度:□碩士及以上　□大學　□專科　□高中　□國中及以下

購買方式:□書店　□郵購　□其他 ＿＿＿＿＿＿＿＿＿＿＿＿＿＿

喜歡閱讀的種類:(可複選)

□文學　□商業　□軍事　□歷史　□旅遊　□藝術　□科學　□推理　□傳記

□生活、勵志　□教育、心理　□其他 ＿＿＿＿＿＿＿＿＿＿＿＿

您從何處得知本書的消息?(可複選)

□書店　□報章雜誌　□廣播　□電視　□書訊　□親友　□其他 ＿＿＿＿

本書優點:(可複選)

□內容符合期待　□文筆流暢　□具實用性　□版面、圖片、字體安排適當

□其他 ＿＿＿＿＿＿＿＿＿＿＿＿＿＿＿＿＿＿＿＿＿＿＿＿＿＿＿

本書缺點:(可複選)

□內容不符合期待　□文筆欠佳　□內容保守　□版面、圖片、字體安排不易閱讀

□價格偏高　□其他 ＿＿＿＿＿＿＿＿＿＿＿＿＿＿＿＿＿＿＿＿＿＿

您對我們的建議:＿＿＿＿＿＿＿＿＿＿＿＿＿＿＿＿＿＿＿＿＿＿＿

＿＿＿＿＿＿＿＿＿＿＿＿＿＿＿＿＿＿＿＿＿＿＿＿＿＿＿＿＿＿＿

＿＿＿＿＿＿＿＿＿＿＿＿＿＿＿＿＿＿＿＿＿＿＿＿＿＿＿＿＿＿＿